本书为厦门市教育科研专著资助出版项目

精新教育的实践研究

▲

肖学平　著

JINGXIN JIAOYU DE SHIJIAN YANJIU

知识产权出版社

全国百佳图书出版单位

—北京—

图书在版编目（CIP）数据

精新教育的实践研究 / 肖学平著 . —北京：知识产权出版社，2022.4
ISBN 978-7-5130-8107-8

Ⅰ . ①精⋯　Ⅱ . ①肖⋯　Ⅲ . ①高中—办学经验—厦门　Ⅳ . ① G637

中国版本图书馆 CIP 数据核字（2022）第 051506 号

内容提要

近年来，随着城市化进程的迅猛发展和国家对教育的日益重视，各地纷纷建成一批高起点的学校。如何办好这些学校，满足人民群众对优质教育资源的需求，成为党和政府及教育工作者亟须解决的问题。作为一所新办学校，厦门实验中学凭借"精新教育思想"成功破局。本书以该校的治理体系"一体两翼"为纲，全方位阐述其实践与理论经验，以期为新办学校快速优质的发展贡献力量。

责任编辑：郑涵语　　　　　　　**责任印制：孙婷婷**

精新教育的实践研究
JINGXIN JIAOYU DE SHIJIAN YANJIU
肖学平　著

出版发行：**知识产权出版社** 有限责任公司	网　　址：http：//www.ipph.cn		
电　　话：010-82004826	http：//www.laichushu.com		
社　　址：北京市海淀区气象路 50 号院	邮　　编：100081		
责编电话：010-82000860 转 8569	责编邮箱：laichushu@cnipr.com		
发行电话：010-82000860 转 8101	发行传真：010-82000893		
印　　刷：三河市国英印务有限公司	经　　销：新华书店、各大网上书店及相关专业书店		
开　　本：787mm×1092mm　1/16	印　　张：25.25		
版　　次：2022 年 4 月第 1 版	印　　次：2022 年 4 月第 1 次印刷		
字　　数：350 千字	定　　价：88.00 元		

ISBN 978-7-5130-8107-8

前　言

　　近年来，随着城市化进程的不断推进，不少一线、新一线城市的经济技术开发区兴起了许多"高起点"办学的学校，这些学校在政府部门、上级教育主管部门的支持下，肩负起提供优质教育资源、提升当地教育水平的重任。厦门实验中学正是这样一所新兴学校，其创立于2014年，是厦门市政府为实施"美丽厦门"战略规划、岛内外一体化而新建的十二年一贯制学校，是厦门市直属公办学校。学校秉持"惟精惟新"的办学理念，紧扣"实验"二字，大胆探索，敢为人先，致力研究学校治理体系和治理能力现代化的课题。经过五年跨越式发展，学校于2019年由一所未定级学校，华丽蜕变为福建省一级达标高中，2022年成为省示范高中建设校，成为福建省发展速度最快的学校。这样一所新兴学校是如何做到从无到有、从有到优，并培育出累累硕果的？本书将回顾厦门实验中学的办校历程，梳理总结学校办学经验，为兄弟学校的建设与发展提供一种可操作和可借鉴的模式。

目　录

第一章　惟精惟新的办学理念

　　厦门实验中学在创办之始，即坚持理念先行的原则，以先进的教育教学理念引领学校的跨越式发展。为早日将学校建设成为厦门一流，省内外知名的现代化、实验性、示范性和国际化学校，学校紧跟习近平总书记治国理政的思路和改革步伐，从中国古代文献典籍中汲取办校、治校智慧，借《尚书·周书·周官》中的名言"功崇惟志，业广惟勤"，确立"惟精惟新"办学理念，将"精"与"新"作为学校成长壮大的必由之路（图1-1）。

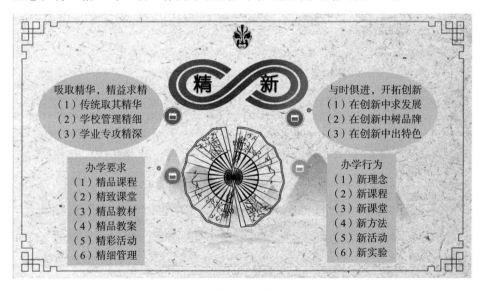

图1-1　厦门实验中学办学理念

第一节 惟精惟新之"精"

惟精惟新之"精"。所谓"精",是指立德树人精益求精、日臻完善,努力汲取中西传统兼现当代文化之精华。"精"的内涵主要包含三个部分:一是教育教学等各项工作要做到管理精细化;二是传授知识和文化要取其精华;三是师生学业专攻精深。

一、制定学生日常行为 10 项常规,敦促学生养成良好行为习惯

为帮助学生养成良好的生活习惯,学校制定了学生一日行为 10 项常规,从早操、早读、课堂学习、大课间活动、午间休息、眼保健操、课外活动、晚自习、晚间休息、"五步学习法"10 个方面,对学生在校园的言行举止做了专门的规定。德育科每天都会组织教师和学生,检查学生 10 项常规的落实情况。

二、指导学生掌握科学的学习方法,自觉用"五步学习法"安排每日学习

学校向全校学生介绍和推广"五步学习法",要求学生按照"五步"——预习、上课、复习、作业和总结,安排好一天的学习。课前做好新知识点的预习;课上专心听讲,主动思考,重点攻克预习时有困难或不理解的地方,认真做好笔记;课后及时复习,厘清思路,做好背诵工作,并在此基础上独立完成课后作业,以检查、巩固和强化对新知识的认识、理解和掌握;作业下发后,第一时间总结其中的错题和教师指出的问题,弄明白、想清楚错在什么地方、为什么错,避免下次出现类似的错误,必要时还要将易错的、重点的、多变的题目汇集成册,制成错题集,以便于期末复习时使用。

三、积极搭建"五个四"校本作业，对学生的学习管理由课堂延伸至课外

与"五步学习法"相配套，学校组织全体教师，结合小学、初中、高中不同学段的能力要求和升学考试命题趋势，为不同学段的学生量身定做符合自己的校本作业。校本作业分为"导学案""课后练""限时练"和"周练"四种形式。其中，导学案为基础性题目，难度不大，供学生预习使用，旨在帮助学生明确新课的重难点；课后练重在巩固课堂所学，让学生检测、了解自己对新知识的掌握程度；限时练和周练则主要是为了有效对抗遗忘，通过滚动练习基础题目、中难度题目和易错题目，不断强化学生对已学知识的运用。

四、打造学校智力课程，让学生变得更加聪明

为促进学生智力全面发展，学校开设有"两棋一牌"、书法等特色智力课程，聘请专业教师教授学生，让学生在玩中学，在快乐中变得更加聪明。以"两棋一牌"为例，围棋、国际象棋和桥牌这三项运动都是融合科学、文化、艺术和竞技于一体的智力体育项目。它们在丰富校园生活、让学生消遣娱乐的同时，还有助于培养学生的逻辑思维和计算能力，强化学生分析、解决问题的能力，有助于提升速度、准确性、敏锐性等学习品质，以及引导学生树立正确的全局观念、战略思想和取舍意识。这些优秀品质的获得，必将有效促进学生学业成绩的提高及性格品质的发展。

五、鼓励全校学生读教材和名著，努力拓宽视野

学校集结数十位教师之力，共同编撰《中小学名著阅读概览》，指导学生有效开展课外阅读。《中小学名著阅读概览》所涉及的内容包括文学作品、历史文献、各科知识、哲学名著等。每一本书都是智慧的结晶，都极具阅读

价值。为了推动学生课外阅读，学校在各学段积极开展"经典阅读"读书活动，激发师生读书热情，让师生自觉将阅读化为生活的有机部分，让精神在与前人对话、与圣贤为伍中得到丰富和充盈，在阅读中找到生活的诗意和远方。

第二节　惟精惟新之"新"

惟精惟新之"新"。所谓"新"，指育人模式、教学策略与时俱进、开拓创新，在创新中求发展，在创新中树品牌，在创新中显特色。在"精新教育"的指导下，学校形成了"惟精惟新"的办学理念、"善学善教"的教风和"惟志惟勤"的学风。

在办学精神"新"的引领下，学校在教育理念、课程设置、课堂组织、教学策略、实验方法、社会活动等方面均有所创新。主要亮点如下：

一、"三维五步"教学，传统中创新

为培养学生核心素养，帮助学生养成良好的学习习惯，学校对传统"五步学习法"进行内容上的丰富和创新，提出并在全校范围内大力推行"三维五步教学法"。

"三维五步教学法"的"三维"，既是指管理者、教师、学生三个维度，又是指课前、课中、课后三个阶段。围绕这三个维度，"课前"部分，可进一步细化为"管理者（含教务、教研、年段、教研组等）提供服务""教师提供教学资源""学生用网络电脑学习教学资源"三个方面；"课中"部分，涵盖"知识提炼""作业练习""探究讨论""释疑点评""小结反思"五个环节；"课后"部分，包括"管理者监督检查监控""教师自我评估与反思""学生复习记忆消除错漏"3方面。

"三维五步教学法"在遵循人类认知规律的基础上，细化学生学习的过程，通过充分调动、时时监测学生学习过程中所牵涉的各个要素，在彰显学生学习主体地位的同时，努力提升学生课堂学习效率。科学有效的教学方法带来的显性成效是学生学业成绩的日渐进步。办学以来，厦门实验中学在历次省、市质检中，整体成绩稳步提升，初中部学生的成绩更是位居全市前列。

二、数字化实验班，实践中创新

互联网的广泛应用，是当今社会的显著特征和标志。如何让我们的教育更贴合时代的要求，引导学生正确利用互联网，最大限度地发挥互联网作为学习工具的功能，是亟待教育界正视和回答的重要课题。

为此，学校将互联网引入校园，允许学生结合自身兴趣和实际需要，借助网络获取课堂之外的知识、信息和技能，在实现网络时代教育技术手段现代化的同时，为传统课堂教学注入新的活力。这一做法，既有利于促进学生的个性发展，又有助于培养学生的信息检索、信息处理、自主学习等综合能力。2014 年秋，学校高中部首次面向全市招收 70 名数字化实验班学生，分为二个班，实行小班化教学。课上，学生和任课教师人手一台平板电脑，师生间实时互动，旨在把学生培养成为具有较强创新精神和创新能力的"智慧者"。与此同时，为规避网络不良信息对学生的消极影响，数字化教室配有专门的监测仪器，以实现对学生网络使用情况的实时监测。

三、初高中走班制，学习多组合

为认真贯彻落实《中共中央　国务院关于深化教育改革全面推进素质教育的决定》《国务院关于基础教育改革与发展的决定》（国发〔2001〕21 号文）及福建省、厦门市关于深化课程改革的要求，学校在广泛征求学生、家长和教师意见的基础上，于 2015 年对初中、高中新生试行分层走班制教学。

走班制教学，赋予学生极大的学习自由与权利，在推进学生自主化学习方面迈出了重要的一步。通过走班制教学，学生可依据自身学习基础、接受能力和兴趣特长，确定学习层次、选择任课教师及安排课程。这种全新的授课形式，弥补了传统班级授课制忽略学生个性化需求的缺陷，有效缓解了当前教育模式下学生"吃不饱"或"吃不了"的突出矛盾，最大限度地让不同学习基础、不同学习能力的学生获得与自己相适宜的学习环境。

四、"2+4"学制，课程新体系

根据教育部《国家中长期教育改革和发展规划纲要（2010—2020年）》《义务教育课程设置方案》《普通高中课程方案（实验）和语文等十五个学科课程标准（实验）的通知》（教基〔2003〕6号文），厦门实验中学结合国内北京市第十一中学、北京市第八十中学等知名学校的经验，积极构建富有本校特色的"2+4"学制课程体系。

2016年，学校在中学部率先实行"2+4"学制探索。所谓"2+4"学制，是针对在校表现突出、成绩优异的初中学生实施的一套新式育人方案。"2+4"学制下的学生，可免于中考，直升高中，学制为四年，即他们将比普通高中生多一年的时间准备高考或出国留学。为此，学校结合该类学生个性化发展需要，对中学六年课程进行设计优化，整合国家课程、素质拓展课程、社会实践课程，形成通识类、学科类、专业类、出国类四大课程模块；邀请校外特聘专家，召集各学科教研组长，参照并以略高于初中学段要求，遵循时代性、基础性和选择性原则，联合编写初高中衔接教材，确保直升高中的学生能顺利实现初高中知识体系的无缝对接，先人一步进入高中学习生活。

五、传承京剧国粹，美育大舞台

为贯彻落实国务院办公厅印发的《关于支持戏曲传承发展若干政策的通知》（国办发〔2015〕52 号文）精神，弘扬民族国粹艺术，在对学生进行智育的同时渗透美育，学校于 2015 年 9 月与中国戏曲学院签订了发展合作协议。这是继厦门市教育局与中国教育科学研究院合作办学后的又一重大举措，标志着厦门实验中学在探索自身办学特色的道路上又迈出了重要的一步。

作为中国戏曲学院在福建省唯一基地校，学校除聘请专业京剧演员驻校开课和资深京剧大师亲临授课外，还在小学部、初中部分别开设京剧班。京剧班学生每周接受专业培训课，内容包括形体训练、声腔唱法、戏曲文化知识等，为学校营造充满传统底蕴的校园京剧文化。依托强大的师资力量，京剧班学生自 2015 年起，连续 6 年参加"国戏杯"全国戏曲大赛，均获小学组、中学组一等奖。京剧班学生多次获邀登台亮相"新年戏曲晚会"，现场好评如潮。为了让非京剧班学生也能领略到京剧戏曲文化的独有魅力，学校也会在周末不定期地举办京剧讲座，积极营造颇富传统底蕴的校园京剧文化。

六、缤纷校本课程，满足多样性

为与新时代教育接轨，弥补国家课程内容的不足，满足学生多样化的学习需求，厦门实验中学精心打造丰富多彩、趣味盎然的校本课程，成为学校办学的亮点之一。

在校本课程建设方面，学校依据《厦门实验中学校本课程实施与管理方案》，鼓励教师结合专业领域和兴趣特长，每人开设至少一门校本课程，并采取"三步走"发展策略：先行试点阶段（2014—2015 学年第一学期），鼓励双高教师、博士教师，音、体、美、信息、心理等学科教师及省招教师开设校本课程；扩大试点阶段（2014—2015 学年第二学期），鼓励硕士教师和优秀本科教师开设校本课程；全面推广阶段（2015—2016 学年第一学期），要求所有教师至少开设一门校本课程。

经全体教职工共同努力，学校校本课程体系日渐充实完善，集中表现如下：①主动要求开设校本课程的教师人数增多，2014—2015 学年第一学期，开设校本课程仅为 36 门，自 2015—2016 学年始，校本课程数量增至 70 门左右，目前已达百余门；②随着课程数量的增加，课程内容得到进一步丰富，由最初的竞技类、知识类拓展为"语言与文学""数学与科学""人文与社会""艺术与审美""体育与健康""信息与技术"六大核心板块。

第三节 惟精惟新的学校象征

一、校徽和校旗

（一）校徽

校徽是学校的校园文化和精神风貌的集中展现，是学校形象识别系统的重要组成部分。厦门实验中学在设计校徽时，充分结合学校的地理位置，选择以蓝色作为校徽的背景色调；因为学校是个传授知识、孕育社会主义接班人的地方，所以选择以红色作为蓝色背景色的辅助色。

在设计校徽的过程中，一共进行了两种版本设计。

第一版：

图 1-2 校徽第一版

该版校徽的主体图形为一朵绿叶衬托盛开的花朵，象征着学生在学校的培养下蓬勃成长。绿叶以展开的书卷作为设计，意在展示学校的文化内涵。红色的图形既代表着太阳，又象征着积极学习的学生，整个图形突显了学生之于学校的主体地位。文字则标示了学校的名称，便于人们了解校徽所代表的学校（图 1-2）。

第二版：

该版校徽以"实验"的拼音字母"S""Y"为创意基础，通过艺术创作，分别设计为"火炬"和"书籍"的轮廓；燃烧的火炬，充满强烈的上升动感，代表了追求极致和完美的探索精神，是"精新"教育理念的形象表现。展开的书籍似一只展翅翱翔的雄鹰，寓意着知识是思想的翅膀；标志以红色和蓝色为主色调，颜色互补和谐，稳重大方，红色是旭日和国旗的颜色，也是中国传统文化的吉祥色，蓝色则代表海洋，蕴含着无限的发展潜能（见图1-3）。

图1-3　校徽第二版

相比之下，第二版在标识性、艺术性、实用性上均更胜一筹。其构思新颖、寓意丰富、简洁明快，具有较强的视觉冲击力，契合学校办学实际。经过反复研讨，综合图形的造型、色彩、寓意等多方面考量，最终决定将第二版作为厦门实验中学的校徽。

（二）校旗

学校校旗与校徽保持一致，旗面底色为红色，长192厘米，宽128厘米，中间印有厦门实验中学的校徽。以"红色"为底色，既是校园风物的真实写照，更是厦门经济特区立德树人初心的使命所寄。

二、校歌

校歌是学校办学理念和校风校貌的直接反映，是学校优良校风、教风、学风的高度概括，也是引领学校发展方向的精神宣言。它在激励学生成长、凝聚学校精神、推动校园文化建设等方面发挥着重要作用。透过一所学校的校歌，我们可以了解到这所学校的教育理念、办学特色、优良传统、发展历史等信息。一首好的校歌，既要彰显自身的鲜明特色，又要符合时代和社会发展的主旋律，对全体师生起明责、励志、抒情、奋进的激励作用。这种精神引领将成为所有厦实人为了理想、目标而奋斗不息的力量。

　　厦门实验中学校歌歌名为《精新之路》，邀请著名词曲作家、音乐制作人及音乐电影制片人刘生良作词，刘艳青作曲。歌曲旋律高亢激昂、磅礴大气、催人奋进；歌词简洁凝练、寓意深长，不仅涵盖了学校的办学思想，而且描绘了厦实人在环东海域辛勤育人、刻苦求学、向往知识、尊重真理、奋发有为的拼搏画面，既激发了厦实师生"以校为家"的责任感、使命感和自豪感，也激励着一届又一届的厦实师生为实现"厦门一流、省内外知名的现代化、实验性、示范性和国际化学校"的办学理想而奋斗不息、拼搏不止。

附录：厦门实验中学校歌

精新之路
厦门实验中学校歌

作词　刘生良
作曲　刘艳青

$1=\flat B$　$\frac{4}{4}$

轻快自由地　　BPM=122

6 $\widehat{4}$1 1 4 5 6	5 — —0 5	6 6 0 $\dot{1}$ 7 6	5 $\dot{1}$ 0 2 3	4 5 6 0 1 1 2
初 放 的 曙 光		用 青 春 和	热 血 书 写 岁 月	的 诗
芳 菲 的 梦 想		用 汗 水 和	执 着 凝 聚 腾 飞	的 力

0 0 0 0	0 7 7 $\dot{1}$ $\dot{2}$ 5	4 4 0 6 5 4	3 5 0 2 3	2 3 4 0 1 1 2
	初 放 的 曙 光	青 春 和	热 血 书 写 岁 月	的 诗
	芳 菲 的 梦 想	汗 水 和	执 着 凝 聚 腾 飞	的 力

美好舒展地

1 — —	0 0 0 0	4 1 4 5	6 — —	5 1 3 5	5 — — —
行		惟 精 惟 新		品 正 学 芳	
量		数 字 校 园		科 学 殿 堂	

1 — —	0 0 0 0	0 0 0 0	0 4 1 4 6	5 — — —	0 5 1 3 5
行			惟 精 惟 新 啊		品 正 学 芳
量			数 字 校 园 啊		科 学 殿 堂

2 3 4 6	2 — — —	4 3 4 6	5 — — —	4 1 4 5	6 — — —
三 维 五 步		师 生 互 长		惟 精 惟 新	
师 生 互 动		智 慧 闪 光		数 字 校 园	

4 — — —	0 2 3 4 6	$\dot{1}$ 7 6 $\dot{1}$	7 — — —	0 0 0 0	0 4 1 4 6
啊	三 维 五 步	师 生 互 长			惟 精 惟 新
啊	师 生 互 动	智 慧 闪 光			数 字 校 园

5 1 3 5	5 — — —	2 3 4 5	6 — —	5 6 7 $\dot{1}$	$\dot{2}$ — — —
品 正 学 芳		三 维 五 步		师 生 互 长	
科 学 殿 堂		师 生 互 动		智 慧 闪 光	

5 — —	0 5 1 3 5	4 — —	0 2 3 4 3	2 3 4 6	7 — — —
啊	品 正 学 芳 啊		三 维 五 步 师 生 互	长	
啊	科 学 殿 堂 啊		师 生 互 动 智 慧 闪	光	

激情澎湃地

0 0 0 5 6 $\dot{1}$	$\dot{3}$ - $\dot{2}$ · $\dot{1}$ 7 $\dot{1}$ 5 3	7· 6 7 6 6 —	6 — 0 6 7 $\dot{1}$	$\dot{2}$ — $\dot{1}$ · 6
我 们 在 辽	阔 的 环 东 海 域 辛 勤 耕 耘		我 们 在 美 丽 的	
我 们 为 人	生 的 远 大 志 向 自 强 不 息		我 们 为 民 族 的	

0 0 0 2 3 5	$\dot{1}$ - 7 · 6	5 6 5 3	5· 4 5 4 4 —	4 — 0 4 5 6	6 — 6 · 4

厦门实验 播种希望　　我们在辽　阔　的环东海域
伟大复兴 成就栋梁　　我们为人　生　的远大志向

辛勤耕耘　　我们在美丽　的厦门实验　　播种希望
自强不息　　我们为民族　的伟大复兴　　成就栋梁

成　　就栋　　梁

第二章　精新教育"十个好"的治校方略

第一节　争取各界支持、实验创新的好机制

厦门实验中学地处厦门岛外，地理位置远逊于岛内的兄弟学校。又因为是新办校，故在社会关注度、学生报考热度等方面，都存在先天不足的劣势。为了在短期内能迅速化解这些问题，学校在寻觅合作伙伴、教师招聘通道、生源质量把控等方面，颇下苦功。

在合作伙伴方面，学校与中国教育科学研究院和中国戏曲学院合作，强强联手，为学校教育教学质量快速提升和打造校园文化特色提供强大智力支持和服务保障；在教师招聘通道方面，学校争取到上级部门的教育人才引进特许资格，直接根据自身发展需要面向全国招收双高教师和国家重点院校优秀毕业生；在生源质量把控方面，学校也通过争取政策支持，开办之初即以一级达标高中资格面向全市招生。这些都为学校的快速成长与发展创造了必要的条件。

在积极争取良好外部环境的同时，学校也在大胆探索自身内部各项机制的建立与完善，以机制促质量，以质量赢名声。以青年教师的培养机制为例。鉴于学校在编教师中青年教师的比重偏大、教学经验不足等现实问题，经过多年的摸索和构建，学校逐渐形成一套符合自身实际的"教—研—训"一体

化常规管理制度:在教学上,狠抓集体备课,群策群力,注重青年教师学习"共同体"的构建;在校本研修方面,提出"三个一工程"(即每学期要开一堂公开课、写一篇优秀教案和发表一篇优秀论文),从制度上增强教师的自我成长意识,敦促教师快速成长;在教师培训上,鼓励教师"走出去",并从培训经费上给予支持,外出参加培训的教师回来后,需及时在教研例会或教工大会上,将学习的收获分享给同组成员或学校其他教师,以实现培训资源的最大辐射和利用。每学期,学校还不定期地邀请其他兄弟学校的专家教师,对全校教师开展有针对性的培训,如青年教师应如何科学发声、班主任应如何与学生进行有效沟通、优秀教师应具备的 100 个好习惯、微课在教学中的应用,等等。基于师德师风教育对教师队伍的建设和学校未来发展的重要性认识,学校坚持多场合、多渠道地组织教师认真学习《中国共产党廉洁自律准则》《中国共产党纪律处分条例》《中小学教师职业道德规范》《厦门市中小学教师师德规范十不准》等重要法规文件,大力弘扬爱岗敬业、为人师表、无私奉献精神。严格遵守师德规范,关心爱护学生,强调党员教师应廉洁自律,认清形势,适应潮流,自觉做到"四个坚持""四个反对",勿以善小而不为,勿以恶小而为之。通过参加政治学习,全体教师更深切地认识到自己肩负的责任与使命,并纷纷表示要努力提升自我道德修养,自觉将师德师风规范转化为日常教学行为,内化为人格品质,做学生喜爱、人民满意的好教师。通过多措并举,学校办学 7 年来,青年教师迅速成长,合计出版著作 15 部,在省市区级刊物或学术会议上发表、交流论文 182 篇,其中 CN 论文 118 篇;成功申报国家级课题 3 项,省级课题 12 项,市级课题 13 项,直属校(区级)课题 18 项。在 2019 年全市教学基本功岗位练兵大赛中,学校青年教师获市一等奖 6 人、二等奖 7 人、三等奖 5 人。现今,学校不仅拥有一支能指导学生在国戏杯戏曲比赛、科技创新、学科竞赛、棋牌比赛及各类艺术、球类比赛中获全国、省、市一等奖的教师队伍,还栽培了大批在省市教学技能大赛中大显身手的获奖者。

第二节 建设风景优美、功能完善的好校园

一所学校办学的基础设施关乎学生在校期间的学习与成长。从某种程度上说，办学条件保障的完善与否直接影响着学生对学校认同感的高低。要让全体师生真正把学校当成自己的家，学校要竭尽全力，尽可能地改善和优化师生的工作学习环境和条件，为他们的工作学习提供一切便利，把学校打造得如家一般温馨。

"环境"一词在《现代汉语词典》中的解释是：①周围的地方。②所处的情况和条件。"校园环境"也可以解释为：整个校园和校园里的一切情况与条件。或者说它包括：一是自然环境——校园里的房屋建筑、花草树木及其他基础设施；二是人文环境——学校风气、师生的精神风貌、师生之间的人际关系及校园的文化氛围。

校园环境具有暗示性、渗透性等特点，它对学生潜移默化的影响是深远而持久的，在一定程度上也是一种教育媒体。优美、清洁、温馨的自然环境，是校园的环境建设基础，是开展学校美育、德育工作的物质基础。健康的文化活动、浓郁的文化氛围，师生奋发向上的精神风貌，和谐的人际关系，纯正的校风，是一种强大的感染人的力量，它是校园环境建设的核心内容，最有利于学生良好人格、学校良好风尚的形成。无论是校园的自然环境，还是人文环境，对学生都是无声的教育，它们与有声的教育相配合，具有相得益彰的效果，有利于提升学校的美育、德育工作的实效。

学校校园建设经历了从无到有、从有到优、从优到精的发展过程，伴随着设施完备的教学大楼、功能各异的实验大楼、体贴周到的后勤服务设施及美丽宜居的校园环境……这些与师生工作、学习与生活休戚相关的条件保障设施陆续投入使用，厦门实验中学迈向建设特色鲜明厦门一流的步伐也变得更加坚实有力。

一、打造优美温馨的校园自然环境

学校聘请专业设计公司对学校绿化进行整体设计，经过多次深入实地勘察，反复改稿，最终确定了设计方案。

（一）设计思路

1. 自然环境概况

学校地处厦门市同安区滨海新城的核心位置，属于亚热带气候，温和多雨，年平均气温 21 摄氏度左右。年平均降水量在 1200 毫米左右，每年 5~8 月雨量最多，风力一般 3~4 级，每年平均受 4~5 次台风影响，且多发生在 7~9 月。学校土壤基本为红土及回填土，肥力一般（为保证苗木存活率，施工后更换回填土为 500~800 毫米）。

2. 指导思想

（1）绿化性质。

以植物景观为特色，集艺术性、学习性、教育性、文化性等功能为一体，突出三个"相符"：一是与学校办成"'厦门一流、省内外知名的现代化、实验性、示范性、国际化'学校"的总体规划相符；二是结合学校文化特色，与"惟精惟新"的办学理念相符；三是在充分满足校园使用功能的前提下，与学校"清新和谐、自然美观的园林式校园"的定位相符。

（2）以"人"为本，突出绿化服务功能。

校园绿化本着服务师生的原则，力求创造景色宜人、愉悦舒适的环境，为全校师生提供学习知识、交流思想、启发智力、表达感情、休闲娱乐的人性化空间。

（3）体现时代特色、凸显时代精神。

通过雕塑、小品、休闲设施等现代化设计和安装，体现时代特色；在景观营造上，以植物造景为主，坚持乔、灌、草多层次复式绿化，坚持环境建设及功能建设同步，创造良好的生态环境和理想的读书治学环境，体现人与自然和谐发展的时代要求。

3. 基本原则

结合现状，合理调整布局，明确功能分区，创造一个功能完备、气氛良好、绿色生态、井然有序的文化性校园绿化环境。

（1）规划原则。

校园绿地要遵循教育服务原则，坚持实用、经济、美观和因地制宜的原则。

（2）生态原则。

以植物造景来表现校园的雅静和勃勃生机，利用色彩鲜艳的各种开花植物加以点缀，增加校园的活力。整体设计中，更注重生态要素与人的行为活动因素相适应，绿化植物以常绿树种为主，适当搭配开花植物，使绿化达到四季常绿，月月有花的自然景观。

（3）行为原则。

在规划设计中充分把握学校活动的时间性、群体性的行为规律，如食堂、教学楼等人流较多的地方，绿地应多、布局合理、错落有致、富有寓意，打造四季有花有绿的景观。又如小学部绿化从儿童视角出发，通过创造多样的、有趣的、平等的景观空间和细节，鼓励小学生多元的交流和行为模式，激发孩子们的好奇心和想象力，使他们在游戏中发现自我、释放个性和吸收知识。

在整个绿化美化工作中，学校充分结合现有地形、地貌、地质实际，营造出紧凑、活泼、美丽的环境，集教育、游憩于一体的活动空间，走一条有利于教育教学工作，陶冶师生情怀的绿化可持续发展道路。

（二）项目特点

1. 生态、绿色、教育性定位

校园内绿化力求自然，围绕"生态、绿色、教育性"的定位，为师生营造一个雅致的校园绿化环境。

2. 分区设计，不同区域有特有识别性

对校园绿化进行整体规划，根据校园的不同分区，设计出符合格子功能的特色景观，形成一区一景的风格布局。根据不同区域的功能要求，将学校分为入口区、教学区、实验楼区、学生宿舍区、运动场所等。

3. 保证校园绿化率，以常绿树为主，搭配开花植物

设计上注重四季变化，以常绿植物为主，搭配不同季节开花的植物。层次上，乔、灌、草分层配置，富有变化，做到"春有花开、夏有树荫、秋有花果、冬有绿色"的四季景观。

4. 适地适树，创建校园生态环境

针对校园地处沿海的现状，选种具有抗风、抗盐碱性强的植物。注重造型的色彩搭配，乔、灌、草相结合，形成多种不同的绿化空间，使整个校园处于相对稳定的生态群落。

二、创造性完善校园各功能设备

厦门实验中学总占地面积为 102 666 平方米。其中，中学部占地面积为 71 333 平方米，绿地率为 30%。主要建筑楼群有：教学楼、实验楼、行政楼 6 栋；食堂 1 栋，共三层，最多可同时容纳 1800 名学生用餐；学生宿舍 3 栋，共 390 间 6 人宿舍，可容纳 2340 人住宿；体育馆与大礼堂共 4876 平方米，体育馆内设置 2 个篮球场，大礼堂可同时容纳 1400 人；操场为 1 个 400 米塑胶跑道。小学部占地面积 31 333 平方米，绿化率为 42.23%。主要建筑包括：教学楼、实验楼、行政楼 4 栋，食堂及室内体育馆 1 栋，200 米塑胶跑道 1 个。

学校领导和相关职能部门主动履职尽责，勇于担当作为，多次实地调查，立足学校需要，认真细致地制订整改方案。自 2014 年学校开办以来，学校完成专项项目 225 个。经过改造，学校校舍各类安全隐患均得到有效消除，各

类用房使用面积和间数达到或超过省技术装备标准的规划建议要求。学校普通教室由原来 54 间扩展到 63 间，其中有 6 个教室为数字化教室，采用平板电脑进行互动教学，远超省一级达标高中标准要求。各类功能室配备齐全：科技活动室 5 间，地理教室 1 间，历史教室 1 间。建筑及课程教学、科学普及与环境美化于一体的科技长廊、生物园、地理园，设计紧跟时代的"四个自信"文化线路、"立德树人"文化广场，将红色文化、社会主义核心价值观融入校园文化。此外，完善生活设施，便于良好习惯的养成。作为寄宿学校，学生宿舍宽敞而温馨，有两座足够大的食堂等。齐备的生活设施，能为学生学习、生活服务，有利于学生良好习惯的养成。

三、传承传统建设个性化人文校园

习近平总书记指出"中华民族在几千年历史中创造和延续的中华优秀传统文化是中华民族的根和魂"。而书法和国粹京剧就是中国优秀传统文化杰出的代表，这二者一个塑心，一个塑形。学校以京剧教育为亮点，开辟一条宣传普及京剧知识的京剧文化长廊；以书圣王羲之书体，标识学校的校名、路名和楼名，打造别具一格的书法广场；建设集课程教学、科学普及与环境美化于一体的生物园、地理园和能源文化长廊；设计紧跟时代的"四个自信"文化线路和"立德树人"文化广场，将红色文化、社会主义核心价值观融入校园每一个角落，竭力为全体师生打造温馨现代的校园文化环境。

（一）党建文化与学校原有文化融合

学校用党建引领校园文化建设。根据厦门市委创建"党建+"的模式与时俱进，开拓创新。如"党建+理论武器"，用科学的理论尤其是以习近平新时代中国特色社会主义思想来武装学校广大师生的头脑，指导师生的教育教学实践；"党建＋依法治校"，学校充分发挥党组织的监督保证作用，提高依法治校水平，加强师生法治教育，提升师生法治观念；"党建＋精细管理"，充分发挥学校"精新"教育思想的作用，奋力做到传统取其精华，学校管理精细，学业专攻精深，实验创设新意，梦想勇于创新。

学校创新性开设校园党建线路和"中国精神"长廊。党建线路包括"党的光辉历程""伟大的变革""新时代新思想""教育：国之大计党之大计""廉政清风"五大主题和"四个自信"统领的"坚定自信跟党走""一组织一线路"。"中国精神"长廊将各种精神，如"长征精神""女排精神"等展布在一起。结合学校原有校园文化特色建设而成，充分展示学校集京剧、书法、党建及传统文化为一体的特色文化氛围，彰显中华优秀传统文化源远流长、博大精深的独特魅力，帮助全体师生坚定文化自信。

（二）党建文化与学校文化元素、风格融合

作为国粹京剧文化艺术传承学校，党建广场在设计中融入了京剧行当"生旦净丑"的独特魅力。结合学校"两棋一牌"特色课程，将棋盘、棋子融入党建广场环境构建中，让学生在感受文化气氛的同时，全面提高学生素质，提升学校文化内涵。在"四个自信"环境构建中采用传统的花纹作为装饰图案，以精神堡垒及宣传栏形式展示，满足校园文化建设学习、文化展示、文化氛围构建的功能需求。

（三）党建文化整体布局及参观路线的贯通性

厦门实验中学根据中国特色社会主义的根本标志，对学校党建文化的环境构建、参观路线、党建文化理念等进行整体布局。设计以党建文化广场作为引领，用"四个自信"统领的"坚定自信跟党走"及党建活动室进行参观路线的相互贯通。将党建线路以"吸取传统精华、精益求精"的文化特色穿插在校园环境中。

学校校园文化建设主题鲜明，环境育人功能凸显，传统文化与科技教育始终贯穿整个校园。采用书圣王羲之字体标记学校所有建筑物，所在楼群均以饱含学校"惟精惟新"办学思想和传统文化精髓的"惟"字系列命名（惟贤楼、惟能楼、惟明楼、惟德楼、惟新楼、惟思楼、惟一楼、惟精楼、惟勤楼、惟志楼、惟美楼、惟健楼、惟诚楼、惟馨楼、惟知楼等）。京剧文化进校园工作卓有成效，长达50米的京剧长廊富有特色，饱含德育内涵。京剧大师园、京剧经典桥段雕塑、京剧角色影雕、京剧乐器石雕、京剧艺苑舞台、路灯、班牌、班级文化建设等京剧元素遍布校园每个角落，渗入师生心灵。数字化教室建设、国际象棋盘天花板、围棋盘显示屏背景、能源长廊等充分体现了学校重视科技教育的办学思想。

四、创新设计数字化的校园

智能引领世界。在教育的主环节里，人工智能融入越来越多，学校高度重视教育信息化建设工作，依据学校的发展规划，统筹安排、有序推进信息化项目建设工作。短短几年，学校教育信息化工作成效显著，信息化水平得到了质的提升，初步建立了以"三维五步教学法"为核心的智慧校园。

建校至今，学校先后建设了一系列优质的信息化软硬件设施设备，如数字化实验班、厦门实验中学智慧校园大数据综合平台、精品录播教室、高考监控中心、高考广播室、VR创客教室、3D教室等。优质的信息化软硬件设施设备给学校管理、教学研究、课堂教学活动提供了信息支撑，学校也被评为厦门市首批"智慧校园"试点学校。

学校智慧校园建设结合学校教学改革和办学特色，立足互联网时代下的"三维五步教学法"，从学生、教师、管理层三个维度着手，从智慧管理、智慧教学、智慧学习、智慧资源、智慧环境、智慧评价六个层面进行开发建设，满足了学校实现现代化教与学的需求。特色项目有：

（一）数字化实验班

数字化实验班为学校构建智慧校园、实现互联网时代下的"三维五步教学法"提供了强有力的保障。数字化实验班作为学校教育信息化建设的一大亮点，依托现代化教学环境，运用互联网、多媒体等信息技术优化了教学内容的呈现方式，提升了课堂教学交互的便利性与有效性。在先进教学工具与丰富的教学资源的支持下，学生能方便地进行学习，教师能更高效地实施教学过程与教学管理。

（二）VR、3D 创客教室

VR 虚拟实验室将沉浸式虚拟现实技术与教学相融合，以优质教学资源为核心，集终端、应用系统、平台、内容于一体，为学生打造高度开放、可交互、沉浸式的三维学习环境。3D 教学交互是基于标准化考试的传统教育理念的转型，通过动手实践让学生们敢于尝试，积极培养创新精神。

（三）智慧校园大数据综合平台

厦门实验中学智慧校园大数据综合平台是基于大数据和人工智能时代下建立的统一规划、统一管理、统一标准的信息共享平台，实现了管理计算机化、信息网络化、存储数字化，为学校内信息处理提供互联互通及必要的数据交换。目前大数据中心已集成了包括后勤服务、日常办公、家校互通、公务协作、学校数据管理、学生业务档案、教师业务档案、专项项目管理等模块的应用，并且在 Web 端的基础上开发了移动端平台。这些一站式轻量化系统模块应用的配套，减轻了教师工作量，全面实现了信息数据化。

近年来，学校还建设了教师考勤系统与宿舍人脸识别系统等管理系统。在此基础上，将校园已有管理系统与教育教学系统逐步整合到智慧校园大数据综合平台中，实现大数据采集、数据互联互通，有效提升管理效率。教师考勤系统有效提升了学校信息化管理效率，宿舍人脸识别考勤系统有效地协助学校生管科对住宿生进行管理。

五、与时俱进，校园建设永远在路上

学校办学 7 年来，发展迅速。2019 年，厦门实验中学高分通过省一级达标高中评估验收，正向省示范高中迈进。随着环东海域开发建设的快速推进，特别是学校办学水平的不断提升，学校周边生源不断增加，现有的校区建设已不能满足学校当前定位和未来发展需求。主要有 ① 根据《厦门市普通初级中学各类用房使用面积及建筑面积指标表》(厦发改社会〔2015〕283 号文)、《福建省达标高中评估标准（修订）一级》文件要求，学校用房尚有缺项，如图书馆、物化仪器室、物化生准备室等。② 学校原在校内设置停车位 22 个，远远满足不了教师停车需求。停车位设置在校园内地面上，存在一定的安全隐患。③ 现有学位满足不了学校周边生源增长需求。

为解决以上问题，学校拟在现有办学规模的基础上，初中新增 12 个班，高中新增 6 个班。对学校中学部篮球场及田径场进行改造扩建，补充用房缺项，进一步完善学校基础设施。地下配置停车位，部分停车位可作为社会停车位，对外使用，地下车库兼做战时人防，设置人防单元。

（1）办学规模建筑面积缺额情况。

学校本部将来办学规模规划为 108 个班，其中小学部 36 个班，初中部 30 班，高中部 42 班，满编时学生数为 5220 人。按初高中满编学生数 3600 人，小学满编学生数 1600 人，教职工满编数 395 人进行计算，根据《福建省达标高中评估标准（修订）·一级》的要求："普通教室、教学办公室、合班（阶梯）教室、科技活动室、地理教室、历史（书法）教室等教学设施的面积和间数达到省技术装备标准的规划建议要求，生均校舍建筑面积不低于 12 平方米（不含学生、教工宿舍）。"满编时达标高中校舍建筑面积至少为 63 450 平方米（1500 × 11.5+2100 × 22），学校现有建筑面积 49 293 平方米（不含宿舍），缺额为 14 157 平方米。统计结果见表 2-1。

表 2-1 满编时与现有建筑面积缺额情况统计表

类别	满编时班级数（个）	满编时学生数（个）	生均建筑面积（平方米）	满编面积（平方米）	满编时总面积（平方米）	现有面积（平方米）	缺额面积（平方米）
初中	30	1500	11.5	17 250	63 450	49 293	14 157
高中	42	2100	22	46 200			

总计改扩建应增面积 14 157 平方米。

现需扩建初中 12 个班，高中 6 个班见表 2-2。

表 2-2 初、高中扩建班级数

学部	原有班级数	扩建后班级数	扩建班级数
初中	18	30	12
高中	36	42	6

（2）地下停车场规模分析。

学校停车位紧张，地上停车无法满足教职工停车需求。所以按学生满编时，小学 36 个班 1600 人，中学 72 个班 3600 人，全校满编 5220 人进行配置停车位，停车数为 276 辆［（1600×0.025+3600×0.04）×1.5］。其余停车位可作为社会停车对外使用。地下车库兼做战时人防，设置人防单元见表 2-3。

表 2-3 地下停车场规模

用途	车位数（个）	面积（平方米）
学校停车	276	11 040
人防（社会停车）	100	3960（计容 7%）
设备用房	—	1000
合计	376	16 000

（3）学校改进方案。

为进一步改善办学条件、提升教学质量，保障学校师生的工作和生活需求，形成一个完整、合理的校园学习和工作环境,学校在现有校园内进行规划扩建,建设综合楼及地下停车场。初步制订了校园扩建方案,规划如下:① 利用中学部操场及西侧篮球场、排球场区域建设综合楼,同时建设篮球场 2 块和排球场 6 块。② 充分利用地下空间区域建设地下车库,按战时物资库,平时汽车库考虑使用功能,经测算约可提供 376 个车位,用于满足教职工停车需求。

通过校园扩建,使学校校园功能进一步完善,进一步扩大学校的影响力,提升学校办学资源和办学质量,使学校向"现代化、实验性、示范性、国际化"的学校迈进。

(4)新建容纳 60 个班的高中新校区。鉴于学校优异的办学成绩及良好的发展势头,厦门市政府高度重视,强力推进学校建设,在学校既有改扩建项目的基础上另批新地,建设新高中分校,新校区占地 125 亩,建筑面积 7.8 万平方米。

第三节 制定目标明确、立意高远的好规划

一所学校要走得好、走得稳、走得远,首先要全面深刻领会党和国家的教育方针和教育思想,跟上时代和社会发展的步伐;其次要结合实际,制定切实可行的短期发展计划和中长期发展规划,不断推进自身的成长、发展与壮大。

在学校创办起步期,厦门实验中学围绕长远目标,结合自身优势,将申报省一级达标高中作为学校建设发展的第一阶段目标(2015—2020 年)。并以此为基础,制定了翔实可行的五年发展规划,明确提出了学校的阶段性发展目标、目标具体实施策略及工作重心等内容。

一、发展目标

以创建福建省一级达标高中和示范性高中为契机,大力推进学校规章制

度建设，依法治校；逐步完善和优化校园环境，培养一支优秀进取的教师队伍和干部队伍；以"精新教育"理念为指导，狠抓教育教学常规管理，力争用五年时间把学校打造成校园环境优美、学校管理科学、教师队伍强大、教育质量优良、办学特色明显、师生文明向上，并成为在省市具有一定知名度的学校。

二、发展战略

为早日实现发展目标，学校领导班子集思广益，确立了清晰的发展规划——以"惟精惟新"为办学理念，以"开拓创新"为办学思路，以"两性两化"为办学目标，以"立德树人"为发展任务，并逐步丰富与发展了规划的内容。

（一）创新教学理念

即教学充分体现"以生为本"的教育理念，"以学定教，教学相长"，变革以师教导为主的"教"堂为以生活动为主的"学"堂。

（二）创新课程体系

即国家、地方和校本课程的校本化，开发出丰富多彩、满足学生需求、促进教师专业成长的校本课程，逐步形成多元化的校本课程体系。

（三）创新课堂形式

即课堂教学的现代化，把传统课堂转变为信息化、数字化、智慧化课堂。

（四）创新教法与学法

即结合先进的教育教学理念与现代化教育手段，创立基于互联网时代的"三维五步教学法"与"五步学习法"。

（五）创新社会实践活动

即创新开展形式多样的社会实践活动，丰富学生的职业与生活体验。

三、发展任务

在确立了发展目标与发展战略后，就需要更加明确、细化发展任务，由各行政部门牵头完成具体的发展任务，以实现短期的发展目标。由此，学校行政会通过了以下八项重点工作任务。

（一）汲取优秀传统文化，立德树人（责任部门：教务处、教研室、德育科）

党的十七届六中全会、十八大报告、十八届三中全会、十九大，教育部《国家中长期教育改革和发展规划纲要（2010—2020年）》都提出要高度重视优秀传统文化对引领风尚、教育人民、深化改革、实现中华民族伟大复兴的意义。习近平总书记也多次强调要高度重视中华优秀传统文化的教育与传承。

学校"以国学校本课程助推立德树人工程建设"，旨在围绕今后一个时期学校德育工作的重点任务，构建以国学教育为特色的中华优秀传统文化经典传承教育体系，探索以国学校本课程助推立德树人工程建设和学校特色发展的优化路径，形成以课程、活动、基地为载体，以网络为平台的育人环境，促使学生成为品德高尚、知识广博、行为优雅的人。

各学段要在"以国学校本课程助推立德树人工程建设"过程中，根据青少年身心发展特点与教育教学规律，在具体的实施内容和方法上创造性地开展工作，以形成德育工作经验，创新德育模式，增强德育工作成效。

（二）创新人才培养模式，探索"2+4"学制实验项目（责任部门：教务处、教研室）

为快速实现厦门一流、省内外知名的"现代化、实验性、示范性和国际化"

学校的办学目标，根据国务院《关于基础教育改革与发展的决定》和教育部《基础教育课程改革纲要（试行）》等相关文件精神，学校从全面贯彻落实党和国家教育方针，切实深厚学生文化底蕴，提升学生素养出发，将原本三年初中、三年高中的"3+3"学制调整为"2+4"学制，即从学校初二学生中选拔出综合素质测评成绩在前50%或在艺、体、单科有特长的学生进入"2+4"学制实验项目。初中两年完成原来三年教学任务后，直升本校高中，高中学制为四年，以便学生有更多时间去拓宽视野，提升研究意识和研究能力。为此，学校将全面整合现有的初、高中课程以实现国家课程校本化，逐步构建具有厦门实验中学特色的"精·新"课程体系。对于不能适应"2+4"学制实验课程的学生仍按传统"3+3"学制培养。

"2+4"学制实验中，前两年的主要任务是完成原来初中三年的课程内容，整合创新教学内容，研究实践课程的校本化，培养学生良好的学习习惯，有效提升学科素养。具体做法如下：

1. 改革教学内容，整合学科教学

语文、数学、英语等具有工具性的学科贯穿整个初中年级，突出语数英的主体地位，物理、化学、生物等理科学科重心上移到初中二年级，并且开设综合性课程（理工课）、社会课（人文课）和创课课程（综合课），增加与创新实施体育课与艺术课。

2. 国家课程校本化，校本课程人本化

三级课程的科学整合、合理开发与有效实施是"2+4"学制实验成功的保障。基于这一认识，学校在国家、地方课程管理与实施的相关政策文件的指导下，充分发挥新课程赋予校本课程的弹性空间，通过课程的选择、补充、改编、整合、拓展、新编等一系列措施，探索与构建一套适合"2+4"学制实验班学生智力发展水平和学习需求的课程体系，实施以人为本的校本化教育。

（三）改革课堂教学模式，实施基于互联网情境的"三维五步教学法"（责任部门：教务科、教研室、总务科、信息中心）

"三维五步教学法"是为适应"互联网＋"时代的到来，有效提升学校教育教学质量而进行的课堂教学模式改革。到2020年，依据学校实际创设的基于互联网情境的"三维五步教学法"已经有了一定影响，形成了品牌效应。

（四）改革课堂教学组织形式，实施分层走班教学（责任部门：教务科、教研室、总务科、德育科）

在新课程改革的背景下，为认真贯彻落实《中共中央、国务院关于深化教育改革全面推进素质教育的决定》《国务院关于基础教育改革与发展的决定》及福建省、厦门市关于深化课堂改革的要求，适应时代发展的需要，学校立足本校实际情况，大力推进教育改革创新，努力构建充满生机与活力的课程体系，为学生的个性化发展提供广阔的空间，学校从高一数理化及英语学科率先开展"分层走班"教学试点。

所谓"分层走班"是指打破原有班级的统一要求、统一进度，让学生根据自己的知识基础、学习能力、层级水平和兴趣愿望自主选择适合自己学习程度的教学班级进行走班上课的学习组织形式（原有班级、教室保留）。其意义如下：一是彰显学生的主体地位。学生可以依据自己的学习基础和接受能力、兴趣特长，确定学科层次、选择教师、安排自己的课程，能增强其自信心和成就感，保护其学习的积极性。二是尊重差异、尊重个性、因材施教。可以最大限度地让不同智力水平、不同学习基础、不同学习能力的学生获得与自己最相适宜的发展环境。克服了传统行政班级授课制要求学生上同样的课、做同样的练习、忽略学生发展的差异性和不平衡性等缺陷。解决了有的学生"吃不饱"或"吃不了"的矛盾。三是有利于增强学生的竞争意识和合作意识。四是促进了教师专业化发展。

（五）构建内容丰富、层次多样、选择性大的校本课程和活动课程体系（责任部门：教研室、德育科、团委）

依据《厦门实验中学校本课程实施与管理方案》，针对每个教师的专业领域与兴趣特长，学校鼓励每个教师开发、开设至少一门校本课程，并采取"三步走"发展策略。第一步：先行试点阶段。第二步：扩大试点阶段。第三步：全面推广阶段。"三步走"经过一年时间的实践，所有教师都能开发开设具有个性特点与学校特色的校本课程。

校本课程的开设，要以生为本，不仅在人文、科学、艺术、审美上有所侧重，而且要兼顾个性特长和综合能力的培养，要在选修课的开发、实践与积累的基础上，注重教育教学成果的收集、整理、校对、汇编，逐步形成一套满足学生发展需要，适合学生发展水平的校本课程讲义，对于达到公开出版水平的校本课程，学校大力支持其正式出版。

（六）信息技术与学科教学融合，构建"数字化"智慧课堂（责任部门：教务科、教研室、总务科、信息中心）

信息技术与学科教学融合，不仅停留在学科教学中应用信息技术多媒体的层次，而是要不断提升教师信息素养与观念，充分利用现代化的教学手段解决教学中的疑难点，提升课堂教学效益，同时也为学生亲身示范，渗透信息意识、观念与技术，从而提升学生的信息化水平与能力。因此，学校不断引入互联网资源，打造"网络＋平板"的智慧教室，培养智慧学生。

（七）改革评价机制，实施学生综合素质评价（责任部门：教务科、德育科）

淡化评价的筛选、选拔功能，改变传统的仅以学习成绩评价学生的单一形式，实行学生学业成绩与成长记录相结合的综合素质评价改革，并尝试引入综合素质评价网络平台，加大创新能力、实践能力等在学生评优奖励中所占的权重，改革学生学业评价制度，尽可能地建立一套内容科学、形式多元，激励学生积极进取、奋发向上的评价体系。

（八）加强国际教育交流与合作（责任部门：办公室、总务科、教研室）

学校要用国际视野来把握和发展教育，致力培养全面发展的国际化人才。为此，学校加强探索国际交流、走出去、请进来、研究试验留学的新路子、新方式，成为国际开放交流的示范性学校。首先，要加强双语、多语种教学，提升学生外语水平与熟练度；其次，要在开设国际理解课程的基础上，促进学生跨文化交流，提升学生对不同国家、民族、文化的认识和理解水平；最后，要深化国际教育合作，积极汲取国外先进的教育理念和经验，与国外知名学校建立长期的合作关系，提升厦门实验中学教育的国际化水平。

第四节　树立科学先进、精新育人的好理念

办学理念是学校办学的理想、信念、价值观，是学校成员对学校发展目标、培养目标、校风、教风、学风、校训等精神文化要素的提炼、概括与升华，是用来指引学校建设、教育教学与管理等活动的价值标准，是学校文化的基础、中心和灵魂。

厦门实验中学办学伊始，学校领导班子就学校的本质、规律、价值追求、学校具体的办学、管理、教育教学等进行了多次研讨，进一步明确了什么是学校、如何办学校、如何培养社会主义接班人等一系列问题，形成并确立了"惟精惟新"这个厦实办学治校的先进理念。

一、办学性质定位

党的十九大从新时代坚持和发展中国特色社会主义的战略高度，做出了优先发展教育事业、加快教育现代化、建设教育强国的重大部署。厦门

实验中学作为市属校，率先全面贯彻落实全国教育大会精神，坚持把立德树人作为教育的根本任务，坚持社会主义办学方向，坚持以人民为中心发展教育，坚持深化教育改革创新，坚持把服务中华民族伟大复兴作为教育的重要使命。

二、落实党对学校的全面领导

加强党对教育工作的全面领导，是办好教育的根本保证。学校党委不断增强"四个意识"、坚定"四个自信"、做到"两个维护"，自觉在政治立场、政治方向、政治原则、政治道路上同党中央保持高度一致。

（一）党性如磐，铸就师魂，全面贯彻落实新时代教育思想

厦门实验中学党总支部成立于 2014 年 8 月，2017 年 1 月升格为党委。学校现有党员 150 多名，党委下设两个党总支部和一个行政后勤直属党支部，每个党总支部下辖三个党支部。

1. 紧跟党中央，师生共学新思想

学校党委坚持在全校范围内倡导"六个跟上"，即"政治站位跟上中央精神""思想观念跟上时代发展""教育内容跟上社会变化""教育手段跟上技术创新""教育能力跟上目标理想""工作成效跟上领导思路"。在"六个跟上"理念引领下，学校积极贯彻中共中央组织部、教育部《关于加强中小学校党的建设工作的意见》和市委教育工委指示精神，严格遵照规范，扎实开展中心组学习、三会一课、主题党日等党内组织生活，创造性开展"一个党员，一面旗帜""一个支部，一座堡垒""支部党建品牌全覆盖达标建设""三项主题活动再深化"等一系列活动，党建工作必选动作规范到位，自选动作异彩纷呈。以"不忘初心、牢记使命"主题教育为例，学校坚持早谋划、早部署、早开展，相继完成动员部署，读书班开班，毕业班调研和师生意见征求座谈会，各项工作按照主题教育方案有序推进。全校上下认真学习贯彻习近平新时代

中国特色社会主义思想，坚持以党的建设引领立德树人、引领教师队伍建设、引领教育教学质量提升，培育优良的校风学风教风，形成"1451"党建工作模式和以"四个自信"为统领的"坚定自信跟党走"党建文化，并在此基础上积极开展教育精准扶贫工作。

2. 求精求新，探索新时代学校党建模式

"1451"党组织工作模式是在厦门市委教育工委"1331"党建工作模式指导下，结合学校实际，逐渐形成的特色党建工作模式。"1"代表着建设一个坚强有力的党组织；"4"代表着要抓住"四个有利时机"，即要抓住全面从严治党、党史学习教育，习近平新时代中国特色社会主义思想"大学习大宣讲"，学校创建省示范高中和省文明校园四个有利时机；"5"代表着创建5个"党建＋"模式。分别为：①"党建＋理论武器"，学校党委充分利用"三会一课"、主题党日、政治学习日、"党建E家""学习强国"、微信群、QQ群、年段会、教研组会、升旗仪式等多种途径，加强对党员及全体教师的政治理论教育，用科学理论尤其是习近平新时代中国特色社会主义思想武装全校师生的头脑，指导一线教育教学实践。②"党建＋依法治校"，学校充分发挥党组织的保证监督作用，一方面，保证学校的社会主义办学方向，保证党的教育方针、国家法律政策、上级决策精神在学校不折不扣地贯彻执行；另一方面，不断提高依法治校水平，办好人民满意的学校。③"党建＋精细管理"，学校将"精新教育"思想深入贯彻至日常党建工作中，扎实开展，稳步推进。④"党建＋质量兴校"，在党组织的坚强领导下，学校狠抓教学质量，以质量促学，以质量兴校。⑤"党建＋岗位廉建"，学校党委注重加强对重要岗位和风险部门的廉洁教育和对全体教职工的师德师风教育，充分运用监督执纪"四种形态"，学校无一例违反廉洁纪律的问题。最后一个"1"，是指通过双培养的机制，努力打造一支骨干教师队伍。目前全校党员骨干教师人数占骨干教师59%。党员教师发表论文数占全校教师发表论文总数的81%。党员教师获得国家级、省级奖励86项，获得省市级优课92节，辅导学生获得科技创新大赛、学科奥赛等国家级、省级一二等奖94项。在"1451"党建工作模式的引领下，学校各项事业蓬勃发展，学校党委先后被厦门市委教育工委授予"教育系统先进党组织"光荣称号，被厦门市委授予"全市先进党组织"荣誉称号。

3. 做深做厚，构筑新学校立德树人文化

学校党委从学校、教师、学生三个层面着手打造立体网络，教育引导全体师生听党话、跟党走，形成特色鲜明的"坚定自信跟党走"的党建文化。例如，从红色基因的源头马克思主义和中华优秀传统文化中汲取营养，在校园文化建设中以党建文化和中华优秀传统文化为引领，建设以"四个自信"为主线的"坚定自信跟党走"的党建文化线路，开辟立德树人德育广场，设置功能完善、庄重典雅的党建活动室，让党建文化、党的理论走进年段、走进教研组，融入校园的每一个角落；开设"党委讲堂"，组建新时代新思想读书社，组织岗位练兵，成立名校长、名师工作室，引领教师专业成长，落实"双培养工作机制"。

针对教师群体，开展以党史国情为主题的"三会一课"和政治理论学习；评选"最美教工"，树立正确的价值观念；教师进社区、进家庭，宣传国家贫困生资助政策，发挥专长开展教育咨询服务；党员教师到习近平总书记曾经进村入户、访贫问苦的军营村、白交祠村，重走习近平总书记走过的路，滋养初心使命。

面向学生，开设"习近平用典"等红色校本课程，组建京剧社、国学社等社团，开展"歌唱祖国"红歌比赛、红色经典诵读、党史知识竞赛、主题演讲、征文比赛、手抄报评比等丰富多彩的活动，培育青少年学生对党和国家的深厚感情，以及对中华优秀传统文化、红色经典文化、社会主义核心价值观的高度认同。

在"坚定自信跟党走"党建文化的滋养下，学校师生精神面貌蓬勃向上，肖学平校长被评为福建省首批名校长；李丽芬副书记被授予"福建省优秀

教育工作者"荣誉称号；学生谢浩轩被共青团中央授予"全国最美中学生"荣誉称号。

4. 精准扶贫，深入研究新时代教育课题

全校教师高度认同党的教育理念，与党中央始终保持思想上的高度一致。2018年，学校申报教育部规划课题，"教育精准扶贫与巩固教育精准扶贫成果的研究"成功立项。围绕该课题，党员教师踊跃参与学校和宁德市教育局结合的教育扶贫工作，并撰写发表一系列论文，如《教育精准扶贫宁德模式经验试析》《用语文的方式让红色基因注入血脉，代代相传》《贯彻全国教育大会精神，讲好新时代德育故事》《立德树人的校本实践》等，积极阐释、传播党的教育思想、教育理论。学校也因此被福建省教科文卫体工会、福建省特级教师协会联合授予"教育精准扶贫先进单位"荣誉称号。

三、创新德育，让德育更贴近学生生活

厦门实验中学建校以来，始终秉承"惟精惟新"的办学理念，坚持把立德树人作为学校教育的根本任务，探索新时代教书育人新模式。学校以社会主义核心价值观为主线，以传统节日为契机，通过高三毕业典礼、成人礼、主题实践、国旗下讲话、主题班会、演讲比赛、手抄报、讲座等多种形式，积极开展爱国、感恩等红色教育，进一步加强爱国主义教育、理想信念教育、优秀传统教育、公民意识教育和生态文明教育五项主题教育。坚持探索"艺术促进人成长"规律，以京剧、书法文化艺术为德育、美育工作切入点，大力弘扬中华民族优秀传统文化，促进学生全面发展。

（一）抓准传承红色基因着力点，培养社会主义核心价值观

1. 优秀文化为着力点，全面落实立德树人

以环境育人为出发点，以传统文化为根基，以社会主义核心价值观为

主题，所有楼宇均以包含学校惟精惟新办学理念和传统文化精髓的"惟"字系列命名。开辟书法广场、立德树人文化广场，打造京剧长廊、京剧大师园、京剧艺苑舞台，将红色基因文化和优秀传统文化元素融入校园、渗入师生心灵，让学生进一步领会社会主义核心价值观的意义，自觉将社会主义核心价值观转化为实际行动，促进学生全面发展。

2. 班级课堂为主阵地，注重学科德育渗透

课堂是学生学习科学文化知识的主阵地，也是学校德育和学生品德形成的主阵地。学校充分发挥课堂主渠道作用，以社会主义核心价值观为主线，以厦门市教育局编制的《社会主义核心价值观学科教育指导纲要》为指导，制定《厦门实验中学推动社会主义核心价值观进班级、进课堂、进头脑工作方案》。教研组、备课组制订教学计划时体现本学期、本学段的价值观渗透目标、计划和工作要求，每位教师在教学设计和教学工作中落实社会主义核心价值观渗透工作。思想政治课担负着学校德育的主要职责与使命。学校思想政治教师注重挖掘教材的德育内涵，凸显教材与课堂的德育功能，坚定学生的中国特色社会主义道路自信、理论自信、制度自信、文化自信，进一步培养学生的爱国情怀，使社会主义核心价值观内化为行为准则，外化为自觉行动。

3. 实践基地辅助德育，积极开展实践育人

学校以集美鳌园、古龙酱文化园、同安竹坝实践基地、同安区博物馆、鑫美园果蔬专业合作社等为学生社会实践基地。每年组织学生到同安竹坝农场参加社会实践；对初一、高一新生举行军政训练，举办学生干部、京剧、交通安全等各种主题的夏令营活动；利用暑假，布置学生参与社会实践和社区服务活动，为厦门文明城市创建做贡献；与厦门市鑫美园果蔬专业合作社、同安区博物馆开展共建工作；每年组织高三毕业生前往同安孔庙参加成人礼活动，击鼓明志，以寓教于"美"、寓教于"理"的传统文化方式，以期琢玉成器，鱼跃化龙；开展垃圾分类活动，发放以垃圾分类知识普及与倡议为主题的《致家长一封信》，组织学生志愿者进入社区宣传垃圾分类知识，将绿色环保理念带入家庭、带进社区，同时组织学生前往厦门市垃圾处理厂参观学习垃圾分类知识，不断增强学生环境保护意识。

（二）以美育促德育，以艺术促进人成长

1. 大力配备并培养艺术教育精良师资

学校现有艺术教育在编教师 26 名，教师专业涵盖钢琴、二胡、舞蹈、书法、篆刻、油画、国画、京剧等多方面。以京剧文化为办学特色，依托中国戏曲学院，聘请 5 名专业京剧演员教唱京剧。学校音乐、美术教师目前承担省、市课题研究 15 项，在专业期刊发表论文 20 余篇。任教书法课的副校长方荣报，为全国"双优百家"获得者，出版书法论著多部。

2. 奋力开发富有特色的艺术教育课程

为坚定文化自信、弘扬中华优秀传统文化，学校开展美术、音乐、书法等艺术课程，并招收福建省第一个京剧艺术特长班。京剧艺术特长班每周开设京剧唱腔课、京剧形体课、京剧文化课、京剧社团课等，在口传心授之间让国粹京剧艺术植根学生心田。

除了京剧，各个学段还面向学生不断开发趣味性和实践性二者兼备的艺术课程：小学部有超轻黏土制作、南音、硬笔楷书、舞蹈、二胡等课程；中学部有演奏、创作、合唱、古典舞、陶艺、版画、篆刻、纸雕、素描、橡皮章、动漫设计等课程，切实落实"2+1"要求，满足学生个性化需求。

3. 积极举办丰富多彩的艺术展演活动

为了培育学生对艺术的热爱、表演和鉴赏能力，学校积极举办各类艺术活动，如春联义卖、书法夏令营、元旦文艺会演、周末京剧艺苑和京剧课间操等。鼓励学生自主组建各类艺术社团，如书法社、京剧社、街舞社、吉他社、合唱社等。各社团在专业教师指导下，定期开展艺术活动与交流。其中，京剧社团于 2017 年被授予"全国优秀中学生国学社团"荣誉称号。

4. "艺术促进人成长"育人成果初现

在艺术文化的浸润下，学校美育、德育、智育齐头并进：初中部京剧班学生连续 6 年参加"国戏杯"全国戏曲大赛，获中学组一等奖；应邀登台亮相"新年戏曲晚会"，现场好评如潮；小学部选送的南音节目参演厦门新春联欢晚会。2017 年，学校成功举办省级"京剧进校园"开放周活动，时任厦门市副市长国桂荣、中国戏曲学院院长巴图、中国教育科学研究院副院长曾天山等领导应邀出席；2018 年，学校"京剧文化进校园实践研究"教育教学成果，荣获福建省基础教育教学成果奖二等奖，并被评为"福建省中小学中华优秀文化艺术传承学校示范校建设对象""福建教育学院艺术研究所教学实践基地"。

（三）线上线下活动载体，全方位德育网络

1. 开展科技节活动

每年组织开展小发明、小制作、小论文和科幻绘画比赛，范围涉及数理化生、环境科学、人文科学、计算机科学等多个领域，组队或选送优秀作品参加省市青少年科技创新大赛，成绩突出。近三年来累计获得省一等奖 1 人次，省二等奖 3 人次，市一等奖 6 人次，市二等奖 6 人次，市三等奖 19 人次，其中 2018 级高一新生叶宇凡在第 24 届全国青少年信息学奥林匹克竞赛福建省联赛中获一等奖。

2. 开展体育节活动

每学年举行春季和秋季两次运动会，内容既有传统田径项目，又包括棋类、篮球、桥牌等趣味性比赛。学生在各级比赛中屡获佳绩。手球队获全国赛三等奖、福建省第二名，团体操获得福建省第一名等。

3. 积极组织开展经典诵读活动

学校组织学生参加经典诵读、演讲比赛、辩论赛、名人名言知识竞赛、推荐名著阅读等多种活动，利用校园网、QQ 群、微信群、电子显示屏、宣传展板等方式，举行"文明小白鹭，陋习我说'不'"主题活动。

4. 加强主题教育活动

组织开展"我的中国梦"主题教育实践活动；通过义卖活动、志愿者活动、国旗下讲话等多种方式，扎实开展学雷锋教育活动；利用清明节，组织学生祭英烈活动；利用儿童节、教师节、国庆节等节庆日，开展评选美德少年、庆祝教师节、"向国旗敬礼"等系列活动，进一步增强学生爱国情感，引导学生做一名有道德的学生。

5. 以网络为载体，引导学生健康成长

学校搭建网络平台，引导学生健康上网，使互联网在青少年思想道德建设中发挥积极作用：

① 在校园网上开辟德育天地，建立网上家校，确保网络德育落到实处。

② 借助网上家长学校、微信群、QQ 群等现代通信软件，提高管理效能。

③ 积极开展"文明小博客"活动，引导学生在规定的网站上网，撰写博文。

④ 积极开展"网上祭英烈""向国旗敬礼""六一学习美德少年网上签名寄语"等活动。

⑤ 组织学生参与网络安全教育，引导学生增强安全意识，学会自我保护。

6. 形成学校、家庭、社会协同育人体系

学校成立家委会，制定家委会章程，全面促进学生健康成长。实行全员家访，定期召开家长会，扎实开展"进社区进家庭"活动，积极开展学生资助工作，健全学生档案，增强家校合力。向每位家长发放《家长手册》和《家长阅读书目》，让家长更好地了解学校情况，邀请家长志愿者参加校运动会、校合唱比赛和开设讲座，让家长与孩子拥有更多的互动。发动校外力量，与潘涂边防派出所共建，聘请指导员担任学校综治副校长；与部队共建，共同参与学校管理，建立学校、家庭和社会"三位一体"的"行为规范养成教育"德育机制，共同促进学生健康成长。

四、全面打造高素质的教师队伍

建设社会主义现代化强国，对教师队伍建设提出了更高的要求，也对全社会尊师重教提出了新的要求。学校引领广大教师带头践行社会主义核心价值观，自觉增强立德树人、教书育人的荣誉感和责任感，学为人师，行为规范，做学生健康成长的指导者和引路人；牢固树立终身学习理念，加强学习，拓宽视野，更新知识，不断提高业务能力和教育教学质量，努力成为业务精湛、学生喜爱的高素质教师；牢固树立改革创新意识，踊跃投身教育创新实践，做有理想信念、有道德情操、有扎实学识、有仁爱之心的好教师，为发展中国特色、世界水平的现代教育做出贡献。

学校加强教师队伍建设，提高教师教育教学能力。全面提升教师队伍素质，把师资队伍建设作为学校战略发展的重要举措；加大教师培训力度，根据教师实际需求，将教师培训落到实处、落到细处，真正促进教师专业发展；积极引导教师将教研重心转向新课程改革和新高考（中考）改革，关注课堂教学的难度、密度和效度，以课改为契机，全面提升教师教育教学能力。

（一）教研活动常态化、多元化

为充分挖掘教师队伍潜力，学校多管齐下，竭力为青年教师搭建成长平台。依托中国教科院和厦门市教科院，多次邀请田慧生、巴图、曾天山、陈如平等知名专家来校授课讲学；邀请百余位特级教师和正高级教师来校指导；聘请退休特级教师和经验丰富的教师，长期驻校指导一线教学；重视教师职业发展规划，统一下发《厦门实验中学教师专业化发展规划表》，要求教师根据自身实际，确定自我发展方向和目标；实行"三一工程"，规定每位教师每学期开设一堂公开课，教研活动后每人须写300字以上的学训心得，并上传至FTP；防止教师职业懈怠，倡导教师养成读书做笔记的习惯，每周提交一篇读书心得体会；加强骨干教师和青年教师的培养，通过帮扶等活动鼓励教师"走出去"。

（二）主动适应新高考新要求

新一轮课改，向传统课堂教学模式提出了前所未有的挑战。为准确把握新一轮课改精神，确保教师尽早适应新课改精神和新高考要求，学校连续 5 年选派优秀教师赴北京等地进修学习，要求普通教师积极参加市教科院组织的各类课改讲座，确保每一位教师了解和熟悉新课程、新课标内容及精神，关注学生核心素养的培养，学习如何由传统的教授知识，向帮助学生掌握学科思想方法转变，把握新高考的命题理念和考查趋势。除了"走出去"，学校还积极"引进来"，邀请三十余位省市专家莅校开设专题讲座，向全体教职员工宣传新课改最新动向；专门成立"新高考"改革领导小组和"新高考"改革工作小组，全面普及新高考改革内容和落实具体要求，并根据变化，组织教师团队自主开发校本教辅材料。针对高一新生，拟定《厦门实验中学"新高考"改革实施方案》，从课程实施、教学管理、走班教学、学生管理、生涯规划、校本课程建设、教学评价等方面入手，全面为新课改的贯彻落实护航。

学校全面贯彻落实课改精神，为新课程背景下青年教师的迅速成长提供多元平台：实现教研活动常态化和多元化，敦促教师养成勤读书、爱读书的生活习惯，以阅读带动教师个人知识文化素养的提升；鼓励教师积极申报各级各项课题，学校教师共申请国家级课题 5 项、省级课题 15 项、市级课题 21 项、区级课题 18 项；动员教师报名参加教师技能大赛，在全市教学基本功岗位练兵中，学校青年教师取得市一等奖 6 人、二等奖 7 人、三等奖 5 人的优异成绩；小学、初中、高中三个学部的校本作业体系，得到进一步充实、丰富和完善；先后邀请厦门一中正高级教师王焱生、钟斌，福建省教育科学规划办主任郭少榕，福建省语文学会会长陈学斌，福建教育杂志社执行主编钟建林，福建省教育学院教授林文瑞等名师专家莅校讲学；进一步丰富和完善覆盖导学案、课堂练、课后练和周练四大板块的校本作业体系；围绕教育部规划课题《教育精准扶贫与巩固教育精准扶贫成果的研究》，以调查研究、送教送培、派驻支教教师、走访慰问等形式，帮扶同安区西山小学、宁德民族中学等多家单位，撰写发表教育扶贫系列论文，如《教育精准扶贫宁德模式经验试析》《用语文的方式让红色基因注入血脉，代代相传》等。

五、完善治校体系，不断提升治校能力

学校制定并完善各项制度，加强制度的执行与监督。根据实际需要，依法治校，从严治校，以人为本，不断完善学校现有规章制度，确保各项事业有据可依，有章可循。强化干部队伍思想武装、自律意识、职责要求和责任担当，切实提升中层干部贯彻上级战略意图、完成预定目标的执行能力；全面发挥教代会桥梁纽带作用，积极推进民主管理和民主监督，加快实现学校治理体系和治理水平的现代化。

第五节　建立依法办校、文化助力的好制度

学校在发展建设上，全面贯彻党的十九大精神，积极推进依法治校理念的宣传和实施，不断提升建章立制质量，优化建章立制效果，发挥良性规章制度对学校发展、校园和谐的促进与保证作用。

一、建章立制，规范办学

学校创建伊始，为贯彻落实党和国家教育方针，适应教育现代化发展需要，规范学校内部管理体制和运行机制，保障师生合法权益，提高办学质量和育人水平，学校领导班子高度重视章程建设，根据《中华人民共和国教育法》《中华人民共和国义务教育法》《中华人民共和国教师法》《中华人民共和国未成年人保护法》《全面推进依法治校实施纲要》等法律法规，结合实际，逐步形成较为完善的《厦门实验中学章程》。其中包含有总则、基

本情况、学校管理、课程教学、德育管理、教职工、学生等内容，覆盖学校的方方面面，成为学校办学治校的基础性章程。

二、校务公开，民主办学

学校制定《厦门实验中学党务校务公开制度》，成立校务委员会，充分听取教师代表、家长代表、学生代表、教育专家等人员的办学意见与建议，主动向社会公开学校办学、管理和发展情况，并就学校发展重大问题向社会人士征求意见建议，邀请学生代表、家长代表、教育专家与关心学校发展的社会人士，共同审议涉及学校发展和学生、家长切身利益的重大事项。

三、民主决策，稳步发展

为加强学校对重大事项的研究，提高管理效益，保证领导班子议事和决策民主化、规范化，加强学校党风廉政建设，逐步形成科学合理的议事决策机制，学校在做出重大决策前，坚决执行民主集中制，广泛征集多方观点和意见。除此之外，学校还聘请专业法律顾问，对签订的合同、重大法律事务等事项进行审定，充分听取法律专家的意见与建议。

四、管理监督，民主高效

学校管理民主高效，制定有《厦门实验中学教职工代表大会工作制度》，定期召开教职工代表大会，听取校长工作报告，审议学校章程、办学方针、发展规划、年度工作计划、教改方案、财务预算、基建工程等重大问题；审议通过学校教职工年度考核方案、绩效工资分配方案和其他有关教职工切身利益的重大事项；评议监督学校行政领导干部，并向上级主管部门提出奖惩和任免的建议。

五、创新教育，以生为本

为适应新时代人才培养需要，学校在课程管理、教学管理、学生管理上追求精细。在课程管理上，注重课程的顶层设计，构建"精·新"课程体系，因校制宜，制定《厦门实验中学"新高考"改革方案》，因材施教，实施分层教学与走班教学，实行教学班与行政班双重管理模式；在教学管理上，狠抓常规，制定了《关于加强年段教育教学管理工作的实施意见》《关于加强小学部教育教学工作的指导意见》《关于加强学校体育工作的意见》《教育常规管理细则》《教学管理条例》《巡课制度》《教学奖励制度》等一系列教学管理制度，并派专人进行巡查落实；在学生管理上，制定了《学生管理制度》《共青团厦门实验中学委员会管理制度》《团校工作实施细则》《少年先锋队管理制度》《星级班级考核方案》《综合素质评价细则》等制度，实现了学生管理的制度化、法治化。另外，学校高度重视家访工作与"家长学校"建设，密切联系家委会，形成学生综合素质培养的有效形式和长效机制，促进学生全面发展和健康成长。

面对突如其来的新型冠状病毒肺炎（以下简称"新冠肺炎"）疫情，学校担当作为，"疫情就是命令，防控就是责任"，学校迅速出台《厦门实验中学线上教学活动的指导意见》，为全校师生线上教学有序开展保驾护航。

六、依法治校，权力制衡

依法治校是学校民主管理的法宝。学校创建之初就充分考虑这一方面的工作，通过教职工代表大会成立了教师申诉或调解委员会，建立了《民主集中制实施细则》《教职工代表大会制度》《校务公开制度》《校长接待日制度》《校长信箱制度》《校长办公会与行政例会制度》等一系列民主制度，切实解决学校可能发生的校内矛盾和冲突。

附录 厦门实验中学线上教学活动的指导意见

为了贯彻福建省教育厅近期召开的全省教育系统疫情防控工作视频会议与厦门市教育局的线上教学指导视频会议精神，严格落实"离校不离教、停课不停学"的具体要求，结合学校实际情况，提出教师线上教学、学生居家学习工作指导意见如下，请各年级及各部门根据指导意见有序高效开展线上教学工作。

一、工作目标

做好线上线下教学的衔接。综合考虑疫情形势变化和学校教育教学安排，坚持常规教学与非常规教学相结合，组织做好线上教学各项工作，保证线上教学有序高效、线下辅导及时到位，确保停课不停教、停课不停学。

二、指导意见

（一）线上教学"三表"安排

1.线上教学时间安排

线上教学从即日起开始，先按照一个月的时间进行线上教学，具体线下开学日期将会提前一周公布。各年级课程按周排课，开齐课程，音体美课程灵活开展。各年级每周按照时间召开线上的班主任例会、教研组备课组会，进行一周一总结、一周一部署、一周一建议、一周一辅导。

2.教学"三表"安排

各学部与各年级按照线上教学时间的要求，严格按照教务科提供的"三表"：人事表、课程表与作息时间表进行线上教学，周末和节假日不安排课程。

高中学部和初二初三年段实行每天9节课，每节课40分钟，上午5节课，下午4节课，课间休息10分钟；初一年级实行每天8节课，每节课40

分钟，课间休息 15 分钟；小学低年段每天 3 节课，每节课 20 分钟，小学高年级每天 4 节课，每节课 20 分钟。

3. 各学段课程安排

各学段根据省颁课程的要求，结合学校实际情况科学安排线上教学课程表。开足开齐各类课程，体育课安排在每天的最后一节。

（二）课程内容安排

1. 高中部课程

高中非毕业年段每节课不超过 40 分钟。根据线下教学进度安排，跟进开展线上教学，高三以一轮复习为主，高一和高二年级开展新课教学。对于全班都有上网学习条件的班级，可以适当选择任务明确、有成就感的新课进行教学，采用慢速度、多答疑、多反馈的方式进行教学。如继续推迟开学，则以教科院的通知和安排为准进行线上教学。

2. 初中部课程

初中非毕业年段每节课不超过 30 分钟。初三年级和初二生物、地理全面线上开学，按照原计划开展复习备考，根据学科需要可上新课或复习课，采用慢速度、多答疑、多反馈的方式进行教学，确保学习质量。初一和初二其他学科按照现有进度进行教学。如继续推迟开学，则以教科院的通知和安排为准进行线上教学。

3. 小学部课程

小学一、二年级不得开展线上课程教学，可通过推送学习资源和活动方案等方式，做好居家学习和生活指导；小学三至六年级每节课线上教学时间不得超过 20 分钟，做好线下资源的推送，及时检查与反馈书面作业与非书面作业的完成情况。如继续推迟开学，则以教科院的通知和安排为准进行线上教学。

4. 技能科课程

音、体、美、心理、信息、综合实践等学科的教学内容：各年级灵活安排这些学科的教学时间和教学内容，可以不安排行政班的音、体、美课程，音、体、美学科可以灵活利用下午固定时间开展，教师布置学习任务或者提供学习资源，引导学生自主学习。

体育：可利用健身操、跳绳等中考要求的体能训练项目，指导学生在室内进行体能训练，也可进行新冠肺炎疫情健康知识的线上教学。

音乐：可采用每周学习一首歌曲（通过视频或者音频进行指导）的方式或者进行专题音乐欣赏教学。

美术：可安排以线上美术欣赏或线下美术创作的方式进行教学。

心理：可以录制小视频，对家长和学生疫情防控期间的心理状态进行疏导，并安排线上时间提供心理辅导或者预约。

综合实践活动、信息技术和通用技术课程：可创造性地指导学生在家进行劳动，制作或网络研究性学习（小学综合实践任务创作绘画；初中综合实践任务创作手抄报；高中研究性学习任务创作相关小论文，主题可以是"战胜病毒，打赢防疫战"或与其相关的主题）。

5. 阅读课程

除毕业班年级外，各年级各备课组，尤其是语文备课组，要重视名著阅读，利用本次机会引导学生多读书，读好书。各年级要给学生列书单，明确任务，注重阅读任务的多样化，要有摘录，有读后感，有读后小测。

（三）线上授课平台

根据近期对各网络平台的测试，厦门实验中学采用同步直播授课，各学段可以根据实际情况同步直播，授课平台统一使用 QQ 平台、腾讯课堂，不建议再使用其他平台，增加师生和家长的负担。

线上直播授课的时间要尽量提升效率，缩短时间，线上授课时间不应超过本节课的三分之二，如遇卡顿、平台崩溃等突发事件，及时转为语音通话、线上文字答疑、学生自习或者进行限时训练。各年级各学科要提前和学生说好，免得浪费时间。

（四）教学模式建议

建议使用导学模式进行授课，提高学生的参与度。切实做到"课前"要精心策划和布置需要学生在线下进行的自主学习任务；"课中"要强化授课和在线辅导过程中的师生活动环节，多重手段调动学生充分参与学习过程；"课后"要对学生提交的作业和表现进行激励性评价，对学有困难的学生进行在线辅导。教师要精心设计包括预学、课堂、课后的学习任务，学习任务要有一定的情境性、难度和挑战性，以此吸引学生的学习兴趣，唤醒学生的学习欲望，触发学生的学习思考，让学生感到自己是活动的主体，发生积极主动的学习活动。导学模式一般流程如下：

流程一：教师提供学案明确学习目标与新课任务；学生按照学案对新课教材进行研读并尽可能完成学案基础作业或教材课后作业。

流程二：进行线上教学，教学以学生为中心，建议10~20分钟重难点讲解，10~20分钟学生完成特定的任务，切忌满堂灌，缺乏学生主体的观念。切忌进入"我教我的，你学你的；我一直讲，你一直听；作业我布置了，你做不做是你的事情"的教学误区。

流程三：布置课后作业与下节的预习作业，建议学生按照先复习后作业，先看书后写学案作业的习惯。

（五）教学常规要求

1.集体备课

线上的集体备课依然要做到"三定"：每位教师都应参加每周由备课组长组织的集体备课，做到定时间、定内容、定中心发言人。"四要求"：在集体备课时，每位教师要畅所欲言，提出的个性化问题，进行的共性化解决;针对个性化预案,研究共性化实施;围绕重难点内容,探索实效性突破;分析典型性案例,引发教学新思路。"五统一":在备课组长的统筹下,根据学情,分层次做到统一教学指导思想,统一重点、难点,统一作业量的上限,统一考核要求,统一课时安排。

2.线上教学

（1）课堂环节严谨有序。

教师应于上课前5分钟组织学生进入网络教室,严禁无故迟到,做好学生上课考勤工作,并在QQ群提醒未入网络教室的学生。各学科根据学科的特点和实际,原则上每堂课应留给学生不少于四分之一的思考、练习等活动时间,认真组织教学,提高课堂教学效率。按时下课,严禁拖课。

（2）教学目标明确具体。

教师应根据课程标准与相关的教学要求,确定学期、单元、课时的教学目标,并让学生明确本节课的学习目标,增强学生学习的目的性和主动性。教学要注意突出重点、分散难点、解决关键问题,完成课时计划。在学科教学中有机渗透德育,提高课堂教学实效。

（3）注重学习方法训练。

课堂上重视学生良好学习方法培养,指导学生按照"五步学习法"与"五个四"校本作业要求,有效进行学习方法指导和能力训练,充分调动学生的积极性和创造性。

3.作业辅导

通过QQ作业平台认真做好作业批改、讲评工作,做到"四必":必发、发收、必改、必评,并根据学生作业情况及时地进行辅导。

方式一:根据学生提交的作业情况,通过在线课堂讲评共性问题。

方式二:通过推送微课讲评错误率比较高的作业。

方式三：通过 QQ 及时回答学生私信询问的作业问题或者学习问题。

方式四：在 QQ、微信等平台，通过回帖、私信、语音等各种方式调动学生的非智力因素，鼓励学生自主学习，自觉完成学习任务。

（六）班队活动与心理辅导

各年级班主任与心理教师要在德育科指导下照常进行线上的主题教育与心理健康教育，通过各种平台对家长和学生进行科学指导。

1. 加强疫情心理防护知识宣传引导

①班主任要利用好精新厦实公众号每周推送的"一周一建议，一周一辅导"家庭心理健康教育文章，通过段长 QQ 群、班主任 QQ 群、班级 QQ 群和班级家长 QQ 群等对师生进行疫情心理防护知识的宣传教育，介绍情绪疏泄和心理防护的方法，引导师生理性看待疫情，以平和的心态面对疫情。

②班主任要利用厦实公众号、段长 QQ 群、班主任 QQ 群和班级 QQ 群等媒介宣传厦门市 24 小时学生心理援助（5258185）及同安区 24 小时心理热线（7055885）、厦门市未成年人心理健康服务网（http://www.xmsxljk.com/index.aspx）、学校心理教师咨询方式等心理援助渠道，引导学生遇到心理困扰时，积极利用心理援助资源。

③在线上学习期间各个班级安排与居家学习调适相关的线上班会课、家长会。

2. 做好学生关爱帮扶和心理援助工作

① 班主任与心理健康教师要灵活利用厦门数字学校推出的学生心理健康教育课程及家庭教育讲座，并组织学生观看家庭教育讲座，倡导各个科目教师尤其是心理学科教师灵活将市教科院组织心理名师录制学生心理健康教育课程内容应用在线上课堂上。

② 班主任与心理教师利用线上心理课堂及时解答师生在疫情期间的心

理困惑和心理冲突，并对有需要的学生提供线上心理咨询。发挥各班心理委员在心理教师和班主任的指导下积极发挥作用，开展朋辈心理辅导工作。班级心理委员密切关注本班学生的心理健康状况，及时向教师汇报，并给有需要的同学提供一定的帮助。

③ 班主任与心理教师继续做好摸排建档和关爱帮扶。加强与学生的线上交流，摸排了解学生思想心理情况。建立健全学生"心理档案"。对于存在亲子矛盾冲突、性格内向、家庭变故、成绩下滑严重、沉迷游戏、存在自卑心理、线上教学表现不好、不与父母同住、单亲家庭、有留守经历 10 类重点关注学生及近期情绪起伏较大、线上学习有困难、有心理疾病等情况的学生，班主任、心理教师、科任教师要组成团队按照"一生一策"工作要求，有针对性地开展跟踪疏导和关爱帮扶。

④ 对于被隔离的学生，学校要根据《关于做好被隔离学生的关爱帮扶工作的通知》要求，班主任要落实对学生的"一对一、多对一"关爱帮扶工作。

⑤ 心理教师做好学生心理危机干预工作。按照《厦门市中小学应对新冠肺炎疫情心理危机干预工作方案》要求，制定完善学校学生心理危机干预工作方案。

(七) 做好师生与家长的网课辅导

各年级要根据学生的年龄、生理与心理特点，做好师生与家长的网课指导，具体建议如附件 2。

三、工作要求

① 各年级各位教师要提高政治站位，以德为先，为人师表，重视线上教学工作，根据线上教学意见开展教育教学工作。

② 各年级备课组要根据线上教学要求，加强集体备课，结合厦门实验中学"三维五步教学法""五个四"校本作业体系，落实校本研究，根据教师特长与特点进行分工合作，根据线上教学的效果研究探讨，不断改进。

③ 各年级领导、年段长与班主任要协同科任教师，切实做好本年级的教育教学工作，做好班科协作，形成合力，保障学生线上学习顺利进行，并为学生的身心健康保驾护航。

④ 各学科组组长要切实进行学科指导，结合教科院与学校的教学指导意见，制定并落实适合本学科各学段的教学指导策略。

⑤ 各部门做好教育教学指导与资源、技术的后勤保障工作，切实解决各年级在线上教学中出现的各类问题。

四、督察方式

① 各年级领导要加强师德师风建设，强调纪律要求，对于不配合，不作为，不完成工作的教师要及时上报教务科进行处理，对于情节严重的情况报学校纪委处理，确保线上教学顺利高效开展。

② 各年级领导与年段长要进入教师网络课堂，每日督查网上教学情况，并随堂听课，做好记录，填写《厦门实验中学线上教学记录表》（见附件1）。

③ 各年级领导与年段长要进入集体备课网络会议，参与线上集体备课，确保集体备课优质高效，对于集体备课不到位的学科组要进行督促引导，对于拒不进行集备的学科组，要进行通报批评，情况严重的要报学校纪委处理。

④ 各年级领导与年段长要进入班主任网络班会课，督察每周一次班会课的情况，保障班会课有序开展。

⑤ 各年级领导与年段长每周五要进行一次总结，并安排下一周工作计划，将总结与计划上交至教务科。

附录1《厦门实验中学线上教学记录表》

厦门实验中学　　　年段教师线上教学情况统计表　　　___年__月__日　　星期__

序号	负责人	姓名	学科	教学平台	授课方式	授课内容	学生出勤情况	学生课堂效果	存在问题	整改措施	备注（教师上课链接）
1											
2											
3											
4											
5											
6											
7											
8											
9											
10											
11											

附录2　对学生、家长、教师的要求

"停课不停学"学生篇

1.提前阅读"停课不停学"学生篇、课程表、作息时间表，提前学习、熟悉电脑程序操作使用；备好相关学习用具。

2.每天按课程安排提前5分钟做好上课准备，进行相关的学习，严格遵守上下课时间，上课期间不做与上课无关的事。

3.按上学期各科要求做好预习、复习，保证学习效率。

4.听课时做到自觉自律，认真听讲，积极思考，有问题记下来在教师答疑时间段提出。

5.按质按量完成当天各科作业，及时上交，做好课后梳理、小结。

6.爱护眼睛，课间休息不上网，不看电视，可做眼操、闭眼缓解、可远眺。

7.做好每日"两操一练"，坚持阅读、练字等。

"停课不停学"家长篇

1. 全力支持、配合学校"停课不停学"网上授课学习，提前阅读课程表、作息时间表，有问题及时与教师沟通。

2. 在规定的时间内下载并安装有关程序，教会孩子或家人操作使用；准备一间安静的房间，流畅而稳定的网络，保障孩子在家有学上、上好学。

3. 教育孩子在家上课期间，严格按照课程及作息时间表上好每一堂课，不迟到不早退，认真听讲。

4. 提前一天将第二天上课清单（作业、微课等）下载到电脑、手机等桌面上，便于孩子第二天上课使用。

5. 有条件的家长可以做孩子的同学，与孩子一起学习一起成长。

6. 督促孩子做好教师布置的各项作业，特别是预习和口头作业，使孩子能跟上学习进度。

7. 家长要对每日的作业、过关项目进行检查和抽测，小测和阶段测时做一名合格监考官。

8. 保护孩子视力。陪孩子做运动、做游戏、亲子阅读，减少孩子上网或看电视的时间；关注孩子用眼时长，杜绝网瘾，调好电脑、平板的亮度及与孩子眼睛的距离，有条件的配护眼灯。

9. 网上授课，刚开始一定会碰到这样或那样的问题，也请家长理解和支持。

10. 学生在家学习，家长除是法定监护人之外，还需承担部分教师（助教、辅导员）角色，出于特殊时期安全、有质量的学习需要，请您务必克服。

"停课不停学"教师篇

1. 备课组提前备好一周的课，出好周练习和阶段测试卷（以A4纸版本，可提前下发让家长打印）。

2. 提前一天下发（下午5点前）上课清单（预习作业、早读内容、微课、口头及书面作业）。

3.提前5分钟候课，保证20~45分钟在线在堂，不做与课堂无关的事，有问题及时解决。

4.合理安排授课、做作业及答疑时间，精心备课、录课，不上无准备的课。

5.作业有布置、有批改、有反馈、有讲评，严格按照学科规范，不因网上授课而降低标准。

6.抓实学生基础知识，在整合与提升"三维目标"基础上，尽可能实现教学内容的有趣、有用、有意义，落实各学科关键能力。

7.技能科以录播课为主，作业完成以图片、音频、视频形式上交。

8.课堂小测由各科自行组织、反馈；阶段测由备课组统一组织，合理安排时间段，提前通知家长协助监考。

9.抓好后进生的辅差，可利用晚上时间段进行一对一网上辅导（家长在家效果更佳）。

10.教研组每周五下午16:30~17:00召开教研组会（线上线下皆可），反馈一周情况，研讨下周教学；备课组不定时召开组内会（一周不少于两次，时间可长可短），做好集体备课及分工合作。教研组做好跟踪记录。

第六节　打造团结敬业、高瞻远瞩的好班子

"火车跑得快，全靠车头带。"团结和谐的学校领导班子，是做好学校各项工作的根本保证。学校领导班子想干事、会干事，富有战斗力："一把手"当好"领班"，抓出团结力；班子成员协调配合，形成战斗力。

一、科学管理，民主高效

学校领导班子老中青结合，涵盖文理学科，专业结构合理，学历层次高。肖学平任学校党委书记兼校长，李丽芬任党委副书记，邹标、方荣报、陈福

光、燕新任副校长，吕武艺任纪委书记，七名校领导中六名中共党员，一名致公党员，领导班子搭配结构合理；有数学、政治、生物、化学、物理及教育管理等专业，专业结构合理；其中有两名博士、一名硕士、四名本科学历，学历全部达标。领导班子在"惟精惟新"办学理念的凝聚下，团结一致，长期深入教师教学一线，将教科研建设、校园文化建设与一级达标高中创建工作紧密联系，不断健全决策、执行和监督体系，全面实施民主科学管理。

学校办学规范，各项规章制度健全，管理有章可循。初期，采用工作领导小组形式，处理各类行政事务。后伴随条件的成熟，办公室、教务科、德育科、教研室、总务科、保卫科、生管科、工会、团委等科室部门逐渐设置健全。经过几年的合作共处，已形成"井然有序、权责分明、各司其职"的高效管理工作作风：办公室整体统筹协调，及时传达上级文件精神；教务科、教研室积极组织教学研修活动，确保学校教学质量稳中有升；德育科负责开展师生的思想教育活动，创新德育活动形式；总务科开源节流，为校园正常运转提供必要保障；保卫科消除安全隐患，捍卫师生人身财产安全；生管科加强学生管理，增强学生纪律意识；工会负责组织召开教代会，切实维护教职员工基本权益；团委积极开展各类学生活动，校园内处处洋溢着青春的活力与风采。

在校园管理上，处处凸显"精"字精神，各科室的工作内容涵盖行政服务的方方面面，从教学管理到教学服务，从学生宿舍到食堂膳食，从师生品行到习惯养成，从导向激励到依章惩处，从公物管理、环境卫生到安全保卫，无不落实到位，全力为全体师生营造一个和谐温馨的工作学习环境。

二、团结敬业，高识智慧

学校七名班子成员，个个堪称厦门教育界的教育教学能手。他们汇集在厦门实验中学，使得厦实群星璀璨。

（一）肖学平：教坛"魔术师"，治校育人有奇招

厦门实验中学党委书记兼校长肖学平同志，是教育学博士、特级教师、正高级教师、福建省首批名校校长、厦门市首批特级校长。先后担任省杰出教师、特级教师、省教学技能大赛评委，省一级校评估专家，省教辅材料评议委员。工作40余年来，致力解决教学管理问题的研究，形成独特风格。从事数学教学工作多年，曾荣获"苏步青数学教育奖"、省基础教育教学成果一等奖等多个奖项。从事教育科学研究，出版了6部专著，发表了50余篇论文。主持多项国家级课题研究，其中"教育精准扶贫"成果由《中国教育报》发表。在管理方面，形成"精新教育"思想和"十个好"治校方略，助推两所新办学校快速成长为省一级达标高中。

1. 学高为师、身正为范、教书育人的好典范

从教40余年，肖学平同志从未停止前进的步伐，努力学习党的理论，具有较高政治理论水平，自觉增强"四个意识"、坚定"四个自信"、做到"两个维护"，领导经验丰富，作风民主，公道正派；刻苦钻研数学教学方法，致力从根本上解决数学"教"和"学"的问题；广泛涉猎管理学理论，自觉提升治校能力。虽家距厦门实验中学有一个小时的车程，仍每天坚持早出晚归，和师生一起参加早上6:40的早操和晚上10点结束的自习，即便因公受伤，也拄着拐杖坚持到场。其勤于教研，发表CN论文50余篇，出版《智慧的阶梯——数学思想方法的教与学》等6部专著；研究互联网时代的教与学，创设"三维五步教学法"；提炼"钻研教材深，课堂教学实，作业练习精，过关考试严，个别辅导细"的"教学五要规范"，新闻媒体冠其"教坛魔术师"的美名；主持多项国家、省级课题研究，其主持的国家级课题"教育精准扶贫与巩固教育精准扶贫成果的研究"其研究成果获福建省教科文体工会特等奖，并为光明网、《中国教育报》等多家权威媒体宣传报道；省级课题"数学教学中'情'与'智'深度融合的教学模式研究与实践"获福建省基础教育教学成果一等奖；成立名校长工作室，指导薄弱校校长和中层跟岗研修；积极传

播先进教育理念，面向省内外教师、校长开设百余场讲座；踊跃承担省市分配的任务，担任省市骨干教师、学科带头人、中高级职称、特级教师、杰出人民教师评委，省一级达标高中评估专家。热心各类社会公益活动，在奉献服务社会中进一步实现人生价值。

2. 学业精深、形成思想、精新教育的践行者

（1）惟精惟新：站位高远、思想前瞻、追求卓越的"领头雁"。

肖学平同志拥有 28 年的校长经历，始终能从更高政治站位和更宽教育视野，思考人的全面发展和教育的本质等宏观、深层的问题。担任厦门实验中学校长期间，其紧扣"实验"二字，全面把握新时代党和人民对教育的新要求，将学校办学思想浓缩为"精新"二字。"精"，指精益求精的育人态度，融古今文化之精华，取中西思想之精髓，努力开设精品课程，打造精致课堂，编辑精品教材，撰写精品教案，开展精彩活动，实行精细管理，以达到学业专攻精深；"新"，指在创新中求发展，在创新中树品牌，在创新中出特色，力求在教育理念、育人模式、课程设置、课堂组织、教学策略等方面与时俱进，有所作为。在"精新"育人理念指引下，"精新教育"思想体系日渐丰满完善。

（2）党建工作：旗帜鲜明、初心不忘、使命在肩的带头人。

肖学平同志认真贯彻党的路线方针政策，带领师生读原著、学原文、悟原理，努力从习近平总书记著述中体悟办学治校、教书育人的智慧；从红色基因源头马克思主义和中华优秀传统文化中汲取营养，以党建和中华优秀文化为引领，设计"四个自信"统领的"坚定自信跟党走"党建文化线路，开辟立德树人广场，让党的理论融入校园全部教学过程，在每位师生内心深深扎根。学校"精新教育、党员先行"党建品牌被评为市级优秀，成为各级党组织参观学习的典型。

（3）学生培养：五育并举、立德树人、守正出新的铸魂人。

肖学平同志全面落实立德树人根本任务，开创"全员育人、全程育人、全方位育人"德育模式，德智体美劳"五育"并举：开设围棋、国际象棋、桥牌等智力课程；推行"艺术促进人成长"理念，挖掘京剧、书法等传统艺术蕴含的育人资源，实现德育和美育全面融合；强化学生社会责任与担当，鼓励学生参加各类志愿者服务；认真落实体育艺术"2+1项目"。目前，厦实学子已形成"懂两棋一牌、会唱京剧、书写工整、进取心强"的特有气质。

（4）教学管理：做精做细、求新求强、课程改革的引领者。

肖学平同志大力推行精细管理，督促教师养成良好的教育教学习惯，引导教师关注教学的难度、密度和效度，努力提高课堂效率。设计操作性强的考试工作十二条、考点教学法、家教式辅导等工作方案，着力解决青年教师经验不足问题。从年段、教研组、班主任和教师四个维度，全面监控育人质量。开设英才计划实验班、试行"2+4学制"、构建"五个四"校本作业体系、狠抓学生教材文本与名著阅读等，组织新课改、新高考研讨，新高考改革方案在省市推广。

（5）师资建设：搭建平台、多措并举、教师发展的主教练。

肖学平同志努力创造条件，搭建教师成长平台，如狠抓师德师风，要求教师严守职业道德；倡导幸福教师理念，致力提升教师的职业幸福感；邀请校外专家名师，积极搭建青年教师成长平台。敦促教师养成勤读书、爱读书的习惯，推行每周300字读书心得。学校30余名青年教师在省市教学技能与基本功大赛中荣获一、二等奖，大批教师成为学科奥赛省一等奖教练，并在核心期刊发表论文、出版著述。

（6）干部选拔：知事择人、知人善任、公平公正的好伯乐。

肖学平同志在干部选用方面，以德为先，力求"人"与"事"紧密结合，做到人与岗相适、事与人相长，着力培养忠诚干净担当的干部队伍。坚持岗前源头培养、岗后跟踪培养，面对面地教，手把手地带。其在海沧实验中学任职期间，培养干部十余人，现均已成长为校级领导，分布在海沧区每一所中学。厦门实验中学创办初期，其提出以工作小组替代科室，在工作中培养出一批肯干、实干、敢干的年轻人。

3.跨越发展、硕果累累、快速优质的好榜样

肖学平同志先后担任五所学校的校长，调入厦门后任海沧实验中学和厦门实验中学两所学校校长。海沧实验中学本为全市高中录取线较低的薄弱校，后在其带领下，海沧实验中学快速晋升为省一级达标高中，高考成绩跃至全市前十名；厦门实验中学完成由零起点到市文明学校、未定级至"省一级达标高中"的华丽蜕变，2019年就充分通过省一级达标高中评估验收，2022年成为省示范高中建设校。"市先进党组织""5A级平安校园""全国中华优秀文化艺术传承示范校""省高中课程改革基地校""市学校综治安全目标管理先进单位"等荣誉纷至沓来，成为福建教育史上优质快速发展的经典案例。学校"十个好的治校方略"被国内外百余所兄弟学校学习借鉴。

一大批品学兼优、才艺双全的学子为校添荣光：2014—2021年，共获国家级奖项207人次，省级奖项100人次，市级奖项487人次；8人参加全国青少年信息学奥赛，获省联赛一等奖；2021年7人入选仅70个名额的省中学生英才计划，是入选人数最多的学校；本科上线率98%以上，2021届高考高分率名列全市前列，多名学生被中央音乐学院、中国美术学院等顶尖艺术高校录取；中考P值连年位居全市前列；高中成绩快速提升，生物等多个学科跻入全市前三。

在40多年的教书育人生涯里，肖学平同志胸怀理想，执着追求，善学善教；任数学教师，荣获"苏步青数学教育奖"，将数十名尖子生送入清华、北大，1998年即评为特级教师；凭借努力，取得北师大教育学博士学位；先后任五所学校校长，形成"精新教育"思想和"十个好"的治校方略。无论在哪个岗位，其都能做到恪尽职守，兢兢业业，推动所在单位实现跨越式发展。

（二）李丽芬：党建群团德育等工作的行家里手

厦门实验中学党委副书记李丽芬，女，思想政治高级教师。作为首个到岗的教师、领导，她亲历厦门实验中学党组织从零起点到全市先进基层党组

织的蜕变，见证学校从未定级到"省一级达标高中"的成长，从新办薄弱校到省发展速度最快、发展势头最好学校的跨越。她本人也获评市"教育系统优秀共产党员"、省"优秀教育工作者"、市教育系统管理奖、市"优秀教师"。

1. 深学笃行，宣传新时代新思想的"举旗人"

李丽芬同志积极利用多种途径和场合学习贯彻习近平新时代中国特色社会主义思想，自觉增强"四个意识"、坚定"四个自信"、做到"两个维护"，学习强国积分已达五万多分，高居学校学习强国积分排行榜榜首。并且还积极带头宣讲，为师生上党课、开讲座，谈认识谈体会。此外还亲自规划设计学校党建文化，"党的光辉历程""新时代新思想""党的教育理论""总书记谈廉政"、以"四个自信"为主题的"坚定自信跟党走"组织文化线路等学校党建文化，不仅吸引了全国各地数十所学校领导和教育专家慕名到校参观学习，更是成为学校广大师生自觉接受党史国史教育的基地，发挥着文化"润物细无声"的育人作用，学校党员教师在市委教育工委组织的学习党的十九大精神竞赛、征文中均取得一等奖的优异成绩，教师结合学习习近平总书记关于精准扶贫的重要论述所撰写的《教育精准扶贫突破之道》论文，更是被多家权威媒体转载。

2. 学高为师，践行思政座谈精神的"领路人"

李丽芬同志长期坚持奋斗在教学第一线，做到行政管理与教学工作双肩挑。所任教班级在高中毕业会考和高考中，成绩均居年级前茅。能及时总结教育教学经验，撰写的《浅谈"自讲"课型在高二思想政治课的运用》论文在福建省教育学会政治教学研究会举办的"思想政治课青年教师教学研讨会"上作大会交流，《让当地课程资源走进高中思想政治课》获市三等奖，带领年轻思政课教师践行习近平总书记在学校思政课教师座谈话上的重要讲话精神，充分利用校园文化资源和周边红色资源、研学实践基地等打造"行走中的思政课"增强思政课的吸引力、实效性，被厦门市教育局评为"中小学思想政治理论课示范课"。

3. 初心不忘，厦实党建提质增效的"带头人"

她负责学校党务工作，狠抓党组织规范化建设、党员教育管理。2014年8月，面对一所新办校和一批新毕业的年轻教师，她积极践行党组织战斗堡垒作用和发挥党员模范作用，组织筹建、成立学校党总支部；2017年1月学校党总支部顺利升格党委，同时成立学校纪委。机构建立与完善、制度建设与执行、干部选拔与管理、党员教育与管理等学校所有党务工作都压在她这个有经验的老教师和老党务一人肩上。

学校党组织和党务工作从无到有，从无序到有序，从不规范、不完善到形成"1451"党建工作模式、"坚定自信跟党走"党建文化线路、"一党员一旗帜""一支部一堡垒""一支部一项目""一支部一品牌""一组织一线路""一组织一模式"等特色工作模式，再到屡次得到时任教育部基教司副司长俞伟跃、省教育厅副厅长吴伟平、中国教科院院长崔保师、市委组织部、市委教育工委等上级领导、专家的肯定和表扬，厦门六中、宁德民族中学等省内外几十所学校的领导和党务干部莅校参观学习。

学校党委被评为市教育系统"先进党组织"和"全市先进党组织"荣誉称号。2020年，学校党建工作经验在市组织部部长会议交流，向全市推广。在她手把手地教导下，学校年轻党务工作者也迅速成长，先后获得市委教育工委授予的"优秀党务工作者"荣誉称号和市委组织部授予的"厦门党建E家十佳管理员"光荣称号。

她带领一批年轻教师走过了一段极为艰难的历程，体现了一名党员干部的责任和担当，也充分展示了一名党员干部优秀的工作能力。

4. 求强求新，"厦实德育美育故事"的"主讲人"

李丽芬同志扎根学校德育工作一线30年，精心组织师生课间戏曲操、"欢乐大家行"等寓意深刻、形式新颖的师生主题教育实践活动，用心书写"厦实德育故事"；高度重视师生身心健康，在认真抓好新冠肺炎疫情防控的同时，组织开展线上升旗仪式、线上运动会、线上课间操等活动，带领学校心理教师制作人手一份的《心理健康防疫手册》，为师生提供"24小时的守护和陪伴"；对家长的"每周一建议"、对学生的"每周一辅导"和心理危机干预机制，收到良好效果。师生积极乐观，校园有序祥和。她撰写的《农村寄宿制中学生人际交往危机及应急策略研究》论文获省特等奖。

京剧是中华优秀传统文化的杰出代表，也是厦门实验中学的亮丽名片，作为具体负责的领导，她亲力亲为课程设计、师资选聘、文化建设等"京剧文化进校园"各项工作。连续六年组织学生参加"国戏杯"全国京剧比赛，获得最高奖和优秀组织奖，学生连续两年受邀参演"新年戏曲晚会"，为习近平等党和国家领导人表演《新的长征在路上》等压轴大戏。学生京剧社被共青团中央评为全国优秀社团，"京剧文化进校园实践研究"课题荣获"福建省基础教育教学成果奖"二等奖。

5. 做精做细，厦实教师成长圆梦的"筑梦人"

她分管人事工作，主持"通过'双培养'机制促进教师队伍建设与发展的研究"党建课题，通过引进来与走出去等多种方式促进教师发展，初显成效：仅2020年，教师参加市第五届教师技能大赛，获市特等奖1人，一等奖1人，二等奖5人，三等奖13人。参加教育部"一师一优课，一课一名师"活动，获省级优课4节，市级优课16节；参加第八届基础教育优质微课程建设，获一等奖5项，二等奖8项，三等奖9项。全校教师发表CN论文83篇，其中核心论文5篇，学校教师新立项国家级课题1项，省级课题3项，市级课题7项；《精新教育的实践研究》和《高中化学实验的思维与方法研究》2部专著，获厦门市教育科研专著资助。现今，学校不仅拥有一支能指导学生在国戏杯戏曲比赛、科技创新、学科竞赛、棋牌比赛及各类艺术、球类比赛中获全国、省、市一等奖的教师队伍，还栽培了大批在省市教学技能大赛中大显身手、崭露头角的获奖者。

6. 倾心尽力，厦实教师工作生活的"贴心人"

她负责学校工会工作，工会从零起点发展为"五星级"教工之家，获得省

"工人先锋号"称号。积极践行"我是人民勤务兵"的思想，关心关爱教师，想方设法在第一时间为教职工的职业成长、家庭幸福、子女教育等排忧解难。每年与教师谈心谈话超过200人次，每周一下午的"李教师有约"是她与教师们无障碍畅谈思想、工作、生活和学习的温馨平台，"有困难找李书记"成为厦实教师们口口相传的"关键一招"。

（三）邹标：教育科研的引领者

厦门实验中学副校长邹标，中国致公党党员，中学正高级教师，化学教育硕士、管理学研究生、福建省学科带头人、厦门市专家型教师、厦门市卓越教师；曾荣获福建省人民政府表彰奖、福建省集体二等功、厦门市杰出教师、厦门市文明市民、厦门市五一劳动奖章、厦门市教研先进个人、林芝地区优秀校长等荣誉称号。长期奋战在教育教学一线，在化学教学、实验创新、学校管理等方面都取得了优异成绩，做出了较大的奉献。

1. 教学艺术高超，教学效果好，成绩喜人

邹标同志长期奋战在教学一线，担任班主任27年，八届高三、三届初三毕业班教学工作，所教班级学科成绩屡创学校历史新高；常年满负荷甚至超负荷工作，潜心研究教学艺术，勇于改革，教学效果好。指导学生参加化学奥赛、化学素质竞赛、青少年科技创新大赛等获全国、省、市奖多项，深受学生喜爱、家长肯定、同行赞誉、领导肯定。

2. 理论功底深厚，科研水平高，成果丰硕

邹标同志认真学习教育教学理论，不断充实自我，先后取得了化学教育硕士学位、管理学硕士学位。有31篇教学论文（中国知网收录）在中文核心期刊和省级刊物上发表；出版专著3本、合著2本（均为第一作者）、主编出版校本教材2本；主持省级课题5个、市级课题8个，作为核心成员参加3个全国教育科学规划办课题；实验创新比赛获全国一等奖及省一等奖，实验说课比赛获全国银奖和省一等奖，教学比赛获林芝地区特等奖；拥有实用新型专利 4 项；主持的教学成果获福建省一等奖，参与的教学成果荣获省二等奖 2 项、市一等奖 2 项、市二等奖 3 项；自制教具比赛厦门市一等奖、教学观摩比赛省二等奖、课堂创新比赛市二等奖、教育教学科研市二等奖，等等。

3. 奉献意识强烈，辐射范围广，成就突出

邹标同志主动请缨进藏，在藏期间传播先进教育思想，为受援的林芝地区校本课程系列化、校本作业开发、教育教学质量提升等做了大量卓有成效的工作，带领受援单位及所在地区的教师开展教研，取得优异成绩。开发 15 本校本教材并使用，其中他主编的《初三化学用语》公开出版发行，收到良好的效果，开设 6 次全地区专题讲座，指导全地区初中和高中的校本作业开发，受到师生广泛赞誉。所援建的八一中学中考成绩优异，除藏文外，各科都位列全地区第一；邹标同志被评为林芝地区优秀校长，所在的第七批援藏队被福建省委、省政府授予集体"二等功"，其先进事迹多次在《厦门晚报》《海峡都市报》专栏报道。他多次担任省、市化学技能比赛评委和中考及高中毕业班市统考命题工作；开设几十场的省市级讲座和公开课，乐于把自己的教研心得与同行分享；积极带领教师进行课题研究、教学研讨等，带动了同行教科研水平的提升；关心青年教师的成长，指导青年教师任淼、杨雪、黎美华、赵丽佳等获实验说课省一等奖，全国金、银奖等，林丽璇获教学技能大赛省一等奖；多人获教学技能比赛、教师教学比赛市级奖。

4. 行政素养好，管理能力强，成效显著

邹标同志担任副校长期间，分管全校共 12 个年级的教学、教研、生管、安全、初中课改教学、课程开发、智慧校园建设、新校区建设等工作。主持开发精品校本教材 48 本，主持研发的"五个四"校本作业体系已成为品牌，智慧校园建设走在全省前列，学校被评为首批"福建省义务教育教改示范性建设学校"；学校教育教学质量逐年提升，受到上级部门的表彰。小学统考成绩逐年提升，六年级统考成绩比上一届提升了 22 个名次；初二的语文、历史、政治在市统考中位于全市第一；中考的综合考评连续 2 年位居全市第一；

高中成绩进步大，2019 年高三文科班的林榕同学中考位于全市 6155 名，高考位于全省第 133 名的好成绩；2020 年高考有 4 位学生位居省前 500 名内，600 分以上占 12%，大批学生考上上海交通大学、中国人民大学、北京理工大学、北京师范大学等著名高校。各年级在市统考中也取得优异成绩。2018 年高一市统考地理平均分位于全市第三，2019 年市统考高二地理平均分位于全市第四，高二生物位于全市第五；高中有多名学生的单科成绩位于全市前十，高二物理有 2 名同学得满分，高二有 2 名同学的总成绩位居全市前 100 名；2020 年市统考高二生物平均分位于全市第三，高二地理位于全市第四，多名学生位居市前十名，一位学生的历史科成绩位于厦门市第 2 名，高二生物市前 100 名有 11 名。学科竞赛取得好成绩，两名同学获信息技术省一等奖；多名同学获信息、物理、化学、生物奥赛省级奖。分管的教研部门也取得优异的成绩，全面开展"三维五步教学"的课堂教学模式研究，取得非常好的教学效果；开展"五个四的校本作业"实践，全校各年级都没有购买教辅，全部采用自编的"五个四"的校本作业，大幅度提升了教学成绩。科研成果突出，近三年来主持国家级课题 3 项，省级课题 8 项，市级课题 15 项，每个教研组都有市级及以上的课题；近三年教师发表论文近 200 篇，200 多人次教师在各级各类教师技能全国、省、市比赛中获奖，其中获国家银奖及以上有 6 人次。安全管理量化连续 2 年位于厦门市第五，学校被评为"5A 级平安校园""厦门市学校综治安全目标管理先进单位"，邹标个人被福建省委、省政府授予"金砖国家领导人第九次会晤筹备与服务保障工作表现优秀"称号。

（四）方荣报：精新教育的引领者、践行者、开拓者

厦门实验中学党委委员、副校长方荣报，中学数学高级教师，1994 年参加工作，2013 年调入厦门实验中学，曾任校办公室主任、教务科科长。分管学校后勤、财务、安全、生管和高中部等工作。

1. 做教书育人的引领者

方荣报同志从教 27 年，锐意进取，作风正派。认真学习党的理论，以大局为重，肯做事，做实事，做好事。曾获厦门市"优秀青年教师""三项主题活动先进个人""优秀教师"等荣誉称号，曾获市课堂创新大赛一等奖，多次获省、市说课比赛一等奖。发表 CN 论文 14 篇，主持和参与国家级课题 2 个，为省高（完）中校长提高班开设《高中学校教学质量提升》专题讲座，深受好评。

工作刻苦努力，每天早出晚归，查看早读、早操、晚自习、晚就寝及周边情况，指导年段和相关部门做好各项工作。

2. 做精新教育的践行者

（1）旗帜鲜明抓党建。

方荣报同志认真贯彻落实党的路线方针政策，组织和设计以"四个自信"为主线的"坚定自信跟党走"党建文化线路，开辟立德树人德育广场和党建活动室，让党的理论走入年段、教研组，融入校园教学的全过程，在每一位师生内心深深扎根。学校"精新教育、党员先行"党建品牌被评为市级优秀，成为厦门市各基层党组织争相参观学习的典型。

（2）五育并举育新人。

方荣报同志全面落实立德树人根本任务，引导学生全面发展：努力推动围棋、国际象棋、桥牌等智力课程；推行"艺术促进人成长"理念，挖掘京剧、书法等传统艺术所蕴含的育人资源，弘扬中华民族优秀传统文化。他多次到北京、山东等地交流办学经验。

（3）锐意创新推教改。

方荣报同志实施精细化管理，推行操作性强、注重成效的工作模式，如考点教学法、家教式辅导等。参与组织构建育人新模式，如数字化实验班、"2+4 学制"等，组织新课改、新高考研讨，新高考改革选课走班方案在省市推广。分管高三工作，科学谋划，落实一生一策、导心育人、培优辅差等工作，组织召开优秀学生与家长座谈会，教学质量快速提升。

（4）多措并举重服务。

方荣报同志经常到一线调研，听取教师们的建议，帮助解决各种问题。为教师成长搭建平台，助力青年教师职业发展。学校30余名青年教师在省、市业务比赛中获奖，大批教师成为学科奥赛金牌教练，发表CN论文近200篇，出版多部个人著述。

方荣报同志分管后勤工作，完善制度，勤俭办学，提升服务水平与办事效率。仅去年，就完成了13个项目建设，推动一项校园改扩建项目。食堂管理经验受到上级质监管理部门高度赞扬，并在厦门电视台展播。

方荣报同志分管安全工作，学校连续被评为"厦门市学校综治安全目标管理先进单位"，在2019年市教育局直属中小学综治安全目标管理责任考评中获第一名。参加公共安全培训班，担任班长并荣获优秀班委称号。

方荣报同志分管生管工作，落实精细化管理。举办"美丽宿舍我的家"创意大赛，开展"文明宿舍"评比活动等，成效喜人。

（5）沟通协调助办学。

方荣报同志处理好学校与周边关系，学校办学、办事环境喜人。如协调派出所警力维持导护学，协调交警中队完成学校周边的所有斑马线、缓速带等设置，清理校门口的违停车辆，保障学生安全和交通顺畅。协调指挥部落实完成小学部停车位建设，解决停车难问题。

（6）发挥特长扬国粹。

方荣报同志担任书法校本课程教学，受聘为《书法报》习作点评专家。义务给学校教师培训三笔字，主持书法国家级课题。新冠肺炎疫情期间，在线上为小学生上书法课，课堂融入美育、德育和心理辅导，每堂课在线近4000人，回放近2000人次，深受广大学生和家长喜欢，为新冠肺炎疫情防控尽心尽力。

（7）科学防疫挑重担。

方荣报同志在新冠肺炎疫情期间，勇挑学校防疫重担。从2020年1月

21 日起至今，全面组织协调学校疫情防控工作。努力做到防控科学化、人性化、精细化，确保校园平安，教学不误。学校的防控工作得到了省市教育部门领导的肯定和赞扬。

（8）热心公益促和谐。

方荣报同志致力于学校党委与社区党支部共建、学校与社区共建。把学校办进老百姓心里，组织党员志愿者进社区帮助解读教育政策、答疑解惑，认真做好爱心结对帮扶工作。新冠肺炎疫情期间，与社区一同打好防控阻击战。

3. 做优质发展的开拓者

作为拓荒者，自学校开办以来，方荣报同志便勤勤恳恳、夜以继日、任劳任怨地与学校领导班子一起带领全体教师在五年内完成从未定级到高分通过"省一级达标高中"的华丽蜕变，学校被授予"厦门市文明学校""厦门市先进党组织""5A 级平安校园""全国中小学中华优秀文化艺术传承学校示范校""'五星级'职工之家""福建省高中课程改革基地校"等荣誉称号，成为福建省发展速度最快的学校。

（五）吕武艺：监督执纪问责，守护校园净土

厦门实验中学党委委员、纪委书记吕武艺同志于 1990 年 9 月毕业于福建师范大学，中学政治高级教师，在学校和教育局等多处锻炼，历任年级组长、教研室副主任、主任，副校长兼学校工会主席，市教育局局长助理等，2004 年被评为市学科带头人，长期参与厦门市质检命题、市高三年学科中心指导组活动，多次参加省质检命题，2013 年参加省政治学科高考命题，多次担任省高考改卷题组长。

1. 敬职履责，深耕一线，责任担当

爱岗敬业，勇挑重担。在三十多年的教学生涯中，吕武艺同志长年超额完成教学工作量，经常参与听课评课观课议课，参与集体备课活动。每一次与

教师的交流，都温暖人心，每一次教学点评都深入人心；规范教师教学业务档案，组织市级、省级教学开放周活动，扩大学校的辐射作用，他先后组织参与多场次各级各类标准化考试，他常常最早到考场巡查，对各个考场提出规范要求，确保每场考试安全。他长期在多岗位锻炼，不断提高业务水平及工作能力，任职副校长后，仍坚守讲台，植根一线。

2. 正风肃纪、廉洁自律，初心不忘

挺纪在前，督责尽责。吕武艺同志 2020 年到厦门实验中学担任纪委书记，始终坚持以习近平新时代中国特色社会主义思想为指导，认真贯彻落实学校党委倡导的"六个跟上"工作思路，抓规章制度建设，抓疫情防控工作，抓安全保卫监督工作，抓早抓好教育教学常规；狠刹奢侈浪费之风，始终坚持把政治监督放在首位，不断完善《厦门实验中学廉政风险防控实施方案》；加强对职称评聘、学生资助、物资采购、招生考试等方面的监督；加强自查自纠，不折不扣地贯彻执行"中央八项规定"；驰而不息纠正"四风"，坚决整治享乐主义奢靡之风；建设谈话室，学习相关"走读式"谈话文件精神；紧盯"有偿家教治理"和"师德师风建设"问题；持续破除形式主义、官僚主义，切实转变工作作风。在争创省级示范高中、创建省级文明校园、培养优秀生等工作中，始终坚持把纪律挺在第一线。

3. 立德树人、无私奉献，教育为本

良师益友，爱生如子。工作期间，吕武艺同志长期以校为家，住在学校宿舍，吃在学校食堂。只要不出差，每天早读铃声还未响起，就开始在教学楼里检查工作；每晚，总要巡查学生们的自修状态，时刻关注着课堂教学动态；到寝室做学生思想工作，化解学生之间的矛盾；参与学校值班，处置学生病患、违纪等突发性事件，经常工作到深夜；他用实际行动书写教师对学生的关爱，赢得同事和学生家长的尊敬，得到学生的爱戴。执着是我们从岗位平凡走向精神高大的唯一阶梯。他用自己的爱生如子、辛勤耕耘、无私奉献、默默坚守为学校教师树立了典范。

（六）陈福光：任劳任怨、深耕一线，助力教育均衡发展的奉献者

厦门实验中学党委委员、副校长陈福光，毕业于福建师范大学物理系，本科学历，中学物理高级教师。厦门市海沧区第七、第八届政协委员，曾荣获“龙岩市首届师德之星”“厦门市优秀教师”“厦门市优秀校长管理奖”等多项荣誉；参加第三届全国中学物理青年教师教学大赛，获福建省高中组第一名、全国二等奖。

2017年11月至2019年8月，根据组织的需要，他义无反顾地来到千里之外的福安县，担任宁德市民族中学执行校长。他始终牢记习近平总书记“发展民族教育，培养民族人才”题词精神，贯彻宁德市民族中学省市县三级共建会议精神，抓教学教研管理，抓规章制度建设，抓集体备课等教育教学规范，狠抓校本作业编写及落实，提出了“问题导学”的教学模式；大力加强学校课程规划建设、学生社团建设、奥赛教练团队组建及奥赛培训工作；规划学校的信息化建设，重视信息技术与学科教学的有效融合；带领团队依托宁德市民族中学，联合福鼎市民族中学、霞浦县民族中学、蕉城区民族中学、福安市民族中学，成立宁德市“民族教育联盟”校，签署了“民族教育联盟”共建协议书，有力带动相关民族学校的发展。在实验中学分管小学部、财务、教科研期间，他以校为家，扎根一线。

1. 脚踏实地，苦干巧干小学部健康有序发展

（1）抓常规，促进学生成长。

陈福光同志指导小学部教师加强学生一日10项常规工作的落实，重视日常行为规范教育，以新的《中小学生守则》《小学生日常行为规范20条》为核心内容，开展“流动红旗”评比活动，以班级教育、自我教育为主，督导队为辅，帮助学生养成良好的行为习惯和学习习惯，收到了良好的教育效果。在学校形成了“德育无小事，事事皆育人”“人人充当德育工作者，时时处处事事都育人”的良好氛围。

（2）抓技能，助推教师成长。

他不断加强教师队伍建设，不仅对小学部教师提出了较高的师德规范要求，还指导教务科、教研室狠抓各项教学常规工作的落实，并注重加强教师的岗位练兵活动、教学设计及作业展评、板书设计评比、读书沙龙活动等。在 2020 年厦门市第五届教师教育教学技能大赛上，苏媛教师荣获一等奖，周琳教师获二等奖，刘静仪教师和黄茹倩教师获三等奖。

（3）抓科研，引领教育教学。

他高度重视小学部课题研究，通过带领年轻教师做好课题的启动、立项、研究、实验等工作，在探究与总结中找到解决问题的途径，再撰写相应的科研论文，真真切切地提高了教师的教学科研水平，引领学校的校本教研向更深处发展。

（4）抓校本，彰显办学特色。

其一，依托与中国戏曲学院的合作办学，开设特色京剧班，开发京剧校本课程，创新开展每天大课间的戏曲操活动，传承和弘扬了中华优秀传统文化。其二，开设"两棋一牌"特色智力校本课程。其三，开展有地方特色的"闽南童谣"活动。在厦门市教育局组织的比赛中，学校选送的"爱国华侨陈嘉庚"荣获一等奖，另外两个节目荣获二等奖。同时，所获一等奖节目在厦门卫视等媒体上进行了转播，也提升了学校的知名度。其四，开设了非遗技艺校本课程。学校根据学生年龄特点，开设了一年级扎染、二年级绕线编织、三年级竹藤编织、四年级古法造纸等非遗校本课程。

（5）强阅读，扎实学习基础。

他结合学校的《中小学生名著阅读概览》一书大力培养学生的阅读习惯，让学生博览群书，开阔视野，扩大知识面。课堂之余，还常常带领教师们在课后延时服务中积极探索选课走班，开设合唱、舞蹈、武术、篮球、羽毛球、乒乓球、数学思维、折纸、围棋、舌尖上的生物、漫游科幻世界、传统民间剪纸艺术、闽南童谣、二胡、快乐心理大本营等 33 个社团兴趣班，同时还组建武术队、击剑队、篮球队、足球队、田径队、鼓号队、合唱队等，满足学生多样化、个性化需求，真正让学生在德、智、体、美、劳五方面全面发展，做到五育并举，立德树人。

2. 廉洁自律，财务管理规范高效运转

陈福光同志奉公守法，规范财务日常基础工作和加强财务精细化管理力度。学校接受主体责任检查、义务教育资金专项审计等各项检查都获得肯定，其中义务教育专项审计更是获得市审计局审计组的一致好评。

为了加强财务检查及内控管理工作。他着手构建学校财务管理制度体系，制定了《厦门实验中学财务管理制度》《厦门实验中学学生差旅费管理办法》《厦门实验中学规范国内公务接待管理办法》等制度。积极探索财务角色转换，加强培训，提高财务人员业务素养，提升财务管理水平。加强培训，牢固树立服务意识，充分发挥财务服务职能。

3. 教务教研：落实政策，减负提质增效

陈福光同志坚决执行政策法令。全面贯彻落实中共中央办公厅、国务院办公厅印发的《关于进一步减轻义务教育阶段学生作业负担和校外培训负担的意见》，教育部等六部门出台的《义务教育质量评价指志》关于"五项管理"（包括作业、睡眠、手机、读物、体质）和教育部办公厅《关于加强义务教育学校考试管理的通知》等文件，制订相应的实施方案，并予以认真落实，力求达到减轻负担、提升质量、增强实效，达到立德树人、五育并举、办好人民满意的教育的效果。

陈福光同志狠抓毕业班工作。与小学、初中、高中毕业班领导小组成员一起加强毕业班的管理，深入课堂听课，参与备课组的集体备课，指导各阶段考试的组织安排和质量分析，重视优秀生的培育。小学毕业班学生综合素质和学业成绩有了较大进步；初三中考取得优异成绩，普高录取率继续保持在90%以上；2021年高三高考再创辉煌成绩：物理类杨文凯以661分居同安翔安片区第一名，600分以上高分段人数达56人，占比14.66%，居厦门市前列，特殊类上线率62%，本科上线率98%，均创办学以来的最好成绩。

陈福光同志加强教师队伍建设。学校教师学历高，年轻有朝气，学校重视师德规范教育，积极组织教师参与各级各类的业务培训，尤其是教学常规校本培训，促进了教师的业务提升和教师队伍的发展。教师全员参与厦门市第五届中小学教师教学技能大赛，取得了优异的成绩，耿宁教师荣获特等奖，苏媛教师荣获一等奖，共有20位教师获得三等奖以上的奖项。学校还被评为"厦门市教师发展示范校"。

陈福光同志创造性开展"英才计划"工作。2021年学校入围福建省中学生"英才计划"人数达7人（全省60人），居福建省第一名，学校积极参与并推动英才培养工作，在教育部、中国科协举办的"英才计划"工作会议上，学校设立分会场（福建省只有两个），牵头组织厦门、泉州、漳州的重点中学领导、教师进行研讨，学校还在厦门大学举行的福建省"英才计划工作总结会"上做了经验介绍。学校在"英才计划"的工作中起到了"领头羊"的作用。

依托与中国教育科学研究院的合作办学，在学校的精心谋划下，厦门市教育局给予厦门实验中学"中国教科院英才计划班"的招生政策，面向全市在中考前提前招收60名优秀生，牵头组织带领招生组教师进入各中学进行招生政策的解读和"英才计划"的宣传工作，取得了较好的效果。

陈福光同志创新12年制英才培育机制。在落实学校"三维五步学习法""三维五步教学法"和"五个四校本作业"的过程中，学校创新进行了"二四学制"实验探索，重点进行初高中衔接研究和优秀生培养的研究，并将优秀生的培育拓展到小学一年级至高三年段。学校还提出了"五个独立"管理模式：独立年段、独立教师、独立课程、独立管理、独立评价。现正在结合奥赛培训、"强基计划""英才计划"进行深入实践，深入研究，努力打造12年制英才培育机制。在课程建设方面，学校荣获厦门市"国家课程校本化实施示范高中"称号。

（七）燕新：教育学博士，就职于中国教科院，兼任厦门实验中学科研副校长

参与教育部《全国督学培训大纲》项目的研究，具体负责《教育管理培训大纲》的研究；参与教育部《全国教育满意度调查》，具体负责《义务教育校长满意度调查》的研究；参与中宣部重大实践经验总结课题"党的十八大以来中国教育改革发展的成就与经验研究"；参与编写《让十三亿人民享有更好更公平的教育——十八大以来教育质量提升的成就与经验》。

三、党建引领，拼搏奋进

学校领导班子善学善研，拼搏奋进。牢固树立政治意识、大局意识、核心意识、看齐意识，自觉在思想上、政治上、行动上同以习近平同志为核心的党中央保持高度一致。

学校领导班子坚定政治信仰，以学校发展为己任，负责任、敢担当、建机制、谋长远，不断加强党性教育与党性修养，严格落实党内生活制度、谈话谈心制度，自觉提升自我净化、自我完善、自我革新、自我提高的能力。秉持为师生服务的工作原则，坚持深入教学一线，下年段，到班级，进宿舍，与教师、学生沟通交流，主动缩短与师生的"心理距离"。

此外，学校成立党风廉政建设工作领导小组，带头执行中央"八项规定"，牢固树立廉洁自律意识，大力推进学校党风廉政建设，及时征求群众意见，不断改进工作。

第七节　培育学历较高、业务精湛的好教师

百年大计，教育为本，教育大计，教师为本。教育部等五部门关于印发《教师教育振兴行动计划（2018—2022年）》的通知，指出了教师教育的重要

性。文件提出教师振兴的五个任务目标，即落实师德教育新要求，增强师德教育实效性；提升培养规格层次，夯实国民教育保障基础；改善教师资源供给，促进教育公平发展；创新教师教育模式，培养未来卓越教师；发挥师范院校主体作用，加强教师教育体系建设。为此厦门实验中学抓住机遇，以教育部的文件精神为指导，从师德、师能两个层面出发，重过程、切实际地建设教师发展示范学校，促进教师专业发展，推动教育教学高质量发展，培育了一批学历较高、业务精湛的好教师。

习近平总书记于2016年教师节在同北师大师生代表座谈时，提出好教师的"四条标准"："要有理想信念、要有道德情操、要有扎实学识、要有仁爱之心"。2016年9月10日习近平总书记在北京八一学校考察时，又提出了四个"引路人"："广大教师要做学生锤炼品格的引路人，做学生学习知识的引路人，做学生创新思维的引路人，做学生奉献祖国的引路人。"2016年12月，习近平总书记在全国高校思想政治工作会议上提出新时代加快建设师德师风的"四个统一"："坚持教书和育人相统一，坚持言传和身教相统一，坚持潜心问道和关注社会相统一，坚持学术自由和学术规范相统一。"引导广大教师以德立身、以德立学、以德施教。"四有"好教师、"四个引路人"与"四个相统一"等一系列要求，为教师队伍建设指明了方向。学校响应教师培育的要求，秉承"精明勤奋"的校训，坚持"善学善教"的教风、"惟志惟勤"的学风、"惟精惟新"的校风，形成了"精新教育"的办学思想，意在汲取传统之精华，实施精细化管理，做到师生学业专攻精深，努力开拓创新，既注重立德树人，培育学生正确的世界观、人生观与价值观，又重视学生关键能力与素养的达成，努力培养"德智体美劳"全面发展的社会主义建设者与接班人。全校教师就此达成共识，并成为全校教师的共同愿景，引领学校走向持续发展之路。

学校一直致力追求高品位、高水平办学，对照教师发展示范学校建设的标准，结合本校实际制定了科学合理的发展目标及《加快推进教育现代化办人民满意的教育——厦门实验中学"十四五"发展规划（2020—2025年）》。学校的发展目标是通过建设教师发展示范学校，使每一位教师都能够从"师德、师能"两个方面审视自己的教学实践，反思自己的教学行为，提升自己的专业水平，建成一支"有理想信念、有道德情操、有精湛业务、有仁爱之心"的教师队伍。具体而言，一是牢固树立中国特色社会主义的理想信念，牢固树立终身学习理念，牢固树立改革创新意识，为发展中国特色、世界水平的现代教育做出贡献；二是有强烈的敬业精神、良好的职业道德，坚持教书和育人相统一，坚持言传和身教相统一，坚持潜心问道和关注社会相统一，坚持学术自由和学术规范相统一；三是有精湛的业务水平、健康的心理素质、广泛的求知能力、积极的创新意识、和谐的人际关系、持久的合作理念，在对学生"授人以鱼"的过程中实现"授人以渔"的目标；四是有仁爱之心，因爱人而互爱，从事有温度的教育事业。学校根据每位教师的不同特点，打造"专业型""学者型""专家型"等梯队教师队伍，切实提高教师整体水平，促进整体优化。同时学校要求每位教师根据学校发展规划，结合自身实际，依据学科专业化、教育专业化和职业理论专业化的要求，制订自身发展的年度个人发展规划和未来五年个人发展规划。

厦门实验中学教师素以"高学历""年轻且富有朝气"著称。青春荡漾的脸颊，焕发着对人民教育事业的热忱与执着。学校教研氛围活跃浓厚，全校教师共出版著述15部，在省市区级刊物或学术会议上发表、交流论文182篇，其中CN论文118篇；成功申报国家级课题5项（结题2项），省级课题13项，市级课题13项（结题7项），区级课题11项（结题9项）；获各类教学成果奖8项，其中省一等奖2项、省二等奖1项、市二等奖2项、市三等奖3项；教师参加教育部举办的"一师一优课，一课一名师"晒课活动，每年晒课均多达百余节，其中获省级优课27人次，市级优课23人次；教师参加省市教学技能大赛，共63人次获奖。

学校创建之初，绝大多数为刚从校园迈向社会的年轻教师，虽活力有余，却也经验不足。如何最大限度地挖掘这支年轻教师队伍的潜在能力，是学校在成长和发展过程中需要谋划布局的重头戏。

一、明确标准，形成共识

做关心爱护学校的教师。教师要具有主人翁意识，像对待家一样对待学校。处处维护学校的形象与声誉，抓住时机宣传学校，扩大学校的知名度和影响力，敢于、善于同损害学校利益的事情作斗争。关注学校所关注的事，思想上、行动上始终与学校保持一致。当学校取得成就时，为学校高兴；当学校遇到困难时，能思考解决的办法，为学校分忧。

做熟知学校办学思想的教师。深刻理解学校的办学理念，能够对外宣传先进的办学理念，能够帮助其他教师理解学校的办学理念。明确学校的办学方向和办学目标，懂得学校的办学思路和办学方式。能够诠释学校的校风、教风和学风。可以将办学思想灵活应用于学校的各项工作之中，能结合不断变化的形势和学校的实际情况，丰富和发展学校的办学思想。

做学校争得荣誉的教师。能在各类检查评比中为学校出力，争取较好的名次；能积极参与各类比赛，如教学技能、文艺体育、知识竞赛等，并力争取得好成绩。积极指导学生参加学科竞赛、科技创新、文艺表演、运动会、征文比赛等，并能取得较好的成绩。能在报刊上以学校教师的身份发表作品，以及在其他方面为学校争取荣誉。

做教学效果好的教师。课上得好，学生喜欢，家长满意，在教学过程中做到"知识点、能力点、德育点"三点到位，"基本知识、基本技能、基本思想方法"三基落实。形成"钻研教材深、课堂教学实、作业练习精、个别辅导细、过关考试严"的基本教学模式。对课程标准、教材、考试说明非常熟悉，能用通俗的语言解释难以理解的问题。熟知各年龄段学生的生理、心理、认知特点，并针对每个学生的实际情况开展教学。掌握学习理论，能具体指导学生的学习方法，对"预习、上课、复习、作业、小结"的基本方法能较好地落实。对中高考有效去粗存精、推敲改造、为我所用。能根据学生个性与实际，指导学生掌握考试技巧与方法，指导学生参加中高考取得较好成绩。思想品德教育能取得实效。遵循"小一点、近一点、实一点"的原则，注意把握德育工作"提高认识，明确目标，熟悉内容，抓好载体，竖起表率，讲究方法，注重特色，加强研究，优化环境，增强实效"的十个环节。落实学生守则，抓好日常行为规范，认真抓好"自学、自理、自护、自强、自律"能力的培养。善于把德育工作与人类发展、祖国命运、学生前途相结合，与学生所思考的问题相结合，使思想品德教育取得实效。

做工作积极主动的教师。积极为学校出谋划策，在学校研究工作时提出好的意见建议，对学校布置的工作能及时完成，并主动要求完成难做的工作。

做深受学生喜爱的教师。善于与学生交朋友，对待学生就像对待朋友一样，关爱有加。既能得到学生的敬佩和爱戴，又能与之沟通。学生都听教师的话，没有学生与教师对抗的心理。具有友善的态度，尊重课堂上的每一个学生；有耐性，兴趣广泛，有良好的仪表，公正对待每一个学生；富有幽默感，有良好的品性；关注每一个学生，有伸缩性，有宽容之心，颇有方法。

做善于协调关系的教师。与领导、同事、学生、家长、亲属、朋友、邻居都能沟通协调，对领导服从而不盲从，既尊敬又不卑不亢；与同事团结协作，处处为他人方便，不争强争宠；对学生既严格要求又悉心帮助，充满了爱心；对家长尊重而不训斥，主动与之交流，共同解决孩子的困难；对朋友关心帮助；对邻居团结友善。

做有发展理念的教师。有积极进取的精神，形成终身学习的理念。注重能力的提升，大量阅读书刊，知识面不断拓宽，总是走在自己专业的最前沿。既熟知课改理念又熟知传统经典，并能够理性对待改革中的问题，任何时候都不会走向极端。能使自己的专业得到发展，并善于总结、研究，不断有成果出现。在自身发展的同时，又能推动学校的发展，进而使自己的学生也得到发展。

做有良好的生活、学习、工作习惯的教师。教师有良好的习惯，才能带领学生养成良好的习惯，为此学校对教师提出了 100 个习惯要求（见附录 1）。

形成幸福教师理念。即帮助教师制订 1 个人生规划，提升教材解读和组织学生参与教学等两个能力，打好身心健康、良好人际关系、终身学习习惯3 个支撑点，贯彻敬业、进取、研究、博爱 4 种精神，抓住教育教学能力提高、教科研成果、理财、家庭与子女教育、职称与荣誉这 5 个着力点，以此明确教师的努力方向。

评选杰出教工，树立共同价值理念。学校每两年评选一次杰出教工，全体教职工推荐，学校党委确定 10 个候选人，全体教职工投票选出 5 人为杰出教工，并进行表彰奖励。这个活动过程让教师们共同参与，树立身边的榜样。

二、全力支持，保障到位

围绕教师队伍的建设，学校竭尽全力创造条件，加强硬件设施建设，为每位教师配备电脑，整合菁优网、学科网、福建教育资源网、国家教育资源等多个网络平台的教育教学资源，为教师备课提供海量资料；购买大量教育理论专著、专业理论书籍，订阅学科报，积极拓展教师学术视野；邀请专家莅校指导，或鼓励教师外出学习交流，切实为教师的职业提供必要且可靠的物质保障。

除了基础的物质保障，学校还充分发挥制度建设的优势，鞭策教师保持充电状态，不断前进。

（一）落实继续教育制度

依据学校实际，外出学习与校本教研相结合，对教师岗位学历进修，按照"学用一致"的原则，提出要求并制定相应的激励措施。符合要求的教师，继续教育参训率为 100%，教师继续教育考核成绩的合格率为 100%。

（二）构建校本教研制度

立足学校实际，以实施新课程、新教材、探索新方法新技术、提高教师专业能力为重点，着力增强教学设计的整体性、系统化，建立健全教师全员参与的校本教研制度，教师参加校本培训提出明确要求，用制度来保证校本教研的有效组织实施。教研组根据学校校本培训规划和学年工作计划制订各学期教研组工作计划及活动安排，每周有主题、有主讲人，教研活动后教师要完成 300 字以上的学训心得，期末汇编优秀教研心得。

学校高度重视教师专业化发展，印制《厦门实验中学教师专业化发展规划表》，教师制订三年个人发展规划（包括发展指导思想、发展目标、具体规划、保障措施），利用互联网为每一位教师建立专业发展业务档案。学校实行"三个一工程"，每位教师每学期开设一堂高质量公开课、撰写一篇教学反思、发表一篇教学论文。

学校坚持"因材施教"的理念，实现教学资源的校本化，每个学科组自行编制和完善"五个四"的校本作业，校本作业包括学案、课后练、限时练、周末练四类作业。将自我反思、同伴互助、专业引领始终贯穿教研过程中，教师说课、集体备课、高效上课、互相听课、客观评课、作业辅导等常规工作的教学研究有实际效果，积极探索校本教研的有效形式与途径并有所创新。

（三）完善集体备课制度

实践证明，发挥团队优势是促进教师发展的捷径。学校高度重视整合团体智慧，通过完善集体备课制度促进教师发展。以备课组为单位，加强每周一次的集体备课活动，在定时间、定地点、定主备人、定主题、定材料的基础上，走进课堂上引领课，发现问题，及时调整教学策略，使团体智慧作用于课堂教学。

（四）设立专家帮扶制度

聘请省、市教科院领导及其他学校优秀教师来学校做报告、上交流课，对教师发展进行专业引领和指导；充分挖掘校内骨干教师榜样、示范、辐射、引领作用，积极开展传帮带工作，制定相对稳定的制度，实际效果良好。

（五）改革评价奖惩机制

建立教师自评互评、学生评价、家长评价、学校综合评价等多元化评价体系，评价内容符合学校实际情况和教师发展需要。建立教师发展档案管理制度，设立教师专业成长档案，并依据《厦门实验中学教科研奖励办法》，坚持年终对教师的个人获奖、辅导学生获奖、发表论文与课题研究等成果进行统计、公示，并给予一定的奖金鼓励，极大地促进了教师自我发展的积极性，也推进了教师发展示范学校的建设。

三、创新形式，搭建平台

学校实施一系列教师培养工程，旨在提升教师综合素养，为教师搭建成长与发展的重要平台。

（一）书香工程

时代发展、新课程改革要求教师必须更加广泛地读书，拓宽视野、增长见识，提高能力。学校通过设立读书节、读书演讲比赛等活动，倡导教师广读书、多读书、读好书，有比赛、有检查、有奖励，教师读书热情高涨，氛围浓厚，有效地促进了教师发展和教师发展示范学校的建设。

（二）青蓝工程

学校实施青蓝工程，做好师徒结对子活动，新老教师结对子制度化，使之成为青年教师快速成长的永动机。狠抓青年教师基本功培养，强化教学技能训练，抓实抓严"五认真"（认真备课、认真上课、认真辅导、认真批改作业、认真组织考试）。

（三）名师工程

每学年安排一定时间，邀请教育教学专家进行理论与实践方面的指导，及时让教师获取教育教改前沿的发展趋势。学校通过组织汇报课、展示课、特色课、示范课，全方位出击，推出一批校级优秀教师，并在此基础上逐步培养出市级、省级乃至国家级名师，扩大现有学科带头人和骨干教师数量。

（四）开放工程

学校坚持"开放多元"的学习机制，既鼓励教师"走出去"学习，也主动"请进来"，邀请省内外的专家名师进校指导。近年来，培训经费纳入学校年度财务专项开支，占学校教师工资总额的3%以上。

学校鼓励教师外出参加省内外教学开放周、福建省教育学院组织的高级教师培训、厦门市教科院组织的各类的基础培训，并要求教师参训返校后要撰写2000字以上的心得，并在教研组内进行二次培训。

学校学科组学习氛围浓郁，不定期邀请各学科专家来校开讲座，为教学与课题提供指导，促进了学校青年教师的快速成长。

附录 1　幸福教师的 100 个良好习惯

1. 紧跟国家发展的习惯

2. 紧跟社会发展的习惯

3. 紧跟中考、高考的习惯

4. 紧跟教育技术创新的习惯

5. 紧跟领导思路的习惯

6. 学习党和国家重要会议报告的习惯

7. 学习经济、科技、文化最新成果的习惯

8. 学习教育发展最新成果的习惯

9. 学习理解学校领导讲话的习惯

10. 做好会议记录的习惯

11. 按照"精新"理念工作的习惯

12. 按照"十个好"办学治校的习惯

13. 按照"五个抓手"抓教学的习惯

14. 按照"一日 10 项"常规工作的习惯

15. 按照"五个四"校本作业模式教学的习惯

16. 养成不迟到，不早退的习惯

17. 养成有事请假的习惯

18. 养成遵纪守法的习惯

19. 养成按照规章制度行事的习惯

20. 养成马上就办、及时完成任务的习惯

21. 早起的习惯

22. 正常作息的习惯

23. 每天运动的习惯

24. 养生的习惯

25. 禁烟限酒的习惯

26. 按"三维五步教学法"教学的习惯

27. 熟读教材的习惯

28. 弄明白教材内容的习惯

29. 弄清楚名人教法的习惯

30. 做题的习惯

31. 作业及时批改、全批全改的习惯

32. 关注每个学生的习惯

33. 经常辅导学生的习惯

34. 要求学生认真书写的习惯

35. 帮助学生订正作业的习惯

36. 写好、优化、整理教案的习惯

37. 写好教学笔记及教后记的习惯

38. 回忆反思的习惯

39. 建立题库的习惯

40. 思考学法与教法的习惯

41. 积极参与教研活动的习惯

42. 积极参与各类比赛的习惯

43. 积极参与课题研究的习惯

44. 经常撰写论文的习惯

45. 收集资料的习惯

46. 与同伴探讨问题的习惯

47. 请教专家的习惯

48. 请示汇报的习惯

49. 与家长沟通的习惯

50. 与家人商量的习惯

51. 学习名著、名人传记的习惯

52. 查阅工具书（资料）的习惯

53. 阅读杂志的习惯

54. 做中、高考题的习惯

55. 关注时事政治的习惯

56. 把学生当孩子的习惯

57. 关心爱护学生的习惯

58. 包容学生缺点的习惯

59. 为学生排忧解难的习惯

60. 善待学生的习惯

61. 学习沟通技巧的习惯

62. 认真做好沟通准备的习惯

63. 尊重换位的沟通习惯

64. 理性沟通的习惯

65. 反思沟通方式的习惯

66. 不断提高工作效率的习惯

67. 抓紧时间，充分利用时间的习惯

68. 集中精力做事的习惯

69. 快速正确做事的习惯

70. 经常总结经验的习惯

71. 理性思考分析处理问题的习惯

72. 了解相关法规的习惯

73. 全面的、联系的观点看待问题的习惯

74. 有利于发展思考问题的习惯

75. 谨慎处理问题的习惯

76. 养成"互联网+"的教育思维习惯

77. 学习互联网时代的教学方法的习惯

78. 用信息化的方式办公的习惯

79. 管理好手机的习惯

80. 用教育信息化的方式与学生及家长交流的习惯

81. 铭记"君子爱财取之有道"的习惯

82. 养成勤俭节约的习惯

83. 了解世界与国家经济发展的习惯

84. 了解房地产发展变化的习惯

85. 养成理财与投资的习惯

86. 关注优生优育的习惯

87. 重视子女教育的习惯

88. 培养学生阅读与思考的习惯

89. 培养学生勤奋刻苦的习惯

90. 培养学生积极进取的习惯

91. 想方设法把同事变朋友的习惯

92. 把学生变成朋友的习惯

93. 结交年长的朋友的习惯

94. 悟透人际关系的习惯

95. 积淀各方面的人际关系的习惯

96. 弄懂成功人士的成功经验的习惯

97. 汲取他人前车之鉴的习惯

98. 常怀感恩之心的习惯

99. 不断修为修炼的习惯

100. 终身学习的习惯

附录2　教师的基本技能之一：解读教材的能力

当前教师教学技能是一个热门话题，有不少地方开展教学技能大赛，这对促进教师专业成长是很有利的。以下内容探讨一项重要的教学技能——解读教材的能力。如何提高解读教材的能力，做到正确、准确、熟练、通俗呢？

一、教师要认真研读课程标准，领会课程标准的理念和要求

明确三维目标。新课程从学生已有的经验和将要经历的社会生活实际出发，引导学生关注人类面临的自然和社会问题，帮助学生认识与生活密切相关的问题，培养学生的社会责任感、参与意识和决策能力，以形成科学的世界观；新课程立足于学生适应现代生活和未来发展的需要，构建"知识与技能""过程与方法""情感态度与价值观"相融合的课程目标体系，着眼于提高21世纪公民的科学素养。教师解读和运用教材首先要解读课程标准的目标要求，树立"一切为了学生，为了学生的一切"的思想，做到心中有学生、心中有学生。

明确课程理念。课程标准从编排体系、内容安排、知识结构、教学处理、活动建议、练习设置等方面都体现了新课程的性质和理念：倡导以生为本的教学观和学生观，真正实施素质教育、促进人的全面发展；使学生进一步明确学习目标，引导学生自觉学习和探究学习，发展自主学习的能力和合作精神；根据学生的个性和发展的需要，为他们提供丰富的选择机会和充分的表现空间，让学生参与到课堂中来；在加强对学生综合能力培养的同时，注意提高学生获取信息、处理信息、分析问题和解决问题的能力。如高中英语教学的目标是：发展自主学习的能力和合作精神；注重提高用英语获取信息的能力；以及用英语进行思维和表达的能力。通过高中英语的学习，学生的语言应用能力将进一步得到提高，国际视野更加

宽广，爱国主义精神和民族使命感进一步增强，为他们未来的发展和终身学习奠定良好的基础。教师在教学中应实现对课标所要求的学生各种能力培养，贯彻课程新理念的要求，有意识有目的地渗透在教材的解读和课堂教学中。

明确教学原则。课程标准为教师提供了教学的原则、不同教学活动的类型和实际的教学案例，体现了理论与实践相互支撑，知识与生活的结合，共性教学与个性发展的统一，理论的先进性与操作的可行性相结合的特点，既为师生的活动提供了指导意见，又留有较大的创新空间。教师备课时要认真对照新课标的理念要求、教学要求、活动要求和能力要求，精心做好教学设计，运用新课程的教学原则灵活组织课堂教学，丰富课堂活动，调动学生的学习积极性。教师解读了"新课标"才能站在理论的高度上审视整套教材，从而实现教学中对教材的重新整合，灵活地运用和处理教材。

二、教师要熟读所用教材，领会教材编写者的意图

准确把握课程标准的要求，可以使教师把更多的时间放在对学生的思考能力、活动参与、学习方法的指导上，以实现新课程的三维教学目标。因此，教师在运用教材问题上必须做好以下几个方面的工作：

第一，了解所选用教材的特点，体会教材编写者的意图。这是教师解读教材所不能忽视的重要环节。就历史教材来说，人民版历史新教材被福建省大多数地区选用的主要原因是其在史学观点方面大量地运用了新的观点。这是它与岳麓版、人教版最大的不同之处。来自试验区的专家认为："人民版教材对课标理解深刻，充分体现课程改革的本质，创新上花了大功夫，选材上有新突破，结构上有独到之处。"因此，教师在步入新课程之前，有必要先在教材选用这个方面做好热身运动，少走弯路。

教师只有通读了教材才能真正领悟到教材编者的意图，才能有全盘考虑的意识，从而对学生的学习进行有效的指导。当然，教师要更加准确地

解读教材，还必须注意收集教材编写者的相关讲座和书籍，领会教材编写者的意图。多听取、了解来自先前一步进行课改的兄弟省份专家的评价和体会。

第二，明确教材的脉络结构，弄清教材的模块目标要求。这是教师解读教材的基础要求。教材是服务于教学的材料和工具，主要的课程实施者是教师。教师在拿到教材之后要了解和研究教材，认真研究学科课程的基本理念和设计思路，熟悉教材的内容和方法，明确课程目标；要通读教材，弄清其脉络和结构，熟悉课程模块以及各模块之间的关系；认真领会每个模块中每个单元的话题、语用功能、结构等任务型活动，把握对各模块各单元的教学目标的要求。

第三，了解模块教学内容要求，明确教学的重点和难点。这是教师解读教材的至关重要的一环。教师要精读所使用的教材，同时还要泛读其他版本的教材，以其他版本教材作为参考。新课程教材编写中难免有些不足，在教学过程中要灵活处理，适时、有效地对教材进行延伸、重组，注重教材与社会生活和学生生活实际经验相联系、相融合。教师在系统了解本学科教材的知识结构体系后，要再次对照课标和认真研究教学参考书要求，明确教材与课时的重点和难点，使教学更富有针对性。

第四，领会教材的编写思路，正确把握教材的内在联系。教材是根据课程标准编写，从学生的认知基础出发，遵循从感性到理性的升华，知识性、生活性较强，习惯于老教材的教师往往有些不适应。教师要重新领会教材的编写思路，把握教材的内在联系，做到心中有数，以便教学和复习。因为在考虑了全书的编写思路之后，才能够把握每一个单元，每一节课的重点和难点，将一些不重要的知识大胆删去，体现出来用教材教而不是教教材的理念。如高一《经济生活》教材的基本逻辑顺序是：从消费、交换出发，依次分析生产、分配，最后介绍我国从事这些经济活动的基本背景——

面向全球开放的社会主义市场经济。教师在教学实践中,应提高解读、分析、整合、驾驭教材的能力,根据教学需要对教材中活动要精选巧用,灵活处理,合理、有效地对教材进行补充、延伸、拓展、重组,开发与教材相关的教学资源,并注重教材与社会生活和学生生活实际经验的联系和融合,以达到让学生在生活中获取知识之目的。

三、教师要根据课标、教材的要求,精心做好教学设计

教材是具有弹性、灵活性、开放性和拓展性的,如果不去通读和精读它,教师就无法从学生的实际出发,无法优化学生的学习方法,无法使他们通过观察、体验、探究等主动学习,充分发挥自己的学习潜能,形成有效的学习策略,提高自主学习的能力。解读教材备课有必要做好以下几个方面工作:

第一,以课程标准为依据,参考其他版本的教材。教材不等于教学内容,教学内容大于教材。教学内容的范围是灵活的,是广泛的,可以是课内的也可以是课外的,只要适合学生的认知规律,从学生的实际出发的材料都可作为学习内容。教师"教教科书"是传统的"教书匠"的表现,"用教科书教"才是现代教师应有的姿态。

教师备课时根据课标规定的"内容目标"准确把握教材要求,根据课标规定的"提示与建议"精心做好教学设计,准确领会课标的教学要求,适当增补一些内容,以体现课程标准的目标。新课程"一标多本",各有特色。仅仅把握一本教材还不够,教师可参考该科目两到三个版本的教科书,通过横向比较出各版本的优缺点,在备课时将不同版本的一些优点有机结合起来。

第二,弄清教学重点难点,把握知识点的难度要求。教师备课时要对照课标、结合教材把握住重点与难点,准确把握新教材知识点的难度要求,搞清楚新教材依然保留的知识点究竟在难度要求上有哪些变化,对新增知识点的难度要求进行仔细研究。高中新课程改革在教材的编写上有了不小的变化。

就语文科来说，教材结构、目标、重难点等形成了比较明确的概念，以文体组元，但不过分强调文体知识，听说读写有机结合互相利用共同提高。以课程目标为依托，整体推进，螺旋上升，选文富有时代气息。如何在教学中充分利用教材实现教学目标，这需要对教材进行深入、全面、正确的解读，避免新旧教材一起教，以实现教学的针对性。

第三，设计和剖析生活案例，讲清"概念"导出原理。新教材中设计了许多的"思考"与"探究"性的生活案例，目的在于引入"概念"、导出原理，不仅有助于学生加深对知识的理解，同时对培养学生发现问题、探索问题、分析问题、归纳能力有极大的帮助。教师解读教材时要充分利用学生资源，精心设计课堂活动，让学生以组为单位去发现、理解相关的概念和原理，掌握知识的内在规律、性质、联系。如高中《经济生活》中的知识分为三大类：概念性知识、理论观点与原理性知识、应用性知识。教师解读教材时要立足讲清"概念"导出原理，着重设计帮助学生提炼、总结、理解概念式的理论观点，引导学生掌握原理性、结论性的知识，着重训练学生运用理论、原理的能力。

第四，利用教材开拓自由空间，有意识做好教材延伸。教材中编织了一些"名词点击""专家点评""相关链接""课堂探究"和"综合探究"等内容，旨在拓展学生的知识面，教师解读教材时要灵活取舍，适当利用，因为这些知识与学生的未来认知构建有很大的关联，未来考试评价也会适当渗透。教师要利用教材开创的自由空间让学生猜测、理解和想象，以发展学生的想象力、锻造不同的思维取向。

第五，借助"教参"细研教材，仔细品味精髓之处。教材毕竟是专家编写的，其上下文的设计和编写有独到的考虑，并隐含着一定的教学目的。

教师解读教材一定要借助和用好"教参"，以"教参"为引领，并发挥自己的功底，灵活做好课堂教学设计。必要时还可以根据学生的认知实际对教材做灵活处理，以实现课堂的最佳效果。

教材的每一课时设计都有自身的"精髓"，教师解读教材一定要仔细品味。教学过程中可以做必要的课堂探究，让学生发表看法并增强印象。如高一语文《烛之武退秦师》一课，文末"以乱易整，不武"一句较难理解，这里的"乱"指哪一方，"整"又指哪一方，"不武"是什么意思，"武德"在古代又指什么？教师对这一问题要认真品味和解读，课堂上可组织学生联系上下文进行小组讨论，并要求学生结合较为流行的武侠小说等对"武德"做个性化阐释，使学生实现"用混乱相攻代替联合一致，这是不勇武的"的初步感知。

四、教师要结合课堂实际反思教学，通过评价检测实现教材解读能力再提高

教师要提高解读教材的能力，必须灵活地"用"教材而不是机械地"教"教材，要使教材的工具性作用更加突出。然而，教材的工具性作用很大程度上要从课堂教学的反思和过程的评价得到应有的发挥。善于反思课堂教学和发现评价检测中出现的问题，有助于实现教材解读能力的再提高。

结合教学后的反思，总结解读教材体会和经验。教师反复阅读教材→深入领会教材的目标、重点、难点→联想教材中知识点的联系→研究课标的要求→研究教材是如何来体现课标的要求→适当参考现成教案→对照你的理解与别人的理解存在哪些差异，无疑可以较好地把握对教材的解读。教师要真正做到解读教材，提高解读教材的能力，既要做到正确、熟练、准确，还必须结合教学过程、教学效果、学生作业、学生反馈等方面加以体会和反思。

认真揣摩参考书的练习，有意识反思对教材的理解。学生参考书上的

练习是对教材内容的总结归纳，是对教材的补充和巩固。教师通过做题可以选出有代表性的经典题目，在课堂上配合教学内容进行讲解，帮助学生较快掌握所学内容。教师最好把练习都仔细做一遍，这样可以提高对教学内容的熟悉程度，可以发现问题，做好探究、分析，以加深对教材的理解和解读。

留意课堂效果与作业效果，反馈和反思教材解读的不足。课堂是检测教师对教材解读水平的"晴雨表"，教师解读教材正确、熟练、准确，教学过程就较为顺畅，学生思维活动就也较为活跃，课堂效果也较为明显。学生课后作业可以反馈教师对教材解读及课堂教学实效性情况，如果学生作业失误较多，必然反映出教师教材解读和课堂教学中存在着一定的缺憾。因此，教师要认真结合课堂效果和学生作业反思自己在教材解读中存在的问题，并不断改进教学组织和教学实施方式。

五、加强校本教研、倡导集体备课，形成解读教材的氛围和共识

课程是教材、教师、学生、环境四个因素的整合，课堂作为实施素质教育的主阵地，如何备课、上课理所当然的成为教师改变教学方式的重要途径。新的课程环境一方面给教师更多的思考空间，要求教师勇于开拓、大胆创新，成为真正意义上的"专业人员"；另一方面，新课程也呼唤教师之间真正地相融与合作，从集体中汲取力量。

提高自身的理论水平，增强解读教材的内在素质。对教师而言，不仅要加强对相关内容的学习，更要加强自身的理论水平，多读一些教育学、心理学等方面的著作和文章，不断提高理论修养，提高自身的文学、教学素质，所谓"功夫在诗外"，这有助于教师从更高的层面来领会和理解新课程的新理念和在这一理念指导之下所编写的教材。

加强校本教研指导，形成集体解读教材的氛围。集体备课的真正意义是发挥集体的智慧力量，让教师在相互的交流与碰撞中达成共识，帮助教

师加深对教材的理解，拓展其教学思路，促进其专业化成长。开学初，要求每个教师重温所任学科的"新课程标准"，把握其精神实质。然后通读教材，了解教材编排体系、了解整册的教学内容，教学重点难点。然后以学科教研组为单位，组织集体备课，主要讨论本学期备课组"一课三研讨"计划，安排好备课内容和中心发言人，让每个教师都心中有数，使解读教材的备课活动更有针对性。

规范集体备课活动，提高解读教材的实效性。新课程背景下，大家都在同一起跑线上，规范集体备课活动受益多多。一是教材研读：一人先对教材进行解读，其他人参与讨论，尽量做到对教材的解读正确、有效；二是教学设计研讨：就教材研读的情况设计出完整的教学设计；三是教学得失交流：根据实际教学情况，进行教学后交流，相互启发，促进反思。这样的集体备课活动不仅富有实效性，而且可以加速教师的专业成长。

实现多向信息交流，同伴互助提高解读教材能力。倡导校内外、直面的或网上的多向信息交流，以老教师的知识经验弥补新教师的教学艺术缺陷，以新教师的新理念和新观点不断撞击老教师的旧模式。学校倡导和谐、融洽的同伴互助研讨气氛，可以更理性、更全面、更科学地把握教材、分析学情，研究教法、学法，将课堂教学水平提升到更高层次，对提高教师教材解读能力无疑是较为理想的途径。

新课程倡导"用教材"而不是简单的"教教材"。教师要创造性地用教材，要在使用教材的过程中融入自己的科学精神和智慧，要对教材知识进行重组和整合，选取更好的内容对教材深加工，形成有教师教学个性的教材知识。既要有较高的解读教材能力把问题简明地阐述清楚，同时也要有能力引导学生去探索、自主学习，以实现新课程的目标要求。

提高解读教材能力，教师要认真研读课程标准，领会课程标准的理念和要求；要熟读所用教材，领会教材编写者的意图；要根据课标、教材的要求，精心做好教学设计；要结合课堂实际反思教学，通过评价检测实现教材解读能力再提高；要加强校本教研、倡导集体备课，形成解读教材的氛围和共识。

附录3 同心共克时艰，确保抗"疫"胜利教学有效
——致厦实教职工的一封信

教师们、同志们：

大家好！今天周一，本是我们教工会时间，但因新型冠状病毒肺炎（以下简称：新冠肺炎）肆虐无法召集大家开会，我只能以讲话稿的形式，通过微信群就当前的工作与大家交流。今年的新春，格外不同寻常：2020年1月20日，钟南山院士向世人宣告新冠肺炎是恶性、会人传人的传染病；同日，习近平总书记作出重要批示，必须高度重视疫情，全力做好防控工作；1月21日，学校立即召开相关会议，要求各部门、各学段即刻行动，全面开展防控工作。1月25日，中央政治局常委会对疫情防控再研究、再部署、再动员；1月27日、2月10日、2月12日，市教工委、教育局相继召开会议，郭献文书记、局长多次部署防疫及教学工作，学校在微信群、QQ群发布（转发）大量防控措施。面对这场来势汹汹、危及人民生命安全的新冠肺炎疫情，全国人民守望相助，驰援湖北；将生死置之度外的医务工作者、冲锋陷阵的公安民警、坚守一线的铁路工人，他们在国家最需要的时刻，挺身而出，主动奔赴抗"疫"火线，在为人民负重前行的同时，也为这场疫情防控阻击战注入了强大的必胜力量。截至今天，除湖北外，全国新增新冠肺炎确诊病例已实现"13连降"，胜利的曙光就在眼前。

身为教师的我们，虽无法像医务工作者们那样，在疫情前线与病毒正

面交锋，但在这场战"疫"中，我们也有属于我们自己的岗位和职责，那就是照顾好自己，带好每位学生，以及做好充分的返校准备。

一、好好照顾自己，让家人放心

新冠肺炎病毒不仅使武汉、湖北沦陷，袭击了全国，而且世界各地相继暴发，但我们至今仍无法确认敌人（病毒）来自何方，还有多少，以及它们隐藏（潜伏）在何处。现今，虽然全国新增新冠肺炎确诊病例整体呈下降趋势，但疫情依然严峻，我们千万不可掉以轻心，尤其是至今仍深陷疫情重灾区的教师们。你们的安危，始终让我惦记和牵挂。在这样一个特殊的时期，我们务必要照顾好自己，不给家人添麻烦，不给国家添乱，表现出一个教师应有的成熟与稳重。在延期返校的这段时间，大家要认真依照国家、省市、学校和社区的要求，拒绝参加各类聚会，减少到人员密集的公共场所；外出时佩戴口罩，减少接触公共场所的物品；从公共场所返回和饭前便后勤洗手，养成良好的个人卫生习惯；避免用手接触口鼻眼，防止病毒侵入；主动做好个人与家庭成员的健康监测，自觉测量体温，如出现发热、咳嗽、咽痛、胸闷、呼吸困难等可疑症状，要自觉戴上口罩，与所在社区联系，及时就医；就诊时，应积极配合医生和相关部门的工作，以便医生后续治疗和疫情防控工作的开展。

要认真学习医学防护知识，特别是掌握新冠肺炎病毒等传染病的防控措施，如管理传染源、切断传播途径、保护易感人群等；要了解国家公共卫生法规、疾病预防救治保障措施，这样我们才能教会学生和家人有效应对疫情、防控疾病。

二、带好每位学生，让家长放心

习近平总书记近期要求抗疫和社会经济发展两不误；市教育局领导也要求疫情防控和教学工作两不误。在这个特殊的时期，我们还要带好厦门实验中学的每一个学子，与学生家长一起，督促他们在家养成良好的生活和学习习惯，鞭策他们尽早进入学习状态，确保在家也能高效学习。延期返校，并不意味着没有开学。只是我们改变教学方式（"换道上网"），把学校改在了家里，把课堂由线下转移到了线上。事实上，从全国打响抗击疫情防控保卫战的那一刻起，我们全体教师的假期就已宣告结束。整个寒假，学校领导、各科室负责人、段长、班主任、值班教师和卫生室的同志，第一时间快速响应疫情防控工作，逐一监测、排查和统计全校师生的假期动向和疫情信息，并及时向上级部门汇报；学校党政、工会、团委，以及心理组、音乐组教师，也纷纷行动，积极投身到疫情防控和声援的工作中。

在延期返校的这段时间，大部分教师迅速投入战斗与教学，这让我大感欣慰和鼓舞。我们要努力提高思想认识，高度意识到此刻教学工作的重要性，以及肩上所担负的重任：学校倡导的阅读与思考依然在推进，"三维五步教学法"依然在实施，"五个四"校本作业体系依然在完善，智力培养依然在进行，10 项常规也依然在落实。一切都与往常一样有序开展，变化的只是我们教学的地点与教学的方式。

线上教学，少了与学生面对面的指导和管理，其实是对我们的教学提出了更高要求。希望大家借线上教学，熟练掌握网上教学方法，因为在互联网时代背景下，线上教学是未来教育的发展趋势，必将成为我们未来重要的教学方式。各学段、教研（备课）组要加强研究与合作，形成我们自己翔实有效的措施；各部门（特别是信息组）要做好服务工作，提供后勤保障。

希望大家授课时能参考借鉴《厦门市中小学线上教学的学科指导意见》，认真研读《厦门实验中学关于开展网上授课的实施方案》，结合所在学段、所任学科、所教学生的具体实际，科学施策，选择合适的教学内容，让学生平稳顺利地度过这段特殊时期。在教学内容上，教师们应主动跳出教材，引导学生科学理性地对待这场疫情，引导他们把眼光投向当下的中国社会：

与他们分享钟南山、张继先等模范人物的先进事迹；用火神山、雷神山两所医院的建成天数，向孩子们展示什么是"中国速度"；也借我们国家在此次疫情中所采取的强力举措和负责态度，让孩子们深切体会什么是中国的大国担当与制度优势，以此激发学生的爱国热情。

在线上授课期间，我们要继续葆有质量意识，重视教育教学质量，努力让厦实的每一个学生即便在家，也能做到好好学习、天天向上。延期返校，看似对正常教学造成了影响，却也不妨视为我们带领学生实现"弯道超车"的重要机遇。希望全体教师能高效利用好这段时间，上好课，带好自己的学生，为他们今后进入全国知名高校乃至清华北大深造，奠定坚实的基础。另外，也请各学段段长、各班班主任做好摸底工作，了解班上哪位学生是参加此次防疫阻击战一线人员的子女，提醒相关教师在这段时间和未来的日子里，有意识地加强对该孩子的关爱、帮扶和指导，让我们对此次负重前行者的致敬和支持不成为空谈。

三、做好返校准备，让学校放心

教师们，疫情终会被我们战胜。返校日期近在眼前，请大家在照顾好自己、保质保量完成线上教学任务的同时，提前认真做好各项返校准备。为切实保障每位师生返校后的生命安全，学校已充分做好准备工作，如在全校范围内组织专业人员进行全面消杀，以防控新冠肺炎等传染病为重点，认真做好灭鼠、灭除越冬蚊卵的专项行动；为值守人员配备足量的个人防护用品和消毒剂；制定《滨海公寓返厦教师防控和保障工作预案》，安排志愿者提供送餐服务；制定《学生开学报到工作预案》《学生就餐工作预案》，实行分学部、分年段错峰报到和食堂用餐，避免师生长时间聚集情形；在校内开辟隔离区域，对师生返校后可能出现的疫情，提前设计应急预案。请大家下载，并认真学习、熟记这些预案中的内容，以便出现突发情况时能果断有效应对。同时，也希望大家能提前出好摸底题，对学生在家的学习情况和学习质量进行评估，以此作为开启下一阶段教育教学的重要依据。

"一分部署，九分落实"。针对疫情防控和线上教学，学校已制定"两案八制"，明确职责，形成机制。各部门、年段要以"咬定青山不放松"的韧劲"咬住不放"，要以"钉钉子"的精神，一锤接着一锤地敲，层层落实，抓出成效，同时根据疫情的发展变化，不断完善返校复课的各项预案与工作。

教师们，此次新冠肺炎疫情是一场大考，检验着我们厦实每一位教师的行动力与执行力，也检验着我们每一位教师的师德成色。在疫情防控中，衷心希望我们每一位教职员工都能成为合格的赶考人，让党放心，让人民满意。战"疫"春光明媚处，便是我们返校归家时！

2020 年 2 月 17 日

附录 4　战胜疫情，做好工作，努力提高教育质量
——在疫情后首次教职工会上的讲话

教师们，同志们：

大家好！随着新冠肺炎疫情防控形势的全面稳定，我们终于迎来了久违的重逢与团聚。看着大家平安地返回校园，我一个多月来紧张牵挂的心总算如释重负。在疫情暴发的高峰期，我们的教师，有的深陷疫情的暴风眼，有的身处疫情的重灾区。但在市教育局和学校的统一召唤下，大家还是排除万难，穿越火线，第一时间返回厦门，严格依照学校工作部署，有序开展线上教学和辅导。没有推脱，没有怨言，有的只是"疫情面前，舍我其谁"的责任与担当。从大家身上，我欣喜地看到厦实"精新"精神凝聚起的强大能量，也见证了你们青年教师一代在灾难面前努力践行使命、履行职责的动人画面。

教师们，同志们"开学"不仅意味着正常教学育人活动的全面恢复，同时也代表了学校发展新征程的全面启动。在过去五年里，我们每一位厦实人都充分发扬主人翁精神，以校为家，为推动学校的快速成长与发展做出了积极卓越的贡献。2020年，是学校开启下一个五年发展征程的第一年。许多开局性的基础工作，需要我们去落实和推进。而突如其来的疫情，凝滞了我们前进的步伐，客观上也增加了我们将蓝图化为现实的困难。但我坚信，厦实每一位教职员工既然能经得住疫情"大考"的检验与历练，就一定能带着这种战斗时的"精气神"，继续投入到学校今后的建设和发展中，为厦实美好蓝图的落地，贡献自己的应有之力。

鉴于当下疫情虽得到控制，但抗"疫"形势依然严峻，容不得我们有丝毫的松懈和大意，所以，我们在有序开展正常教育教学活动的同时，还须认真积极地做好校园新冠肺炎疫情的防控工作，切实做到疫情防控与教育教学两不误。

一、熟悉防疫知识与防疫措施，坚决打赢疫情防控阻击战

就开学学生报到、开学后学生管理等问题，学校多次召开会议，制定《厦门实验中学应对新型冠状病毒肺炎疫情开学防控工作方案》，反复研讨分学段、分年段、分线路错峰报到，体温晨午晚检等方案，切实保证校园疫情防控工作有策、有序、有效。相关制度和预案，已提前上传至学校QQ群。每位教职员工须下载并认真学习，明确自己在疫情防控中所担负的责任与任务，熟悉疫情突发时应果断采取的隔离及防护措施，各司其职，力求做到在紧急危机面前不慌乱，于第一时间迅速做出反应。各职能部门紧密协作，组织各学段长、班主任进行疫情防控演练，同时根据实际演练效果，不断完善应急预案或工作方案，以提升方案或预案的完备性与操作性。在疫情未彻底消除前，不举办大型集会；以科室、年段和班级为单位，加强对全校师生的晨、午、晚检工作，每日掌握教职员工及学生健康情况。同时，

从疫情防控的根源入手，严格遵守国家、社区和学校相关防控规定，加强个人防护与消毒知识教育，敦促全校师生戴好口罩，自觉接受体温检测。教职工应自觉加强身体锻炼，培养积极的心志，养成良好的个人卫生和生活习惯。

二、坚持党建引领，在疫情防控中努力提高师生政治修为

围绕疫情防控工作，充分发挥党员先锋作用，巩固"不忘初心、牢记使命"主题教育成果。将主题教育、爱国主义教育与学校"惟精惟新"育人理念紧密结合，让红色基因融入血脉，用红色精神和"精新"精神激发全体教师拼搏奋斗、献身教育的工作热情。党员教师应以"不忘初心、牢记使命"的情怀挺身而出，一马当先，勇做"急先锋"；纪委要以"求真务实、防微杜渐"的作风动真碰硬，杜绝虚功，挥好"问责剑"。明确教育"坚持党的领导""坚持中国特色"和"坚持为人民服务"的原则，坚持党建引领，抓牢抓实工会、学生会、少先队及社团工作，着力增强全校师生的政治敏锐性及政治鉴别力，确保思想建设、作风建设、纪律建设永远在路上。

三、全面巩固一级校成果，积极申报省级示范高中建设校

根据省一级达标高中评估的反馈意见和建议，认真做好和推进相关整改工作，完善校园规划，竭力为全体师生营造温馨现代、与新时代教育同频共振的校园文化环境。增加图书馆人手，强化图书馆专业管理力量。在校园扩建用地争取困难的情况下，转变思路，从既有校园用地入手，提高土地利用率，争取加建体育艺术综合馆和地下车库。同时，对照福建省遴选培育示范性普通高中建设学校相关文件，认真做好示范高中建设校申报工作。

四、强化生命安全教育，保持综治安全在全市的领先优势

以此次疫情为演练契机，进一步提高对校园安全工作重要性、复杂性、严峻性的思想认识，全面检查和再次评估学校既有的安全设施和相关措施；

全面落实安全责任制，依托现有综治奖分配方案，调动全体教职员工参与疫情防控工作的责任感和积极性；加强与周边社区的交流与合作，全方位捍卫师生健康安全；以生命为核心，引导学生珍惜和尊重生命，认识和了解生活中潜存的各种危险，熟悉基本的紧急求助和自救方法，增强自我保护意识和能力。

五、完善教育管理五个基本点，全面提升教育教学质量

以"阅读与思考""三维五步教学法""'五个四'校本作业体系""智力课程""一日10项常规"为重要抓手，拓宽学生文化视野，引导学生掌握科学的学习方法、思维方法和生活习惯，从根源上提升教育教学质量；充分调动教师参与改进课堂教学模式、提升教学育人质量的自觉性与积极性，引导教师关注课堂教学的难度、密度和效度，重点从班级平均分和培养尖子生数量两个方面，对教师教育教学质量进行考评，将本一上线率关注的重心由量转为质，把更多优秀的厦实学子送入清华、北大等一流名校深造。在原有对统考科目进行评价的基础上，将美术、体育（如足球）等非统考科目列入绩效考核，充分调动相关科目教师提升教育教学质量的积极性。针对延期开学对中考、高考造成的影响，充分发挥课程教研小组对教学实践的指导和促进作用，结合当下中国与国际语境，大胆预测命题方向和思路，切实提高复习备考效率，延续学校近期教学育人质量不断提升的喜人态势。围绕近期密集开展的招生工作，提前做好广泛宣传工作和拟定疫情期的招生方案，确保各学段招生工作有序进行。

六、提高教师教育教学能力，打造厦实青年教师"梦之队"

加强师德师风建设，在全校范围内继续开展"不忘初心、牢记使命"主题教育，引导教职员工珍惜教师职业，自觉将"把书教好""让孩子把书读好"作为职业使命，从"学生工作""教学技能""现代技术"三方面着手，夯实掌握基础教育教学本领，在教书育人中发现和体验职业带

来的成就感和自豪感。深入贯彻落实课改精神，实现校本教研常态化和多元化，敦促教师养成勤读书、爱读书的生活习惯，以阅读带动教师个人知识文化素养的提升；根据教师实际需求，加大教师培训力度，将教师培训落到实处、落到细处；引导教师将教研重心转向新课改和新高考（中考）改革，鼓励教师开展相关课题的申报研究，以课题研究促进教学能力的发展。

七、落实立德树人根本任务，厚植爱国主义集体主义情怀

坚持立德树人，全面落实《新时代爱国主义教育实施纲要》，厚植爱国主义情怀，把为党育人、为国育才贯穿始终；全面推动学校、家庭、社会形成育人合力。在继续做好传统和既有特色德育工作的基础上，结合举国战"疫"这一特殊时机与情境，因势利导，有机融入生态文明教育，以及从国内国际双重视角，渗透人类命运共同体教育，培育社会主义核心价值观与生态价值观，带领学生认识中国"全国一盘棋，上下一条心"的制度优势、守望相助的民族精神和令人振奋的中国速度，体悟逆行者负重前行的担当、敢言者弥足珍贵的风骨和普通人熠熠发光的善良与坚强；引领学生主动关注疫情进展，关注社会民生，培养人文关怀和道德情操；以钟南山、李兰娟、张继先等模范人物的先进事迹为例，引导学生树立远大理想，激发责任担当意识和拼搏奋斗精神，将个人成才融入国家繁荣、民族复兴的时代大潮中。

八、充实精新教育"十个好"，进一步完善构建学校治理体系

依法从严治校，确保学校各项事业有章可循，稳健推进。全面发挥教代会桥梁纽带作用，积极推进民主管理和民主监督，加快实现学校治理体系、治理水平的现代化。强化干部队伍的思想武装、自律意识、职责要求和责任担当，切实提升中层干部贯彻上级战略意图、完成预定目标的执行能力。牢固树立创新、协调、绿色、开放、共享的新发展理念，以精新教育"十

个好"为基础，进一步丰富"好机制""好校园""好规划""好理念""好制度""好班子""好教师""好校风""好学生""好前景"内涵，努力将制度优势转变为治理效能。如紧扣《中国教育现代化2035》要求，结合学校办学定位与目标，拟定下一个五年发展规划，着力解决学校发展中存在的突出问题，为学校未来发展奠定坚实基础和扫除障碍。

教师们，同志们，厦实美好的蓝图，在我们每一位教职员工的砥砺奋进中，稳步向前铺展。愿我们携起手来，凝聚力量，共同谱写明日厦实的华彩篇章！

附录5　厦门实验中学第二届"杰出教工"评选活动方案

为贯彻党的十九届五中全会、全国教育大会精神和习近平总书记教师节寄语、在思政课教师座谈会上重要讲话精神，落实立德树人根本任务，努力打造厦门实验中学"四有"好教师队伍，推动学校更快更优质发展。经学校研究决定，在全校范围内开展厦门实验中学第二届"杰出教工"评选活动，具体方案如下：

一、活动目的

通过开展第二届"杰出教工"评选活动，表扬一批师德高尚、业务精湛、群众公认、学生爱戴的先进教工，为全体教职工寻找身边典型，树立学习的榜样，提振师生精气神，在全校范围掀起尊师重教的热潮。

二、参评对象

全校教职工。

三、评选名额

5人。

四、评选标准

（一）有理想信念，忠诚担当

在思想上保持先进性、纯洁性，始终坚持共产主义理想信念，立志为社会主义教育事业奋斗终身。自觉学习中国共产党党史和中国革命史，认真贯彻落实党的十九大精神和习近平新时代中国特色社会主义思想。时刻铭记教书育人的使命，甘当人梯，甘当铺路石，以人格魅力引导学生心灵，以学术造诣开启学生的智慧之门。

（二）有道德情操，以德立身

"人无德不立，育人的根本在于立德。"要坚持立德树人，为人师表，忠诚于党和人民的教育事业，不断提高自身的道德境界和师德修养，提升人格品质。能用好课堂讲坛、校园阵地，用自己的行动倡导社会主义核心价值观，用自己的学识、阅历、经验点燃学生对真善美的向往。

（三）有仁爱之心，爱岗敬业

热爱教师职业，模范遵守《新时代中小学教师职业行为十项准则》，诚实守信，廉洁从教。工作认真负责，关心关爱学生，重视学生身心健康，对待学生宽严相济，教育教学方法科学合理，深受学生喜爱。

（四）有扎实学识，堪当表率

治学严谨，教学态度端正，能遵循教育教学规律和学生成长规律，具有较先进的教育教学理念。学习能力强，主动学习研究新高考要求，努力开展教学教研，善于反思总结，高质完成教研心得。高效高质落实"一日10项常规""三维五步教学法""五个四"校本作业体系、"两棋一牌"等智力课程、经典名著阅读等工作，教育教学成绩显著，个人成长迅速。积极参与国家、省、市等各级各类教师技能比赛，指导学生在各级各类比赛中获奖，专业知识扎实，教学技能过硬。

五、组织机构

为确保活动有序开展,成立"杰出教工"评选活动领导小组和工作小组,名单如下:

1. 领导小组

组　长:肖学平

成　员:李丽芬　邹　标　方荣报　吕武艺　陈福光

2. 工作小组

组　长:李丽芬

副组长:林资源　于跃泽

成　员:张洋烽　沈振军　林日红　唐兴华　李　爽　黄明浩

　　　　吴七星　瞿　冰

六、评选程序

1. 宣传发动

通过校长办公会、行政会、全体教职工会议、学校微信群、QQ群和国旗下讲话等,广泛宣传"杰出教工"评选意义和标准,积极动员全体师生参与到活动中来,营造学先进、赶先进、当先进的良好氛围。

2. 推荐人选

2021年2月25日前,各位教师、各教研组、各学段、各部门根据评选标准,每人/组推荐5名"杰出教工"人选,填写《厦门实验中学"杰出教工"推荐表》,并上报办公室。

3. 政治审查

3月2日前,学校党委在广泛征求民主意见基础上,由学校纪委对推荐人选进行审查。

4. 确定候选人

学校党委集体讨论,根据评选标准确定"杰出教工"候选人10名。候选人须填写《厦门实验中学"杰出教工"候选人信息表》。办公室通过学校官网、微信公众号、QQ群等，广泛宣传候选人主要事迹。

5. 发动投票

3月9日前，组织全体教师和学生代表对候选人进行投票。办公室负责统计票数。

6. 确定人选

学校党委广泛征求民主意见，根据投票结果最终确定厦门实验中学第二届"杰出教工"5名。

7. 确定"伯乐奖"获奖人选

根据教师及部门（年段、教研组）的推荐情况，评出"伯乐奖"。（教师推荐"杰出教工"名单与选举结果5个人都一致的为一等奖，有4个人相同的为二等奖，有三个人相同的为三等奖）。

8. 结果公示

结果将于2021年3月13日进行公示，接受全体师生共同监督。

9. 表扬奖励

举行颁奖仪式，为5名当选"杰出教工"获得者颁发荣誉证书和奖金；为获得"伯乐奖"获得者颁发荣誉证书和奖金。

七、工作要求

1. 提高认识，精心组织

"杰出教工"评选活动是加强师德师风建设、打造优秀教师队伍、促进教育发展的有力抓手，是宣传优秀教师高尚品质、在全社会营造尊师重教氛围的有效途径，各年级、各科室要予以高度重视。

2. 广泛宣传，营造氛围

活动期间各科室、年级组应大力宣传杰出教工评选活动的意义，动员广大师生积极参与到活动中来，营造爱岗敬业的校园氛围，传递正能量，树立新风气。

3.规范程序，严格把关

领导小组和工作小组要本着公开、公平、公正的原则，规范程序，严格把关，认真做好评选工作；推荐人选要实事求是，坚决杜绝弄虚作假、夸大拔高等现象，真正把德能兼备的"杰出教工"推荐出来。

4.评选时间

评选活动，每两年组织一次。

第八节　营造善学善教、惟志惟勤的好校风

2018 年 5 月 2 日，习近平总书记在北京大学师生座谈会上强调："要把立德树人的成效作为检验学校一切工作的根本标准，真正做到以文化人、以德育人，不断提高学生思想水平、政治觉悟、道德品质、文化素养，做到明大德、守公德、严私德。要把立德树人内化到大学建设和管理各领域、各方面、各环节，做到以树人为核心，以立德为根本。"学校完成新形势下育人使命任务，必须以习近平新时代中国特色社会主义思想和党的十九大精神为指导，增强"四个意识"，坚定"四个自信"，做到"两个维护"，自觉承担起"举旗帜、育新人、兴文化、展形象的使命任务"，坚持正确政治方向，在基础性、战略性工作上下功夫，在关键处、要害处下功夫，在教育质量上下功夫。

校风即学校的风气。校园精神文化建设是校园文化建设的核心内容，也是校园文化的最高层次。学校人员精神面貌既体现在教师的教风、学校干部的作风、各班级的班风、学生的学风上，还存在于学校的各种事物和环境之中。良好的校风既是教育和管理的成果之一，又在教育和管理上具有特殊的作用，它有一股巨大的同化力、促进力和约束力，是一种精神力量和优良传统。而中小学教育担负着培养德、智、体、美、劳全面发展的社会主义建设者和接

班人的重要使命，好校风的营造是全面贯彻党的教育方针、保证社会主义办学方向、落实立德树人根本任务、办好人民满意的教育的前提背景。

建校以来，厦门实验中学紧扣立德树人根本任务，高度重视校风的建设工作，在创建福建省文明校园和福建省示范高中目标的指引下，充分挖掘学校历史传统，营造体现办学理念和办学特色的校园自然环境、人文环境和美育环境，以校训、校歌、校徽、校标等为重要载体，树立优良"惟精惟新"的校风，"善学善教"的教风、"惟志惟勤"的学风。"惟精惟新"的校风意指传统取其精华、学校管理精细、学业专攻精深、实验创设新意、梦想勇于创新五个方面的深刻内涵。"善学善教"的教风意指教师队伍年富力强，学历水平高，积极进取，善于学习，勤于教研，精于教学，年轻教师成长迅速，在教学和教研领域出类拔萃。"惟志惟勤"的学风意指学生立志高远，秉承传统文化传承教育精神，勤奋学习，钻研科学技术知识，努力成长为具有中国心、智慧型、国际视野人才。七年来，学校逐渐建成弘扬道德价值的高地、涵育中华文化的家园、滋养文化风尚的沃土，护航孩子们茁壮成长，持续推进学校校风营造工作向深度和广度拓展。

一、营造体现"精新教育"理念的校园育人环境

（1）学校卫生管理制度健全。

德育科—卫生室—物业公司、年段、班级、学生会督导队分层管理网络初步形成，分工明确，职责清晰，层层落实，校园环境整洁有序。德育科为学校卫生管理工作责任部门，依托学校卫生室对全校卫生进行管理、督查，及时提出整改意见，确实抓好整改落实。学校委托物业管理公司负责校园环境及公共活动场所的卫生保洁，校园环境卫生情况与卫生保洁员的工资实行挂钩管理；年段长、班主任、班组长为年段办公室、教室、宿舍卫生的直接责任人，负责组织学生打扫各室内卫生，培养学生的劳动观念；充分发挥学

生自我管理、自我监督作用，由学生会督导队负责每天对各学段办公室、教室、宿舍进行督导检查、评比，评比结果作为各班参与"星级班级"考评的重要依据；责任到位，管理有序，校园净化。

（2）以"惟精惟新"为指导思想。

科学设计校园绿化、美化、文化建设，合理规划，区域分明，定位"一园、一环、五区"，公共景观区、教学区、休闲区、运动区、实验区，因地制宜，集艺术性、学习性、教育性、文化性等功能为一体，以人为本，以常绿乔木、灌木、草本、植被、构造立体复式园林景观，校园常年绿树成荫、四季有花香，为改善校园生态环境、创造安静舒适的生活环境。

（3）校园文化建设主题鲜明，环境育人功能突显。

传统文化与科技教育思想贯穿始终，写满校园，采用书法家王羲之字体标记学校所有建筑物，所在楼群均以饱含学校"惟精惟新"办学思想和传统文化精髓的"惟"字系列命名。京剧文化进校园工作卓有成效，长达50米的京剧长廊富有特色，饱含德育内涵。京剧大师园、京剧经典桥段雕塑、京剧角色影雕、京剧乐器石雕、京剧艺苑舞台、路灯、班牌、班级文化建设等京剧元素遍布校园每个角落，渗入师生心灵。数字化教室建设、围棋盘天花板、象棋盘显示屏背景、能源长廊等充分体现了厦门实验中学重视科技教育的办学思想。

（4）建立美丽的浔江书画院。

书法广场的主雕塑由书圣王羲之和一个大砚台、墨条组成，背景是天下第一行书《兰亭序》；王羲之喜欢鹅，所以又在王羲之雕像前方设计了两只活泼可爱的小白鹅；墨条有六个面，上面是西泠印社社员、《书法报》原主编樊中岳老先生题写的厦门实验中学的三风，即校风：惟精惟新；教风：善学善教；学风：惟志惟勤。浔江书画院结合学校实际，努力创新书法教育新思路，"户外毛笔书法书写练习台"荣获国家实用新型专利。它上面是书法练习辅助格子，六个练字台分别是田字格、米字格、回宫格等，右侧面分别对辅助格子做了说明。上面有笔筒、笔搁和小水池，课余时间，学生经常会到这里练字、拍照。练字台的正面，刻有甲骨文、楷、行、隶、篆、草六体名碑局部，主要用于碑拓教学，教学中，学生们可以 7~8 个人一组，通过实际操作，一起完成碑拓学习，碑拓作品可以带回家珍藏，成为学生时代的一个纪念。

二、设置内涵校徽，创作了特色校歌

学校坚持依法治校、以德治校，实行精细化管理，形成了饱含内涵的校徽，创作了具有学校特色的校歌《精新之路》。学校的校徽以实验拼音字母"S""Y"为创意基础，通过艺术创作，分别设计为火炬和书籍的轮廓，雄鹰形状的书籍寓意着知识是思想的翅膀，火炬代表追求极致和完美的探索精神、蓝色代表海洋的无限发展潜力，红色是旭日和国旗的颜色，也是中国传统文化的吉祥色，充分体现了精新教育理念。校歌《精新之路》充满激情、热情奔放，歌词中的智慧教学、"三维五步教学法"、育人为先、品正学芳、数字校园等富有特色的理念，体现了厦实师生年轻激情，立足厦实，立志成才，自强不息，为民族复兴努力成就栋梁之材的抱负。

三、注重舆情监控，提振师生精气神

按照分级负责和谁主管谁负责、谁主办谁负责原则，学校制定《中共厦门实验中学委员会意识形态工作责任清单》，层层细化责任、传导压力，形成一级抓一级、层层抓落实的工作格局。

学校党委书记旗帜鲜明地站在意识形态工作第一线，认真履行"第一责任人"职责，坚持"三带头""三亲自"，即带头抓意识形态工作、带头管阵地把导向强队伍、带头批评错误观点和错误倾向，重要工作亲自部署、重要问题亲自过问、重大事件亲自处理；班子成员认真履行好"一岗双责"，各科室、年段根据责任清单内容，结合各自职能，扎实开展意识形态工作，做到守土有责、守土负责、守土尽责。学校上下一心，不断提高办学治校能力、先进思想传播能力、社会思潮研判能力、思想舆论斗争能力、阵地建设管理能力。

学校每年6月、12月定期召开党委专题会议，分析研判学校师生意识形态动态，并及时向厦门市委教育工委汇报学校意识形态工作情况。根据实际情况需要随时开展师生意识形态领域问题监测、调研、研判、引导等，确保学校师生意识形态蓬勃向上。

注重发挥榜样作用，积极开展"每月一星""美德少年""最美学生""星级班级""最美教师""优秀教师""优秀党员"等评选活动；组织全体教师观看纪录片《良师》，学习张桂梅校长的感人精神；在学校选树徐爱君家庭、余华家庭等"最美家庭"并推荐到市总工会，在全校弘扬艰苦奋斗、乐于奉献的优良品质；近期在全校广泛号召向厦门实验中学获得全市教师技能大赛特等奖的教师、获得"一支部一项目"表扬的行政后勤党支部学习，提振精气神，弘扬正能量。

加强舆论管控。在各学段、科室、教研组、备课组设置舆情收集员，构建舆情收集上报处置机制，第一时间掌握与研判学校舆情动态。加强网络舆情管理。一是加强平台管理，学校信息中心专门负责学校官网、微信公众号等网络媒体的运营管理，维护平台安全，确保不被不法分子攻陷。二是加强内容建设，学校组建以语文教师和政治教师为主的平台信息员和评论员队伍，做好网上正面宣传，提高网上议题设置能力和舆论引导水平，营造风清气正的网络舆论环境。

四、坚持立德树人，以社会主义核心价值观教育为主线

学校坚持立德树人，以社会主义核心价值观为主线，各学科坚持以厦门

市教育局制定颁发的《社会主义核心价值观学科教育指导纲要》为指导，切实将德育内容融入教案、课堂，走进学生的心灵。《经济生活》《政治生活》《文化生活》等高中思想政治课蕴含着丰富而深刻的德育内容，厦门实验中学思想政治课教师注重挖掘教材的德育内涵，更加凸显教材与课堂的德育功能，增强学生的社会主义道路自信、理论自信、制度自信、文化自信，进一步培养学生的爱国情怀。如在2017年京剧文化进校园开放周活动中，厦门实验中学鲍金琳教师开设《博大精深的中华文化》一课，得到了来自全国各地200多位专家的好评。

同时，充分利用传统节假日、国旗下讲话、主题班会、演讲比赛、手抄报、讲座等多种形式，加强社会主义核心价值观教育，做好爱国主义教育、理想信念教育、优秀传统文化教育、公民意识教育、生态文明教育五项主题教育，真正让社会主义核心价值观入脑、入心。

结合学校实际，开展德育课题研究，共有厦门市教科院的立项课题"政治科命题中渗透学科核心素养实践研究""议题式教学对初高中衔接政治科核心素养培育的研究""高中生综合素质评价电子化管理平台构建与实践研究""中学生人际交往危机及应对策略研究"。同时，还申报了全国规划课题"一贯制学校传统文化传承和创新的实践研究"、福建省规划课题"京剧课程精品化"、市规划课题"京剧文化进校园的实践研究"等。如厦门实验中学校长肖学平在《少儿研究》杂志上发表《教给孩子三个"理"》，李丽芬副书记在2017年福建省教育学会年会上交流论文《用习近平新时代中国特色社会主义思想武装教师头脑，办人民满意的学校》，等等。

五、细化德育机构，分工明确，职责落实

为进一步加强和改进德育教育工作，实施"以德育人"，促进素质教育。在学校的统一部署下，建立以校长为组长，有关人员组成的德育工作领导小组。

使学校的德育工作从组织系统方面做到了上下左右联系密切，指挥灵活，步调一致，信息畅通。

（一）设立德育专门机构

学校成立了德育工作组织机构，领导小组组长由校长担任，分管德育的校党委副书记担任副组长，成员由学校德育科、生管科、保卫科、团委、少先队、教务科领导构成；成立以分管德育的校党委副书记为组长的工作小组，成员由德育科、保卫科、生管科、团委、年段长及班主任等组成，形成了学校—大德育—学科组—团队—心理教研室—年段—班级的全员德育层级管理体系，构成了以德育科、团队干部、政治组教师、年段长、女生辅导员、班主任、生管教师为主的德育骨干队伍。

（二）配备法制副校长和德育专干，分工明确，职责落实

校党委副书记主抓德育工作，把握学校德育工作的总方向。聘任潘涂边防派出所领导为厦门实验中学法制副校长，协助学校法制教育；聘任两名德育专干。学校党委高度重视对德育的指导工作，安排学校中层干部挂靠具体的班级，作为中队辅导员，指导班级开展工作。

制定厦门实验中学德育处岗位说明书，明确德育科科长、副科长、干事、年段长、班主任、卫生技术人员的任职条件及岗位职责。健全完善德育工作领导组职责及德育骨干队伍领导职责。

要求全体教职工人人参与德育教育工作，党员教职工在德育工作中要起先锋模范带头作用，争做德育工作的模范。德育团队分工明确、责任落实，充分发挥德育管理的效能，从组织上保证学校德育工作的实施。

（三）健全德育工作制度

制定了《厦门实验中学德育工作制度》《厦门实验中学德育工作队伍岗

位职责》《厦门实验中学年段长工作制度》《厦门实验中学学生在校一日常规》《厦门实验中学学生仪容仪表标准》《厦门实验中学学生奖惩办法》《厦门实验中学学生请假制度》《厦门实验中学住宿生管理规定》《厦门实验中学文明宿舍评比办法》《厦门实验中学星级班级评比方案》《厦门实验中学年段长、班主任考评方案》等规章制度。

六、强化班主任队伍的建设与管理

学校制定班主任培训工作规划，加强厦门实验中学德育队伍建设，不断提高厦门实验中学德育工作水平。

一是扎实开展班主任技能大赛。主要分三个项目进行，即教育故事叙述、主题班会片段和现场选题答辩比赛，对获奖教师进行表彰。

二是定期召开班主任工作经验交流会，通过学习有关文章、经验介绍等方式，努力提高班主任的工作能力。

三是组织优秀教师共同开展"职业生涯规划"等主题班会观摩活动，要求全体班主任和年段长参与观摩学习，让班主任在实践中互学互进，共同提高。

四是加强与兄弟学校的沟通与交流。组织全体年段长及班主任参加德育开放周活动。其间，不仅观摩德育成果展示，而且还深入班级观摩优秀主题班会，进一步引导班主任更好地开展主题班会。

五是以年段为单位，以班主任老带新的方式提升班主任工作能力。

六是采用"引进来"与"走出去"的学习培训方式。如2018年8月，邀请厦门双十中学的优秀段长谢业昌与班主任王宇为厦门实验中学全体教师培训；选送班主任参加上级的培训，返校对全体班主任进行全员培训，如选派优秀班主任参加厦门市骨干班主任培训。

七是为每位年段长和班主任订阅《班主任之友》，通过阅读，不断提升素质。

八是组织全体班主任参加国家教育行政学院主办的 2018 年中小学班主任专业成长系列直播课培训，努力提高班主任的工作能力。

九是定期评选优秀班主任。学校制定班主任培训工作规划和班主任工作量化考评方案，每学年对班主任工作从班风班貌、行为规范、学习规范与能力、德育活动、岗位大练兵、家访工作及其他附加的加分和扣分七个方面进行量化考评，扎实开展班主任技能大赛，评选年度优秀班主任。每学年表彰优秀班主任，授予"年度校优秀班主任"荣誉称号，同时在每年 9 月发放上个学年度班主任工作奖励。切实加强班主任队伍建设，激发班主任教书育人的积极性，提升厦门实验中学德育质量，促进厦门实验中学学生健康成长。

七、注重发挥党团、学生会作用

团委、学生会机构健全，制度完善，学生自主管理意识强，积极参与学校的管理工作。学生会督导队成为学校日常规范管理的骨干队伍，学生积极参与社团，活动丰富多彩。如广播站丰富了校园文化生活；青年志愿者协会组织学生积极参加食堂志愿服务、洁净校园、运动会等校园大型活动志愿服务工作及社区志愿服务工作。

八、充分利用社会实践基地，积极开展实践育人

建校以来，学校以集美鳌园、古龙酱文化园、同安竹坝实践基地、同安博物馆、鑫美园专业合作社等为学生社会实践基地。学校每年组织学生到同安竹坝农场参加社会实践；每年对新入学的初一、高一新生举行军政训练，举办学生干部、京剧、交通安全等各种主题的夏令营活动；利用暑假，布置学生参与社会实践和社区服务活动；金砖会议期间，积极参与志愿服务活动，为厦门文明城市创建做贡献。建校以来，厦门实验中学与厦门市鑫美园果蔬专业合作社共建。2017 年，厦门实验中学组织学生前往鑫美园专业合作社开

展"助力金砖，阳光少年在行动"的主题活动。本次活动以探索体验的学习方式，在菜地里、现代化大棚里，通过新颖的活动，探索出对学生学习和生活有帮助的信息。2015 年厦门实验中学与同安区博物馆开展共建工作。组织 2016 届、2017 届、2018 届三届高三毕业生前往同安孔庙参加高三成人礼活动，传承中华优秀文化，做一个有责任感的中学生。根据厦门市教育局统一部署，开展垃圾分类为主题的"小手拉大手"社会实践活动，发放以垃圾分类知识普及与倡议为主要内容的《致家长一封信》，组织学生志愿者进入社区宣传垃圾分类知识，将绿色环保理念带入家庭、带进社区，起到"以点带面"的效果。2017 年厦门市第 32 届中学生政治夏令营期间，厦门实验中学安排全体营员到同安北辰山进行"环保志愿者"主题教育实践活动，在"文明旅游 垃圾分类 从我做起"承诺墙上签名。同时，还组织学生前往厦门市垃圾处理厂参观学习垃圾分类知识，不断增强学生绿色环保意识。

九、加强与家庭、社会联系和沟通，基本形成学校、家庭、社会协同育人体系

学校成立家委会，制定家委会章程，成立家长学校，年级成立家委会，年级家委会配合年段开展学生教育、家长学校工作，促进学生健康成长。学校开设校信通，建立家长 QQ 群，年级班主任建立微信群、QQ 群，定期召开家长会，扎实开展"进社区进家庭"活动，了解学生在家情况，同时宣传学生资助工作，健全学生档案，加强与家长的沟通联系，增强家校合力。给每位家长发放《家长手册》和《家长阅读书目》，让家长更好了解学校情况，邀请家长志愿者参加校运动会，邀请家长参加学校合唱比赛，邀请家长开设讲座，邀请家长参加十八岁成人仪式、中高考誓师大会等教育场合，共同见证孩子的成长。2017 年 11 月，厦门实验中学举办京剧文化进校园开放周。其间，全国各地 200 多位专家领导来校参加，中央电视台等多家媒体专门进

行报道，得到社会各界的充分肯定。2016年，美国校长代表团来校参观，并给予高度评价。

十、加强对学生心理工作的管理

按照要求配备三位持有上岗资格证书的心理健康专任教师；学校建设心理专用教室、心理活动中心，各种设备齐全；面向全体学生开设心理校本课程，每学年高考、中考前，邀请专家为毕业班学生开设考前心理辅导，邀请厦门市教科院、兄弟学校专家来校开设讲座。每年11月举行心理健康活动月，以丰富的活动和富有教育启迪意义的方式塑造学生的健康心理。认真做好心理咨询工作，心理功能教室的开放时间为每周一至周五上午8：00—12：00，下午14：30—17：30，并建立了有效的心理危机干预制度，当发现学生出现心理问题时，德育科牵头联系心理教师、年段长、班主任、家长，协商解决方案，如果超出学校处理范围时，学校会及时转介到专业机构，并跟踪了解学生情况，做好学生档案。心理校本课程纳入学校课程，面对每一位学生开设心理教育课，对每一位新入学的学生进行全面心理测试，建立学生心理健康档案，健全特殊学生心理档案，与德育科、年段、班主任、生管教师、女生辅导员等互相协调，共同配合，开展特殊学生帮带教育，促进学生健康成长。

十一、取传统之精华，以"国粹"京剧为途径进行美育与德育教育

厦门实验中学与中国戏曲学院合作办学，聘请优秀师资，构建优质的京剧课程，以专业课程与校本课程的形式，以点带面地渗透京剧文化艺术。在"惟精惟新"精神的引领下，厦门实验中学在探索自身办学特色方面，也走出了一条不平凡的道路。2015年，适逢国务院办公厅新近印发《关于支持戏曲传承发展若干政策的通知》，习近平总书记在不同重大场合多次强调中华优秀

传统文化之于国家、民族和国民的重要性，学校意识到以戏曲艺术为文化载体，通过戏曲形式讲述中国传统故事，弘扬"忠""孝""仁""义"等传统美德，培育学生审美情趣，提升学生审美品位，不失为打造厦实校园文化名片、创新传统德育、美育工作的可行之路。

为贯彻落实国办印发的《关于支持戏曲传承发展若干政策的通知》，弘扬戏曲国粹艺术，培育中华民族优秀传统文化的忠实继承人与传播者，2015 年厦门实验中学与中国戏曲学院签署"京剧特色发展合作"协议，将京剧文化艺术引入校园，成为中国戏曲学院在福建省设立的唯一基地校。作为新兴学校，以最短时间完成学校跨越式发展，促进文明校园创建。厦门实验中学始终坚定文化自信，传承中华传统文化，立德树人，打造京剧品牌文化。

着力营造以京剧文化艺术为主线的校园文化环境，让其成为学校文化的显性标志。学校投入大量资金，为京剧融入校园文化提供了保障措施。积极探索学生核心素养的培育，设立"素养为基，美育为路，精新教育"的文化主题，丰富学生美育教育，开展课题研究，构建、开发京剧文化课程体系。以国粹文化京剧为突破口，创新实现核心素养校本化，同时各学科文化课程渗透京剧艺术。通过开展"我们的节日""扣好人生第一粒扣子"主题教育实践活动，将京剧中积极价值观进教材、进课堂、进活动、进头脑，弘扬民族优秀传统文化，从而创新德育工作方式方法，增强德育工作实效，实现德育渗透，加强思想道德教育。

构建全校京剧文化教育框架，实现美育成果遍地开花。一是学生参加各级各类艺术比赛获国家级奖项共计 134 人次，省市级奖励 238 人次，全面提升了学生的综合素养。连续五年斩获国家级戏曲比赛一等奖，连续三年参演中央电视台新年戏曲晚会。二是学校《京剧文化进校园实践研究》教育教学成果，荣获福建省基础教育教学成果奖二等奖。三是 60 余名高三毕业生考取中央美术学院、中央音乐学院等国内顶尖艺术高校，全面提升了学生的综合素养。四是学校多样化的活动和展示平台，提升学生审美与人文素养，把传承京剧文化与落实立德树人的目标紧密结合，打造京剧特色品牌校园文化，提升师生文明素养，稳步提高学校教育教学质量，取得了巨大的社会反响。

十二、培育师德高尚、业务精湛的教师队伍

学校高度重视师德师风建设，要求全体教师恪守职业道德，树立终身学习理念，关心爱护学生，大力弘扬爱岗敬业、无私奉献精神。同时，学校制定《厦门实验中学校本培训规划》《厦门实验中学教师外出培训制度》《厦门实验中学校内培训制度》《厦门实验中学校本教研制度》《厦门实验中学教研组长考核办法》，建立教师专业评价标准量化表、教育科研奖励制度及经费保障等。学校教研氛围浓厚，教研活动常态化、多元化，对教师实施分层次全员培训，校本培训和校外培训相结合，积极创造有利条件让教师"走出去"、将专家"请进来"，鼓励教师报名参训远程教育，同时运用教育技术与新课程教学整合等形式增强教师业务本领，教师与厦门实验中学齐促进、共成长。

第九节 成就精明勤奋，志存高远的好学生

坚持以习近平新时代中国特色社会主义思想为指导，深入贯彻党的十九大和十九届二中、三中、四中、五中、六中全会精神，贯彻落实全国宣传思想工作会议和全国教育大会精神，围绕立德树人根本任务，以培育和践行社会主义核心价值观为主线，以"扣好人生第一粒扣子"为主题，在未成年人中深入开展理想信念教育，帮助未成年人树立共产主义远大理想和中国特色社会主义共同理想；深入开展社会主义核心价值观教育，打牢未成年人正确的世界观、人生观、价值观的根基；深入开展思想道德教育，培育未成年人良好道德品质和行为习惯；深入开展中华优秀传统文化教育，增强未成年人

文化底蕴和文化自信；深入开展革命传统教育和爱国主义教育，厚植未成年人红色基因和爱国意识。通过系列学习教育实践活动，引导广大未成年人向上向善、孝老爱亲，忠于祖国、忠于人民，从小立志向、有梦想，爱学习、爱劳动、爱祖国，努力成长为担当民族复兴大任的时代新人。

为贯彻落实党的十九大提出的"培养担当民族复兴大任的时代新人"要求，贯彻落实习近平总书记关于青少年"扣好人生第一粒扣子"的重要指示精神，根据中央文明办、省委文明办要求和市文明委关于《2019 年厦门市未成年人思想道德建设工作要点》工作安排，厦门实验中学深化中国梦和社会主义核心价值观教育，开展"扣好人生第一粒扣子"主题教育实践活动，培育精明勤奋、志存高远的好学生。

一、"新时代好少年"学习宣传活动

培养树立新时代青少年先进典型，发挥示范引领作用，在未成年人中形成"人人践行社会主义核心价值观、争当时代新人"的局面。

（一）强化组织领导，推进新时代好少年宣传

厦门实验中学紧紧围绕"扣好人生第一粒扣子"主题教育实践活动，强化教育引领、实践养成，引导广大未成年人向上、向善，努力成长为担当民族复兴大任的时代新人。通过开展发现挖掘身边少年先进事迹、可学可信身边典型等活动，推选一批品学兼优、表现突出，充满时代气息，事迹生动感人的未成年人先进典型。引领广大未成年人向上向善，激励他们立志向、有梦想，爱学习、爱劳动、爱祖国，努力成长为全面发展的社会主义建设者和接班人。

每学年在全校范围广泛开展"新时代好少年"推荐活动，进行校级"新时代好少年"评选活动，通过学生自荐、同学互荐，以及教师、家长和社会推荐等方式，积极选出班级、校级好少年，并根据名额推荐送市参加评选。

（二）深入宣传推荐，持续不断丰富宣传载体

通过开展"给好少年点赞留言"活动，组织班（队）会讨论，撰写学习体会。

每年的厦门市"新时代好少年"先进事迹都会由《厦门日报》发布，并在"厦门网""文明小博客"开设专栏集中宣传展示。厦门实验中学以此为契机，利用校内各种宣传阵地，展示各级好少年先进事迹，开展好少年言传身教活动，通过国旗下讲话、文艺表演、主题班会等形式宣传好少年故事，扩大活动影响力。利用校园网络、微信公众号、校园广播、美篇报道、校内宣传栏展示等平台广泛宣传"新时代好少年"先进事迹，创设人人努力争当时代新人的浓厚氛围。

让不同群体、不同个体都有学习的榜样、追赶的目标、看齐的标准，有效解决了不同人群学什么、怎么学的问题。

（三）创新活动方式，高效巩固学习成果

通过组织未成年人开展志愿服务、亲情关爱、环境保护、劳动锻炼等社会实践活动；参加红色旅游、"我们的节日"、国情乡情调研等主题教育活动；参与科创比赛、小课题研究、兴趣小组等学习研究和文化体育活动，在具体生动的实践中向先进典型学习，向身边榜样看齐，确保学习宣传活动取得实效。

二、"传承红色基因"系列教育活动

（一）抓住学习重点，深入开展理论教育

组织学生参观学校"坚定自信跟党走"党建文化线路，重点学习"党的光辉历程"和"伟大的变革"板块，以图文并茂的展览、生动翔实的事实教育引导学生。利用团队活动课时间组织学生参观学习，并撰写学习心得；组织党史知识竞答，引导学生明党史、知党恩、听党话、跟党走，进一步增强

学生对党的深厚感情。

开设红色文化德育课堂，利用"国旗下讲话"和班会开展革命传统教育，传递红船精神、井冈山精神、长征精神、延安精神、西柏坡精神等革命精神，引导学生铭记革命历史、崇尚革命英雄、继承革命事业。

学校团委每年组织 8 个课时的团课学习。通过团课，进行党史、中国近现代史和改革开放史的宣传教育，深化学生对国家建设与发展的认识，让学生了解改革开放四十多年来艰辛的奋斗历程，激励学生努力学习，为中华民族伟大复兴的事业不断奋斗。

（二）组织丰富活动，确保教育取得切实效果

清明节前后，开展"清明祭英烈"主题活动，组织学生登录专题网页学习革命历史和英雄事迹，到革命战争纪念地、烈士陵园等瞻仰宣誓、祭扫献花，引导他们铭记历史，传承遗志，感恩生活。建党节前后，组织学生唱响歌颂党、歌颂祖国的歌曲。国庆节前后，唱响"我和我的祖国共奋进"时代强音，通过歌唱、绘画、书法、观影、展演等多种形式，开展党史、新中国史、改革开放史和社会主义发展史教育，举办主题征文、演讲、朗诵等系列活动，唱响"共产党好、社会主义好、改革开放好"的时代主旋律。

（三）落细常规教育，促进常态化发展

每周末进行红色经典影片展映活动，播放如《建国大业》《厉害了，我的国》等反映中华人民共和国发展历史和改革开放伟大成就的影片，让同学们通过观看视频的形式，在轻松愉快的氛围中了解历史，继承革命传统。

学校为学生制订了名著阅读书目，其中特别包含有反映党史、中国近现代史和改革开放史的经典史学著作，学校通过组织名著阅读知识竞赛、征文比赛等形式鼓励学生进行阅读，抒写感悟，并通过举办阅读分享会等形式进行阅读体验分享，引导学生继承红色基因，并融入时代精神。

三、中华优秀传统文化传承活动

（一）组织经典诵读、优秀童谣和爱国歌曲传唱

每学年元旦前后开展"中华古诗文经典诵读"活动，通过开展关于中华经典诵、写、讲活动，充分激发学生学习祖国优秀文化的兴趣，从而形成浓厚的校园文化底蕴。

厦门实验中学开展"学童谣、唱童谣、编童谣、演童谣"的活动。利用广播站、板报、公众号等平台宣传阵地，宣传展示优秀童谣；利用班队课，组织少年儿童认真阅读童谣读物、学唱优秀童谣；利用家校平台，征集优秀的原创童谣，进行评比后开展校园传唱活动。充分利用童谣读物，把童谣传唱与开展校园文化、课外活动结合起来。

通过比赛促进爱国歌曲传唱，开展"最美歌声颂长征"合唱比赛、"喜迎十九大，红歌献祖国"红歌比赛、庆祝中华人民共和国成立 70 周年"我为祖国唱首歌"红色题材的比赛活动等。

（二）弘扬民族优秀传统文化

开展书法、中华武术等优秀传统文化学习教育活动，开设专门社团、校本课，在历届比赛中获得优异成绩。

京剧文化进校园作为学校特色重点工作，通过京剧论坛、主题班会、周末京剧艺苑、京剧社团、京剧演出等一系列活动，实现京剧文化学习课程化、普及化、常态化、特色化，提高师生艺术审美素养，推动青少年了解民族优秀文化传统，增强文化自觉、坚定文化自信。

四、学雷锋志愿服务活动

组织未成年人广泛参与志愿服务活动，帮助他们在服务他人、奉献社会的过程中培育美好心灵，强化责任意识，提高实践能力。围绕学校教学、校

园环境、校园文化建设等，组织中小学生开展志愿服务活动。围绕社区生活，组织未成年人开展亲情关爱、保护环境、公益宣传等志愿服务活动。组织青少年就近就便到红色旅游景区、博物馆、文化馆等公共文化场所和敬老院、福利院等社会机构开展知识讲解、秩序引导和敬老助老、关爱孤残儿童等活动。开展未成年人思想道德建设志愿服务行动，结合社区未成年人社会实践指导站建设，引导社会志愿服务组织开展更多适合青少年参加的志愿服务活动。

五、扎实推进劳动教育

（一）开设劳动课程

深入实施劳动教育，落实国家劳动教育意见和指导纲要精神，学校制定《厦门实验中学关于开展劳动教育的实施计划》，各班班主任与通用技术学科组协同实施开展劳动教育，密切协作，将劳动教育落到实处，共同推动全校劳动教育的深入开展。

开设劳动教育必修课程，每周安排 1 课时，用于校内劳动教育学习与实践，学习内容为通用技术必修内容选择 1 个模块，并从工业、农业、现代服务业及中华优秀传统文化特色项目中自主选择 1~2 项生产劳动技能。在注重围绕丰富职业体验，开展服务性劳动、参加生产劳动，使学生熟练掌握一定劳动技能，理解劳动创造价值，具有劳动自立意识和主动服务他人、服务社会的情怀。

充分发挥课堂教学主渠道作用，将劳动教育贯穿教育全过程，在思想品德、历史、语文、地理课程中，深入挖掘教育资源，并渗透到相关教育教学中，不断增强广大学生践行劳动的自觉性和坚定性。

（二）编写劳动实践指导手册

厦门实验中学结合各个年龄段的学生特点编写《小学、初中、高中劳动实践指导手册》作为学生劳动实践活动课程的配套教材，确保人手一本，并作为学生年度综合素质评价考核和评优评先等评定依据；同时确保师生扎实开展劳动教育课程，掌握相应年龄阶段的劳动技能，养成吃苦耐劳的劳动品质，丰富职业体验，理解劳动创造价值。

小学阶段在综合实践课程中重点开展劳动技术教育。小学低年级注重围绕劳动意识的启蒙，让学生学习日常生活自理，感知劳动乐趣，知道人人都要劳动。中高年级注重围绕卫生、劳动习惯的养成，让学生做好个人清洁卫生，主动分担家务，适当参加校内外公益劳动，学会与他人合作劳动，体会到劳动光荣和劳动价值。

初中通过开设综合实践课程开展劳动教育，注重围绕增加劳动知识、技能，兼顾家政学习、校内外生产劳动、服务性劳动，安排劳动教育内容，开展职业启蒙教育，开展社区服务，适当参加生产劳动，体会劳动创造美好生活，使学生初步养成认真负责、吃苦耐劳的劳动品质和安全意识，增强公共服务意识和担当精神。

（三）家务劳动日常化

按照不同学段学生的年龄特点和个体差异性制定《厦门实验中学劳动家庭作业布置要求》，提出劳动作业布置和落实的具体实施意见，科学计划布置实施，确保落实落细要求，全体学生能够掌握相应基本生活和劳动技能。

小学低年级学生能生活自理，中高年级学生能做好个人清洁卫生、分担家务、参与校内外公益劳动；初中生参与社区服务和适当的生产劳动；高中生参与服务性劳动和适当的生产劳动，熟练掌握一定的劳动技能。使全体学生能掌握与其年龄相适应的基本生活和劳动技能。

（四）学校劳动规范化

制定《厦门实验中学关于开展劳动教育的实施细则》，各学段、部门、教研组按细则协同规范开展劳动教育，深入并落实《国家劳动教育意见和指导纲要》精神，将劳动教育落到实处，共同推动全校劳动教育的深入开展。

厦门实验中学在日常教学中广泛渗透劳动教育，健全劳动教育进课堂的课程体系，同时利用综合实践活动、通用技术及班队会搭建开展劳动主题实践的活动平台。选拔并推广优秀生活和劳动技能课例集结成册，优化课程结构。

厦门实验中学积极组织形式多样的劳动主题实践活动，例如，所有班级公共环境卫生分区包干、垃圾分类、卫生清洁系列志愿服务，食堂秩序维护，导护学服务等活动，同时利用校园种植园优势开展种植养殖、绿植养护等主题实践劳动，以丰富多样的劳动活动贯穿全学年，学生参与率达100%。其中2020年7月开展的"快乐劳动，不负夏日"首届劳动夏令营获评市级优秀中小学夏令营。

（五）社会劳动多样化

厦门实验中学制定《厦门实验中学社会实践活动制度》，成立学生社会实践领导小组，联系安排学生社会实践活动基地，并组织指导与考核。全体学生参加社会实践活动不少于教育部门规定的天数，并将参加情况作为毕业考试综合评定的重要内容。

带领学生就近进入工厂参观、劳动。与学校周围的古龙食品有限公司、通士达有限公司签订长期共建协议，拓展学生学习和体验生产劳动的空间。

寒暑假组织学生参加同安区东海社区志愿者服务活动，在公共活动场所参与管理服务、城市交通秩序维护、助残帮困活动等。参与环保、卫生、绿化、美化等有关的公益劳动、各种大型活动的义务工作以及其他志愿者活动等。

每年度利用校外各类研学及科技节活动机会，通过制作板报、知识讲座、现场讲解等多种方式开展法制、环保、卫生、科技、城文体活动、学生假期学习及活动辅导等多方面的宣传活动。

鼓励学生根据自身实际状况和资源，参加社会服务劳动，完成劳动家庭作业。采取灵活多样形式，例如开展学雷锋环保实践、重阳服务老年人、走上街头清理墙面等社会志愿服务活动。

六、开展文明礼仪教育

（一）文明礼仪教育与日常学习生活相结合

认真抓好学生及教师文明礼仪活动，制定《厦门实验中学学生一日常规》《厦门实验中学应对新冠肺炎疫情学生一日常规》，以此规范言行，养成文明行为，营造讲礼仪的文明氛围。

各班级、督导抓学生卫生习惯、文明礼仪、安全习惯、学习习惯的养成等方面有较大的进展，建立学校养成教育的长效机制。

（二）文明礼仪教育与家庭、社会教育相结合

组织广大教职员工认真学习各种礼仪规范，普及生活、社会、教学、学习等基础礼仪知识，做学生的榜样。

通过"家长学校"等多种形式，加强对家长礼仪意识的教育，宣传礼仪知识，实践礼仪行为，做文明礼仪的宣传者、实践者、示范者。

（三）目标推动与学生自我教育相结合

将文明礼仪教育纳入校园文化建设的总体规划，认真学习和借鉴先进学校文明礼仪教育经验，结合本校实际，明确关于学生、教职工、家长的文明礼仪教育目标。引导教师、学生乃至家长，规范与人交往、合作、交流、共处等外在行为，进而内化为"自尊、自律、自强、互助、创新"的品质。

（四）文明礼仪教育与实践活动相结合

通过丰富多彩的校园文化活动营造文明礼仪氛围，利用"国旗下讲话"、

广播站、黑板报、文化长廊等平台进行大力宣传，让每位学生明确活动的内容和意义。

深入开展行为规范与文明礼仪实践活动，组织开展"礼让斑马线　文明我先行"、交通安全夏令营、主题班会等活动，激发学生学习并践行行为规范和文明礼仪知识，树立良好校风，校风、校容、校纪有较大改观。

通过开展"毕业典礼""18 岁成人礼""中考誓师"等活动对学生进行感恩礼仪教育，提高学生自身素质和思想道德品质，注重文化艺术修养，完善自我形象。

七、重视家风家训教育

厦门实验中学始终高度重视培育全体师生践行社会主义核心价值观，传承优秀中华文化，大力弘扬中华民族传统美德，助推厦门实验中学文明创建工作。制定了《厦门实验中学"立家规、传家训、树家风"主题教育活动方案》，积极组织全体师生参与"立家规、传家训、树家风"系列活动，强化社会主义核心价值观教育，不断深化精神文明建设。

（一）高度重视家风、家训、家规教育宣传

利用全校教职工大会，围绕社会主义核心价值观，剖析"培育好家风，传承好家训"的重点、难点和热点问题，积极开展研讨活动，形成理论成果。

选出厦门实验中学"最美家庭"并推荐到市总工会，其中余华家庭被评为 2018 年厦门市"最美家庭"。促进全体教师践行好家规、培育好家风，以师带生。

组织党员教师参加警示教育大会等活动，接受党风廉政建设和革命传统教育，并从家风不正、家族腐败等反面典型案例中吸取教训，树立良好家风、构建和睦家庭。

由工会、团委、少先队面向全校师生发出"立家规、传家训、树家风"倡议书共计4130份，提高广大师生及家长的道德素质。通过"国旗下讲话"，实现家风、家规、家训与学校规章制度、纪律的有效对接，引导未成年人传承"家"文化，完善道德品格修养。

（二）组织开展"立家规、传家训、树家风"教育活动

开展"家训、家规、家风伴我成长"经典诵读活动，编写《厦门实验中学传承家风家训诵读篇目》，利用晨读时间朗诵《弟子规》《国学课本》《三字经》《朱子家训》等，结合经典诵读活动，传承中华美德，弘扬良好家风。

开展幸福一家人"立家规、传家训、树家风"有奖征集活动，面向全校学生征集优秀家庭或家族的家训、家庭教育故事，各学段选出优秀征文进行评奖表彰。

开展"家训、家规、家风伴我成长"讲故事和演讲比赛、书画比赛、手抄报比赛和主题班会等系列活动。围绕诗礼传家、勤俭持家、尊老爱幼、明事知礼、正直善良、诚实守信等家风主题，引导学生及家长从家风、家规、家训等美德中，接受传统教育，传承中华美德，营造社会文明。

八、建立表彰激励制度，定期评选表彰

（一）定期评选表彰美德少年

每年5~6月份，利用五四青年节、六一儿童节等契机在全校范围内评选优秀学生，选树先进典型，表彰美德少年。

厦门实验中学按照中小学生基本道德规范的要求，结合未成年人身心发展的规律和特点，制定了"美德少年"的评选标准，评选出自立自强、尊老爱亲、助人为乐、诚实守信、尽责奉献五类美德少年。

在评选结果产生后，通过班队会、报告会、微信公众号等形式进行公示、宣传，鼓励全体同学向榜样学习，展现新时代少年的新风采。

（二）定期评选表彰校园之星

学校每学期开展"校园之星"评选活动。分别从道德品质、文化素质、身心素质、劳动素质、艺术素质等几方面进行评价，设立礼仪之星、学习之星、书写之星、阅读之星、文体之星、环保之星。

新冠肺炎疫情期间，还开展了各类"达人"的评选活动。评选出学习能人、运动达人、劳动超人、创造新人、时间主人、家务超人、阅读巨人、战疫高人。

校级的"校园之星""各类达人"由学校统一颁发奖状。通过此类活动，鼓励学生发展特长、增强对学生的榜样教育，在全校学生中创设积极向上的学习氛围，形成良好的学风、校风，增强校园活力。

九、校园文化蓬勃发展

（一）培育形成富有特色的校园文化活动

开展科技节活动，每年组织开展小发明、小制作、小论文、科幻绘画比赛，并组队或选送优秀作品参加省市青少年科技创新大赛，成绩突出。开展体育节活动，每学年举行春季和秋季两次运动会，内容既有田径传统项目，又有趣味性比赛。开展艺术节活动，每年历时4个月（9—12月），包括班班有歌声、歌手赛、曲艺类比赛、器乐类比赛、摄影比赛、书法比赛等，元旦文艺会演为每年艺术节的汇报演出和成果展示。

在学校团委会指导下，成立学生社团联合会，学校社团蓬勃发展。现有17个社团组织，占高中班级总数的70.83%。每年开展纳新展演，参与学校元旦文艺会演，评选出优秀社团，表彰优秀社员，做社团的精品活动展示，成效显著。京剧社团极富特色，2017 年在第二届中华学子青春国学荟活动中被团中央评为"全国优秀中学生国学社团"。

每个班级都设有社会主义核心价值观为主题的文化墙板，设有图书角，以星级班级为导向，开展班级文化建设评比，班级文化富有特色。

（二）品牌项目

学校以艺术促进人成长，以培养文化自信为出发点，敏锐地把握党和国家教育教学精神内核，在与中国教科院合作办学的基础上，同中国戏曲学院缔结合作发展协议，科学规划校园文化建设，努力培育学校办学特色，弘扬多彩京剧文化，京剧活动熠熠生辉。

通过组织"京剧艺苑"、夏令营、"京剧文化进校园开放周"、元旦文艺会演、艺术节京剧专场、京剧课间操、教师京剧合唱团等丰富多彩的校园文化活动，让厦实的每一位师生得到优秀传统文化的教育和熏陶，让京剧文化得到更广泛的传承。

（三）积极开展校园文化成果展示活动

开展"京剧文化进校园"活动，探索特色办学之路。厦门实验中学 2017 年 11 月举办的京剧文化进校园开放周活动，受到中央电视台及省市媒体的关注，来自全国各地的京剧传统文化传承者与会，学校京剧文化特色在全国产生了广泛影响。

十、注重学生心理健康发展

（一）按《中小学心理辅导室建设指南》建设专用工作室

学校现有心理咨询室 7 间，配有心理测评软件、箱庭玩具、音乐放松系统、宣泄系统及团体辅导室的各种专业设备。学校心理辅导中心建有办公接待室、咨询聊天室、音乐放松室、压力宣泄室、沙盘游戏室、团体辅导室等功能室，完全满足学校心理健康需求。心理咨询室各项管理制度齐全，制定有《心理咨询室管理制度》《团体辅导室规章制度》等项规章制度。心理咨询室设有专人进行管理，管理到位、规范，学生咨询时均进行严格的登记，登记记录完善。

（二）工作制度健全

心理功能教室自成立起，就建立完善的工作组织实施、检查督导、评估评价等方面的规章制度。完善心理辅导规范、档案管理、值班执勤、学生转介、危机干预等方面的工作制度。

学校心理辅导室每周开放 5 天，在新生军训期间和每学期开学初都会组织心理教师和学生心理社到各个班级开展宣传工作，根据学校"全封闭，寄宿制"的校情，不断总结和研究制定了《厦门实验中学心理辅导预约制度》，并且设有完善及符合学情的预约体系。

（三）建立特殊学生心理档案

为了更好地对学生心理状态进行评估，在入学之初，心理组联合信息组，共同开展心理入学测试工作，建立学生的心理档案，并筛选出心理有一定困扰的学生，反映给相应教师和段长，以便积极关注。对于有严重心理问题的学生，学校积极排查，并且与家长沟通或者转介，建立特殊学生心理档案。

同时，学校也会在学生心理辅导值班记录、辅导过程记录完整归档的基础上，对个别有严重心理疾病的学生，及时识别、转介到相关心理诊治部门并做好记录。

新冠肺炎疫情期间，对于有心理问题的学生持续跟踪并建立档案。学校根据厦门市教育局的规定，通过心理状况筛查，建立了一生一档，对有严重心理问题的学生及时联系德育科，与班主任、年段、家长沟通，进行持续的关注和关心，并且及时记录在案。

（四）面向师生和家长，常态化、规范化做好心理健康指导与服务

制订心理健康指导与服务工作计划，落实各项面向师生和家长的活动常态化、规范化。疫情期间，发挥厦门实验中学信息平台优势，宣传各类心理援助方式，同时还增设厦门实验中学心理服务平台及 24 小时心理援助热线，多渠道为师生和家长做好心理健康指导与服务。

利用线上平台每周推送心理健康防疫知识及优质防疫文章，共同为师生和家长做好心理健康指导与服务。编制并发放《厦门实验中学心理防疫工作手册》（一人一册），有效做好心理健康的指导与服务。

（五）注重家校携手，开展家长讲座和团体辅导

连丽香、赵丽两位教师分别开展了《有温度的亲子沟通》《安家》线上亲子心理课，缓解特殊时期下亲子关系。全校组织开展"居家学习亲子相处之道"线上家长会，并多次组织全体家长和学生收看厦门市"心理健康电视公共课"，指导家长们在特殊时期理性处理亲子关系，合理化解亲子冲突。

（六）面向学生群体，举办专题讲座和团体辅导

针对初三、高三特殊阶段，有针对性地开展心理讲座。连丽香、张瑜两位教师分别对初三、高三学生开展了《把握机会，专注当下》《守望高三，温暖同行》专题讲座，鼓励学生们积极备考，专注当下。还邀请心理专家张颉教师为高三学生开展主题为《直面压力，阳光成长》的专题讲座，有效缓解当下高三学生的焦虑等情绪，积极应对即将到来的高考。

时刻把握学生心理动态，有针对性地开展专题讲座。连丽香、张瑜教师对全体非毕业班中学生先后开展了主题为《拥抱不确定》《坚定信心，重启征

程》《复学前心理调适——整装"修心"迎开学》等专题讲座，针对不同时期学生的心理现状开展专业疏导。小学部赵丽教师对五、六年级的学生开展了《生命的礼物——青春期》的心理讲座，对小学一、二年级学生开展了《再次相见，真好！》专题讲座，让小学生们更加从容地面对自我身心的变化。

注重活动体验，多形式对学生进行团体辅导。新冠肺炎疫情期间，全体小学部学生参与了由心理教师组织的"护蛋行动"，让学生们在特殊时期感受生命的意义。针对复学的小学一、二年级学生还开展了一场心理拓展活动，让小朋友们快乐复学。

（七）关注教师团队，组织各类讲座和团体辅导

学校邀请高级培训师罗家勇对全体小学部教职工开展心理素质拓展活动，全面提升教师心理素养。张瑜教师为高三班主任开展《从情绪视角看如何与青少年有效沟通》线上专题讲座，引导班主任从专业心理学的视角与学生有效沟通。

十一、成就好学生的路径：立德树人的校本实践

党的十八大以来，特别是在全国教育大会上，习近平总书记围绕"培养什么人""怎样培养人""为谁培养人"等根本性问题，深刻阐述了"立德树人"之于教育事业的重要意义，要求全面加强党对教育工作的领导、加强学校思想政治工作。育人之本，立德铸魂，学校德育工作大有可为。

厦门实验中学秉持"惟精惟新"育人理念，积极探索传统文化与德育融合的创新路径，挖掘京剧国粹深厚文化内涵，探索品牌特色办学之路，在创新传统德育工作方面开展了积极的探索和实践。以学生日常行为规范为抓手，引导学生养成良好的学习、生活、运动、阅读等习惯；以时政教育为主线，鼓励学生放眼世界、胸怀祖国、关注民生；以社会主义核心价值观为重点，

努力将学生塑造成为有大爱、大德及大情怀的新时代人才；携手中国戏曲学院引入京剧这一德育载体，以艺术促进人成长，大力弘扬民族优秀传统文化，努力培育中华民族优秀传统文化的忠实继承人与传播者。

（一）开辟设立三条德育主线

在不断总结和反思的基础上，学校集中从三条主线开展德育工作：一是以教师为主体的德育主线，由学校德育科、年段德育指导小组、班级德育工作小组三级构成，三者职责分明，下一级对上一级负责，确保各项德育工作贯彻落实，形成学校、年段、班级德育工作环环相扣、全体教师共同参与的强大德育网络；二是以学生干部为主体的德育主线，由学校团委、学生会、少先队，年级团总支、学生分会，班级团支部、班委会三级构成，主要任务是根据学校、年段部署，结合学龄特点，组织学生开展各种德育活动，充分发挥学生在德育中的主体作用，如组建学生督导队，培育学生自主管理和自我教育的能力；三是学校、家庭、社会、自身"四位一体"的教育主线，通过开办"家长学校"、表彰优秀家长、交流家庭教育经验、争取家长支持和配合、聘请派出所领导担任综治副校长等，形成"校内校外处处有人教，在校在家时时有人育"的德育特色。

（二）强化任课教师德育意识

为进一步确保德育工作渗透到校园生活的方方面面，学校在教工大会、教研组例会等多个场合，反复强化任课教师的育人意识，要求他们在课堂教学中适时加入德育环节。以语文教学为例，学校语文教师充分挖掘教材课文潜在的德育价值，以文化人，帮助学生树立正确的是非观、价值观、人生观、世界观。如讲授鲁迅的《记念刘和珍君》时，在痛斥反动政府、追悼刘和珍的同时，更注重带领学生感受和学习刘和珍为了国家和民族，勇于舍生取义的大无畏精神；讲授王安石的《游褒禅山记》时，借文中的议论部分"要成功，'志''力''物'三者缺一不可"，告诉学生要树立高远志向，将自己未来的发展与国家、民族的命运紧紧联系在一起；要拥有强健的体魄，养成热爱运动、准时作息的良好生活习惯；要善于借助外力，寻求教师的帮助，获得同学的支持与配合。

（三）以京剧为德育新载体

学校以培养文化自信为出发点，积极开展京剧文化德育工作，以京剧戏曲艺术辐射校园文化建设，大力弘扬民族优秀传统文化，从传统京剧艺术汲取文化精神力量，讲好中国故事。2015 年，适逢国务院办公厅印发《关于支持戏曲传承发展若干政策的通知》，学校与中国戏曲学院签署"京剧特色发展合作"协议，将京剧艺术引入校园。通过组织每周末的"京剧艺苑"、夏令营、"京剧文化进校园开放周"、元旦文艺会演、艺术节京剧专场、京剧课间操、教师京剧合唱团等丰富多彩的校园文化活动，京剧文化在全校范围内得到广泛和迅速的发展。学生在感知中国戏曲"行于美""用于情""达于礼""致于和"等艺术审美特点的同时，也在戏曲故事中感受到"忠""孝""礼""义""信""勇"等传统美德的力量与召唤，进而树立文化自信，激发民族自豪感，形成积极向上的世界观、人生观和价值观。

十二、检验好学生的标准：德、智、体、美、劳全面发展

在学校"精新理念"的指引下，学校教育教学成绩稳步上升，越来越多的学生德、智、体、美、劳全面发展，在省、市学科竞赛，乃至全国、国际性的赛事上崭露头角：小学部各学段成绩在全市排名大幅提升；初中部成绩连续四年中考 P 值位居全市前茅，语文、生物、历史、政治、地理等多个学科在全市具明显优势；高中部地理、生物、政治、化学等多个学科跻进全市前三，高考高分率逐年大幅提升，本科上线率保持在 96% 以上。如今，学校有共青

团中央授予的"全国最美中学生",有五大学科竞赛省一等奖获得者,有全省最多的英才计划入选者,有国家二级运动员,有全国戏曲大赛一等奖获得者,有科技创新大赛省一等奖获得者。有一大批在高考中取得 600 分以上的高分学生,进入一流名校深造的优秀学子。他们都有着"会两棋一牌,能哼几句京剧,写一手好字"的厦实学子特质,自信优雅地走好人生中的每一步。

附录 1 顺应新时代,筑梦厦实园
——在 2021—2022 学年第一学期开学典礼上的讲话

教师们,同学们:

大家好!今天是 2021—2022 学年的第一天,新学期,新目标,新气象。身处新时代的我们,怀揣理想,背靠祖国,砥砺前行,筑梦厦实。

同学们,今年是中国共产党成立 100 周年,我们在全校范围内组织开展党史学习教育,意义非凡。希望每一位厦实学子通过学习中国共产党波澜壮阔的光辉历程,能知党向党爱党、知史爱国强国,能从中汲取智慧和奋进的力量,能将小我融入祖国、人民的大我中,与时代同频,为人民幸福、国家发展、民族复兴注入磅礴的青春力量。

同学们,一代人有一代人的使命与责任,生活在新时代的我们也不例外。当前,中国正处于"中华民族伟大复兴的战略大局"和"世界百年未有之大变局"中,未来我们要跟上时代的步伐、应对时代的挑战,唯有在求学期间刻苦学习,尽可能多地为自己积累成功的资本与底气。

学在新时代,要养成良好的学习与生活习惯。古希腊哲学家亚里士多德指出:人是习惯塑造的,所有的优秀都源于良好的行为习惯。习惯对生活的影响极其广泛,我们做出的每一个决定,可以说都源于惯性与习惯。正因为习惯会影响到生活的方方面面,所以立志优秀的我们一定要养成良好的生活习惯，让好习惯成为我们成长发展的助推力。为帮助同学们树立良好的习惯，学校制定"一日10项常规"，从早操、早读、课堂学习、大课间活动、午间休息、眼保健操、课外活动、晚自习、晚间休息、"五步学习法"十个方面，对同学们的校园生活做了专门规定。大家要自觉遵守执行，把外界要求转化为自我约束，让良好的行为习惯内化于心，成为日常生活的一部分。

学在新时代，要转变学习观念，着眼于核心素养的提升。同学们，今天的学习，已不再是传统意义上的死记硬背和做题目；今天的教育，是基于"人"的教育，它关注的是同学们"核心价值""学科素养""关键能力""必备知识"四个层面的全面培育与发展。所以，大家要自觉从机械、低效的题海战术中解放出来，从恶性循环的课外补习中抽离出来，从盲目追求分数的执念中摆脱出来，将注意力更多地放在良好生活学习习惯的养成，及支撑终身发展、适应时代要求关键能力的培养上，也就是自主发展，学会学习，健康生活，努力成为一个有生活品质的人；将注意力更多地放在诚实守信、社会参与、实践创新等优秀品格的塑造上，立志成为一个有理想信仰、勇于担当的人；将注意力更多地放在心灵涵养、人文底蕴沉淀和科学精神的培育上，积极成为一个有深厚文化基础和时代精神追求的人。这些优秀的习惯、能力与品格，才是同学们未来迈过一道道人生坎坷、攀登一个又一个高峰的决胜法宝。

学在新时代，要掌握科学有效的学习方法。学校多年来积极向同学们宣传推广的"五步学习法"，就是经实践证明的有效学习方法之一。只要大家严格遵循"预习—上课—复习—作业—总结"五个步骤，成绩自然会快速提高：课前做好新知识点的预习；课上专心听讲，主动思考，做好笔记，重点攻克预习时有困难的地方；课后及时复习，厘清思路，完成必要背诵，并在此基础上独立完成校本作业，以检查、巩固和强化对新知识的认识、理解和掌握；作业下发后，第一时间总结错题和教师指出的问题，弄明白、想清楚错在什么地方、为什么错，避免下次出现类似的错误，必要时还要将易错、重点的题目汇集成册，制成错题集，以便期末复习。

学在新时代，要用好学校"五个四"校本作业。为减轻同学们课业负担，使课堂学习更有效率，学校组织全体教师，根据小、初、高不同学段的能力要求和升学考试命题趋势，为不同年段的同学量身定做了厚实自己的校本作业。校本作业分为"导学案""课后练""限时练"和"周练"四个形式。其中，导学案为基础性题目，难度不大，供同学们预习使用，旨在帮助大家明确新课的重难点；课后练重在巩固课堂所学，让同学们检测、了解自己对新知识的掌握程度；限时练和周练则主要是为了有效对抗遗忘，通过滚动练习基础题目、中难度题目和易错题目，强化同学们对已学知识的运用。

学在新时代，要努力提高课外阅读的质与量。当今社会，是一个知识大爆炸的时代。同学们要读懂教材，阅读名著，主动了解最新信息。对于教材，要理解、掌握和熟记，会运用教材知识解决现实生活问题，做到能读、能说、能写、能做、能想。在此基础上，我们还要广泛开展阅读，拓宽既有的生活面和知识视野。学校发给同学们人手一本《中小学名著阅读概览》，里面推荐的读物涉及文学作品、历史文献、各科知识、哲学名著等多个领域。每一本书都是"干货"，都有极高的阅读价值与意义。

学在新时代，要挖掘自我潜能，发展智力。为了促进同学们的智力全面发展，学校开设"两棋一牌"、书法等特色智力课程，聘请专业教师教授大家，让大家在玩中学，在快乐中变得更加聪明。以围棋、国际象棋和桥牌为例。它们在丰富校园生活、让我们消遣娱乐的同时，还有助于培养我们的逻辑思维和计算能力，强化我们分析、解决问题的能力，培养和提升速度、准确性、敏锐性等学习品质，以及引导我们树立正确的全局观念、战略思想和取舍意识。这些优秀品质的获得，将有效促进我们学业成绩的提高和未来的发展。

学在新时代，要全面发展，学出好成绩。新时代，我们国家确立了经济建设、政治建设、文化建设、社会建设和生态文明建设"五位一体"、全面推进的总体布局。面对新时代对国民素质和人才培养质量的新要求，我们要进一步落实德智体美劳全面发展的理念，既要认真读书，培养智商，也要立志立德，培养情商；既要锻炼体魄，确保身心健康，也要养好习惯，确保精力充沛。目前，我们学校不仅有大批在高考斩获高分、到名校深造的优秀学子，更有国家二级运动员、科技创新大赛省一等奖获得者、省英才计划入选者、五大学科竞赛省一等奖获得者，以及共青团中央评定的"全国最美中学生"。

同学们，"百尺竿头，更进一步"。新学期伊始，请大家自觉树立"请党放心，强国有我"的志向与担当，好好珍惜学校为你们创设的学习条件，充分利用为你们提供的学习资源，不负青春，紧跟时代，砥砺奋进，追求卓越，学出好成绩，为新时代实现民族复兴、国家富强，做出自己应有的贡献！

附录2　十八志高远，奋斗正当时
——在厦门实验中学2021届高三誓师大会暨成人礼上的讲话

教师们、同学们、家长朋友们：

大家好！旌旗猎猎号角响，战鼓雷雷士气昂。今天，我们齐聚一堂，隆重举行2021届高三学子成人礼暨誓师大会，共同见证本届高三毕业生由此迈入成人的行列，并为他们出征高考摇旗呐喊、鼓劲助威。

同学们，"成人"不仅代表着社会身份的转变，更代表了肩负的社会责任与使命。从此刻起，你们已踏上人生的新征程、开启人生的新篇章。而参加高考，主动接受党和国家的考验与选拔，将成为你们成人后通过的第一个关口。对此，我和你们的教师、父母，都满怀信心，热切期盼着你们能"化身青鹏冲霄汉，变作锦鲤跃龙门"，用智慧、辛勤和汗水创造属于自己的辉煌。

同学们，今天距离你们出征高考还有七十天。如何高效利用这七十天，让高考复习事半功倍，是每位高三学子在冲关前需要深思、权衡的战术问题。这里，我想结合我们厦实历来倡导的"精新"精神，给同学们提五点"精准"建议，希望能对大家有所帮助。

一、目标要精准

根据前期适应省市各学科考试，精准分析自己每个知识点的实际掌握情况。然后以此为基础，设定各学科各知识点在七十天里的得分新目标，依托各科教师的考点教学法，逐个突破，进而从整体上大幅度地提升总分。

二、计划要精准

确立好目标后，我们还要围绕具体实际，每天制订周密明确、实施性强的复习计划。计划不仅要覆盖到每一个备考学科，还要与教师的课堂教学同步。评定计划的优劣，不在于所包含学习任务的多少，而在于我们每天能否扎实地完成规定任务，以及这些任务被完成的质量。

三、方向要精准

牢牢把握新高考热点与"重基础、重应用、重生活"的特点，以基础知识为主，主攻基础题型；与此同时，有意识地将学科基础知识与中国现阶段时政热点如脱贫攻坚工作、《中华人民共和国民法典》的出台与颁布、建党100周年、"天问一号"探访火星、军事发展等热点相联系，积极挖掘课堂知识所蕴含的现实价值。

四、练习要精准

正视、梳理省市质检、日常练习给我们反馈的学习疏漏。每天抽出一定时间，以问题为导向，以练习为手段，在填补知识缺漏、完善知识体系的基础上，就自己某类易错的题型或不擅长的题型，反复操练，以此不断增强答题的题感，提高解题的速度和准确率，化能力的短板为强项。

五、答题要精准

以高考评分标准为规范，进行强化训练。答题时，坚持先易后难的原则，力争基础题目不失分、较难题目多得分、会做的题目得满分；科学把控答题节奏，合理分配每道题的作答时间；熟悉常规题型的解题思路和答题步骤，强化规范答题习惯，从书写工整、答案全面完整等不同方面增分提分。

同学们，青春由磨砺而出彩，人生因奋斗而升华。习近平总书记对新时代中国青年曾提出六点要求：一是树立远大理想，二是热爱伟大祖国，三是担起时代责任，四是勇于砥砺奋斗，五是练就过硬本领，六是锤炼品德修为。希望大家能不负党和国家的殷切厚望，不负父母的殷殷期盼，自觉以这六点要求作为鞭策自己成长进步的精神动力，好好珍惜高考这一让自己脱颖而出的机会，牢牢把握时代给予自己的发展际遇，敢于有梦，勇于追梦，勤于圆梦，竭尽所学及所能，为家庭幸福、国家富强、民族复兴，贡献自己的青春力量。

同学们，"汝等岂是池中物，一遇风云便化龙"。2020年的厦实，是一个书写传奇的地方：374人参加高考，600分以上的45人，全省前1000名的达20人，耀眼的高考喜报让厦实瞬间成为全市的焦点。今年，你们代表自己、代表学校出征沙场，相信你们也定能续写辉煌，创造厦实新的高考传奇。最后，再次祝愿大家以梦为马，不负韶华，金榜题名！

附录3　好好读书，与厦实共成长

——在2020—2021学年第一学期开学典礼上的讲话

教师们，同学们：

大家好！很高兴今年又有一批教师和学生加入到厦实——我们的家，首先请允许我代表学校对你们的到来表示热烈的欢迎，为你们睿智的选择而点赞。

厦实创办虽然只有六年，但已成为厦门市乃至福建省教育界的一匹"黑马"：仅用五年时间，即高分通过省一级达标高中评估验收，"厦门市学校综治安全目标管理先进单位""5A级平安校园""福建省中小学中华优秀文化艺术传承学校示范校建设对象""福建省高中课程改革基地校"等荣誉纷至沓来。每一位厦实师生，在见证学校跨越式发展的同时，更应秉承、发扬学校"惟精惟新"精神，紧跟学校前进步伐，好好读书，好好工作，与厦实共成长。

一、明确读书意义，想读爱读会读

教师们、同学们，习近平总书记曾告诫我们"一切向前走，都不能忘记走过的路；走得再远、走到再光辉的未来，也不能忘记走过的过去，不能忘记为什么出发。"同学们也不能忘记为什么来到学校。现在我们教师和同学都存在一种误区，认为到学校就是写作业，作业写完了就代表完成学习任务。其实，老祖宗把上学叫作读书而不是写作业，把学生叫作读书人而不是写作业人，就是告诉我们大家要读书而不仅是写作业。这一点同学们要十分注意。

就人类发展进化的历史看，读书是为了传承人类的智慧与文明，推动人类历史的车轮继续前行；就人类社会而言，读书是要"为天地立心，为生民立命，为往圣继绝学，为万世开太平"；就个人而言，读书则是为了完善和提升自我，为将来赢得更多的财富积累筹码，越读书就越富有。我这里所说的财富，既有显性财富，也有隐性财富。

所谓"显性财富"，即我们通常所说的物质财富、经济实力。2020 年 8 月，华中科技大学两名刚毕业的博士入选华为"天才少年"项目，年薪高达 201 万。这是读书带给他们的红利。同学们今天好好读书，未来也有机会，如果你足够优秀，甚至还可能超越他们。

在大家惊叹读书给我们带来巨大物质财富的同时，我希望同学们能同时看到读书给我们带来的隐性财富。它们和显性财富一样，让我们终身受益。所谓"隐性财富"，是指我们在读书后所获得的优秀品质，如懂得如何思考、开阔的视野、丰富的阅历、博大的胸怀，它们是我们规划人生、与人交往、知道取舍、懂得进退的必备品质。通过读书，我们的人格得到提升、对世界和人生的理解得以充实和丰润。通过读书，当我们身处逆境，内心才不会决堤，灵魂才足够强大；通过读书，当行到人生岔路口的时候，我们方能毫不犹豫地做出正确抉择，不至陷入彷徨迷惘；通过读书，我们才可以站在巨人的肩膀，看得更高，走得更远，用他人的智慧建造属于我们的精神殿堂和灵魂归宿。

所以，同学们一定要想读书、爱读书、会读书，养成一种读书人特有的"精气神"，以宁静平和的心态应对人生的低谷与巅峰，以高瞻远瞩的格局规划自己的人生。

二、读懂教材名著，获取重要信息

同学们，习近平总书记曾在多个场合教导我们，要"把读书学习当成一种生活态度、一种工作责任、一种精神追求，自觉做到爱读书、读好书、善读书"。在明确读书意义和目的的基础上，我们接下来要谈的问题是，身为厦实学子，平时应该读哪些书。

其一，要读懂教材。教材是国家规定的内容，也是最基础最重要的书籍。对教材要理解，要掌握，要熟记，会用知识解决问题，做到能读、能说、能写、能做、能想。

其二，要阅读名著。为了扩大同学们的知识面，帮助同学们能够获取经典知识，学校组织数十位教师合力编写《中小学名著阅读概览》，所推荐的书籍涵盖文学作品、历史文献、哲学名著、各科知识等。同学们读书不要"偏科"，一定要读完学校阅读书目中推荐的名著。在阅读名著时，可以知人论世，可以提要批注，可以大胆质疑。当然，在推荐的书籍中，有些经典著述可能超出了同学们当下的学习能力，但大家不必为此气馁和懈怠，"开卷有益"，越是难啃的经典之作，越能锻炼我们的专注力与恒心，也越有益于我们的精神与修养。其实，从你们翻开经典著述的那一刻起，书籍的生命已被你们唤醒；而你们的生命也因为阅读而得到丰富和滋养。

其三，要获取最新消息。除了书籍，我还希望同学们能多读报刊，了解政治、经济、科技、文化、军事等领域的最新动态，运用所学的知识、原理分析纷繁复杂的社会万象，透过现象看到事物的本质。以当下新冠肺炎疫情为例。暑期关心时政的同学通过阅读新闻报刊，一定知道当前全球新冠肺炎疫情异常严峻，每日确诊病例以数十万递增，一些国家因疫情失控而停工停学，甚至出现骚乱。相形之下，我们国内的疫情不仅得到有效控制，且工厂企业全面复工复产，二季度GDP由一季度的负增长转为同比增长3.2%。通过国内外政治、经济形势的鲜明对比，同学们要看到我们国家执政党的先进性和社会主义制度的优越性，进而坚定"四个自信"。

三、掌握读书方法，提升学习品质

同学们，自你们进入厦实学习，学校就一直跟大家反复强调学习习惯和方法的重要性，要求大家严格遵循"五步学习法"，确保预习、上课、复习、作业和总结五个环节，环环紧扣，落实到位。就阅读而言，则指导大家根据不同的阅读材料和目的，采用恰当的阅读方法，或精读，或泛读，或通读，或跳读。就数学而言，同学们要在掌握基本要点的基础上，遵循"概念—图像—性质—应用—思想方法"的路径。总之，无论阅读什么，同学们最终要理解所读内容，熟记所读内容，提高学习成绩，发展核心素养。就像出海打鱼的渔民，如果出海了却没有打回来鱼，一定是令人遗憾的。如果同学们到学校没有读到书，没有学到知识，没能增长才干，那就是忘了来学校的初心，也是十分遗憾而且令人痛心的。

同学们在读书时还要注重培养优秀的学习品质，其中最重要的学习品质是速度、准确性、敏锐性。速度，是指大家完成阅读、掌握内容、做作业、解题等的速度要快；准确性，是指回答的题目都对不扣分；敏锐性，是指大家遇到问题时，能迅速想到解决问题的办法。这些都是宝贵的学习品质，是我们在学习过程中努力的方向。

同学们，成绩是奋斗得来的，高分是苦读得来的。没有人能随随便便、轻轻松松成功。希望大家不忘初心，好好读书，脚踏实地地将自己描绘的未来图景，转变为美好的现实。

最后，衷心祝愿大家在新的学年里，学有所成，不负韶华！

附录4 防控病毒，学好本领，服务祖国和人民
——在2019—2020年度第二学期"开学第一课"上的讲话

同学们：

大家好！盼望着，终于在春光明媚的4月，召集大家返回校园，回到我们美丽的家——厦实。

这个寒假，因为突如其来的新冠肺炎疫情，变得格外漫长。在这场凶险的疫情面前，党和国家一声令下，每一个有良知的国民都积极响应号召，

主动成为这场战"疫"的战斗者与狙击手，以坚守和奉献之态，汇聚起抗击疫情的磅礴力量，向世界展现强大的中国精神和坚韧的民族信念，举世为之震撼。假期，同学们都表现得异常出色，能严格依照学校要求，自觉待在家里，没给父母、学校和国家添乱，彰显了我们厦实学子守规则、有秩序的应有素养。这里，我要给大家点一个大大的赞。

同学们，在此次疫情防控中，数以万计的医护人员和志愿者，或坚守岗位，或主动奔赴抗"疫"火线，舍小家顾大家，用自己的负重前行，为我们的生命安全保驾护航。他们当中，有340多位同志用生命书写责任与担当，以身殉职，化为庇佑我们亿万人民的守护星。致敬奋战在抗"疫"第一线的最美逆行者，我们能做的，就是珍惜、捍卫他们用生命换得的战果；就是学习他们乐于奉献和敢于牺牲的精神，在国家和人民最需要的时候，挺身而出；就是要学好本领，将个人奋斗融入国家和民族复兴的伟大梦想中，与时代同步，与国家同频，与人民同心。

一、珍爱生命，养成良好的生活习惯

同学们，新冠病毒异常猖獗，这场世界范围的疫情防控阻击战，已持续了两个多月。虽然疫情日渐缓和，但我们思想上切不可有丝毫的松懈与侥幸。针对新冠肺炎病毒，抗击疫情专家组给我们的科学应对措施是：勤洗手、戴口罩，养成良好的个人生活习惯，通过适度运动提高自身免疫力，进而从根本上阻止病毒的入侵。勤洗手，饭前便后洗手，是我们在幼儿园的时候学会的；出门戴口罩，是这次疫情教会我们的；而养成良好的生活习惯，严格遵守学校10项常规，是大家进入厦实学习的第一天起，学校就反复跟大家倡导和强调的。

养成良好的生活习惯，包括养成良好的作息习惯、饮食习惯和运动健身的习惯。养成健康的作息习惯，指按照学校规定的作息时间，早上准时起床，中午坚持午休，晚上11点按时就寝，以确保我们第二天始终保有旺盛的精力和充沛的体力。挑灯夜读或夜谈，不仅会扰乱我们正常的生物钟，还大大降低我们的学习效率，长久以往，还会出现情绪低落、注意力难以集中、身体免疫力下降等消极情形，这无异于为病毒入侵我们的身体创造机会。

养成良好的饮食习惯，指我们在三餐安排上，要避免暴饮暴食，力求健康饮食。早餐要吃饱，中餐要吃好，晚餐要确保。按照学校的要求，就餐坚持适度的原则。

养成自觉参加体育锻炼的习惯，也必不可少。此次抗击新冠肺炎疫情，84岁高龄的中国工程院院士钟南山领命挂帅出征，身体状态丝毫不逊色于身旁的年轻人，就得益于他几十年如一日的锻炼。学校每年举办春秋两季运动会，开展各种活动确保大家每天至少一个小时的运动时间，在羽毛球、乒乓球、足球、篮球等传统竞技项目的基础上，增设桥牌、象棋、围棋等智慧课程，目的就是为了满足大家多元的体育兴趣爱好，引导同学们重视体育锻炼，养成热爱体育运动的良好习惯，通过体育锻炼，在培养为目标、为理想拼搏精神的同时，也拥有健康强壮的体魄和饱满的身心状态，以应对未来的重重考验与挑战。

二、学好本领，牢记肩上的责任使命

同学们，青少年时期是读书的黄金时期。到学校学习，你们就要把学习本领作为你们现阶段最重要的任务，把学好本领视为你们当下最迫切的目标。本领，不仅是你们今后立足社会的底气，也是你们实现自我价值和人生意义的武器。在此次抗击疫情中，湖北省中西医结合医院呼吸与重症医学科主任张继先，凭借自己多年的工作经验和专业判断，果断采取防护隔离措施，没让一个人被病毒感染，同时向上级部门上报新冠肺炎病例，成为拉响疫情防控工作警报的第一人；中国工程院钟南山院士，年逾古稀，依然被国家委以重任，在抗疫前线发挥重要指导作用，彰显个人的意义与价值。他们能挑如此重担，靠的是深厚的专业素养，对工作岗位的敬畏，以及长期对自我价值实现的不懈追求。

同学们，我希望你们今后能成为和这些模范人物一样的人，用自己的本领，为国奉献，为民造福，为自己和家族争得荣光。而要成为像张继先、钟南山这样的国家勇士，对于正处于求学阶段的我们而言，就必须掌握科学的学习方法，练就过硬的本领，时刻保持学习的紧迫感。科学的学习方法，就是要认真落实"五步学习法"规定的"预习—上课—复习—作业—总结"五大环节，借助校本作业检查和夯实课堂学习内容，确保课堂学习高效。与此同时，还要努力发展和拓宽学习兴趣爱好，积极参与学校为大家开设的智力课程，用好学校发给大家的阅读指导用书《中小学名著阅读概览》，通过广泛阅读课外书籍，从书籍中汲取知识养分，培养和发展思维能力，让自己能站在巨人的肩膀上看得更多，想得更广，走得更远。

三、爱党报国，共圆民族复兴强国梦

同学们，在来势汹汹的疫情面前，我们伟大的党和强大的政府，统筹调度，强力督导，为我们构筑起捍卫生命的钢铁长城，让我们在灾难降临时，免于惊慌恐惧、流离失所和垂死挣扎。

能生活在这样的时代，这样的国家，不仅是我们的幸运，更是我们的骄傲。在为中国自豪的同时，我们还应秉持"中国有我"的责任感与使命感。对我们教师而言，就是要有担当，无论在任何时刻，都要坚守自己的工作岗位，把教书育人视为自己的神圣使命，努力为党和国家输送更多品学兼优的栋梁之材，让"洁身自好、君子风范、钻研教学、热爱学生"成为自己一生的真实写照；对同学们而言，则是要志存高远，努力学好本领，将自己的明天与国家的未来、人民的命运紧密相连，成为未来美好生活的创造者和守护者。如果我们每一个人都能牢记为国家繁荣、民族复兴拼搏的使命，将奋斗作为人生的底色，国家的强盛、民族的复兴势必水到渠成。

中国的明天，也不再缥缈，因为它掌握在我们每一个澎湃着爱国激情的中国人手里。只要我们有理想、有本领、有责任、有担当，我们的国家就有前途、民族就有希望、人民就有依靠。

四、调整心态，做好充分的备考准备

同学们，为了降低延期开学对大家升学的影响，本着"健康第一""公平第一"的原则，教育部将今年高考延期一个月。这对我们厦门市的高三学子而言，是一个喜讯，意味着大家相较于其他地市考生更早进入复习状态的同时，下一阶段拥有更充裕的时间备战高考。同学们要充分把握"天时"这一既得优势，结合自身实际，以最佳状态迎接高考的检阅。

对于开学后如何有效复习备考，同学们首先要明确两个问题，即就某一学科，高考会考什么和怎么考。清楚高考考什么，围绕考什么，将相关碎片化知识形成体系，可大幅度提升我们复习的针对性、系统性和有效性；熟悉高考怎么考，则可强化我们的解题思路、经验和策略，提高做题熟练度。其次在复习过程中，要从解题思想、方法和技巧三个维度跟上教师的复习节奏，清楚教师讲解的例题对应于考纲的哪个考点、哪种考法，做题时要有意识地反思自己的知识体系是否存在疏漏，如果存在，则应及时完善。最后必要的强化训练也不可少，适度的训练可让我们保持解题的敏锐度、速度和准确度，节省考场思考时间，提高做题效率。当然，在剩下三个月的时间，我们还要关注自己的身心健康，学会给自己打气，照常参加身体锻炼，时刻保持积极的心态和充沛的体力，珍惜与教师同学共处的时光，遇到不懂的问题，积极与教师交流探讨，或寻求同学的帮助。

另外，建议同学们紧扣当下中国和世界人民抗击新冠肺炎疫情这一重大时事背景，以疫情防控为具体情境，针对考点，夯实基础知识，不要把时间和精力过多耗费在所谓的难题和怪题上。如语文学科，要多浏览官方媒体对疫情事件的报道，积累抗疫一线工作者和志愿者的先进事迹，以备

写作所需；政治学科，要有横向思维意识，通过与其他国家疫情防控措施对比，看到中国的制度优势和中国政府的强大；生物学科，以新冠肺炎病毒为例，系统回顾病毒的分类与结构、增殖特点、人类免疫系统对病毒入侵后的反应、核酸检测的原理，以及研发疫苗之于抗击病毒的意义；化学学科，不妨联系我们在疫情防控中大量使用的消杀试剂（如84消毒液），识记它们的主要化学成分，使用时因会与其他物质发生化学反应须注意的事项。

同学们，借着此次抗击疫情，我一共向大家提了几点希望和要求。希望每一位同学能以这次疫情为课堂和备考资源库，自觉养成良好的生活习惯，调整备考节奏和策略，奋力拼搏，树立远大志向，心系天下，用高考成绩、才华本领和青春热血铸就属于自己的荣光，成为明日建设幸福中国的青春力量！

附录5 如何使我们变得更加优秀
——在2018—2019学年第一学期开学典礼上的讲话

教师们，同学们：

早上好！"微风有意回阑暑，小雨频来作夜凉"，在些许秋意中，我们又迎来新的学年，再次开启充实而又紧张的学习生活。新的学年，新的起点，同时也孕育着新的希望与憧憬。如何让自己在本学年变得更加优秀，如何不断地磨砺、完善和提升自己，这是我们每一位同学都要认真思考的问题。

什么是优秀？成绩好，就一定是优秀了吗？当然不是。成绩名列前茅，仅仅是"优秀"的表现之一，但并不足以肯定人的一切。"优秀"，是对一个人综合素养的整体评价。真正优秀的人，通常具备以下六大特质：一、身体健康，心理素质过硬；二、关注时政，紧跟时代潮流；三、喜欢阅读，善于深入思考；四、方法得当，学习轻松愉悦；五、天资聪明，却又勤奋刻苦；六、既有悟性，兼备探究能力。

一、身体健康，心理素质过硬

优秀的人，首先是一个身心健康且强大的人。身体健康是我们正常学习、生活的基础，心理健康是我们快乐学习、生活的表现。二者缺一不可。有些同学天生体质比较单薄，耗费了不少时间在看病就医上，学习起来也常常心有余而力不足。这样的同学，在学习持久性和暴发力上自然不如其他身体素质好的同学。有的同学遇事比较悲观，情绪不能控制，精神容易处于过度紧张的状态，存在心理亚健康的问题。无论是身体不健康，还是心理亚健康，它们都是妨碍我们变得更加优秀出色的绊脚石。扫除绊脚石的方法，其实很简单。体质弱的同学，只要你们平时注意饮食健康、作息规律，再辅以适量的体育锻炼，身体状况自然会得到明显地改善。学校要求大家每天参加阳光体育活动一小时，就是为了让同学们在忙碌紧张的学习中，依然有一个健康强壮的体魄，为日后的个人发展奠定坚实的基础。清华大学历来有个传统，要求学生毕业前完成一次长跑，女生1500米，男生3000米，否则不能如期毕业。目的就是为了敦促学生在校学习期间能养成爱运动、勤锻炼的良好习惯。由此可见，运动之于健康的重要性。情绪容易焦虑紧张的同学，不妨主动走出狭小的生活空间，多接触一下自然，多参加一些有益的社会实践活动，将视野投向广阔的社会生活。心胸开阔了，触发你焦虑紧张的事情也就少了。

二、关注时政，紧跟时代潮流

优秀的人，也是一个胸怀天下、心系苍生的人。身为读书人，要有"先天下之忧而忧，后天下之乐而乐"的无私大仁，要有"天下兴亡，匹夫有责"的责任担当，要有"苟利国家生死矣，岂因祸福避趋之"的爱国情怀。"两耳不闻窗外事，一心只读圣贤书"的思想，过去要批判，现在更是要不得。

研究近两年的高考试题，不难发现，许多学科有相当一部分试题都和当下中国社会密切相关。以语文高考一卷为例。2017年，让考生在"一带一路""共享单车""美丽乡村""食品安全""高铁""移动支付""空气污染"等若干个关键词中，选择两到三个关键词，写一篇帮助外国青年更好了解中国的文章；2018年，让同学们结合自己所处的际遇和时代，给2035年18岁的青年人写一封信，其落脚点是党和国家近来反复提及的"中国梦""民族梦"。试想，如果同学们平时只关注书本上的知识，与社会绝缘，与国家、民族脱节，对祖国的发展变化一无所知，又如何在高考中夺取胜利呢？关注时事政治，将自己的命运，与国家、民族的命运，紧紧地联系在一起，捆绑在一起，准确把握时代命脉，顺势而作，是今天每一位有志新青年义不容辞的责任与义务。

三、喜欢阅读，善于深入思考

优秀的人是喜欢阅读，善于深入思考的。我们鼓励大家课下开展广泛阅读，畅游于缤纷多彩的书海之中，而非淹没在漫无边际的题海黑洞。阅读能力，是一个人学习能力的重要体现。当下高考改革的一个重要趋势，就是加大对同学们阅读能力的考察。这种考察，反映在考题设置上，是题目文字数量的增大，在规定时间内要求整合的信息点的增多。同学们如果平时疏于阅读，缺乏大量的课外阅读训练，是很难适应这一命题变化的。在各类书籍阅读中，还希望大家能克服浮躁之气，多读经典文献，与传统经典同伍，与古代圣贤为友。通过阅读民族经典，寻找到自己的文化之根，回归到自己的精神家园，做一个既有民族传统美德，又兼有活泼、大胆、创新等新时期特质的读书人。当然，光阅读还远远不够，阅读获得的终究是文字表面的信息内容。我们在阅读中，还应努力培养自己深入思考的能力。信息化时代，要获取信息，只需借助搜索引擎工具。可是，如何对获得的信息进行整合加工，如何由已知信息中推知未知信息，就非常考验我们每个人的思辨能力了。所以，我们在阅读过程中，还应有意识地培养和发展自己的理解力、比较力、概括力、抽象力、判断力，让这些能力成为我们优于他人的重要品质。

四、方法得当，学习轻松愉悦

优秀的人，还是一个善于学习、乐于学习的。有些同学，读起书来游刃有余，课后活动丰富多彩，看起来没太用功，可成绩稳定地保持在班级、年段前列。有的同学凿壁借光，悬梁刺股，囊萤映雪，不惜牺牲大量的休息和娱乐时间用以读书，可成绩无论如何就是上不去。二者的差异，就在于有没有掌握科学的学习方法。读书和做其他事情一样，要有方法，有诀窍，光靠蛮力这样的笨办法是万万不可取的。科学的学习方法，能让你的学习事半功倍。此外，同学们在学习过程中，除了要懂得用对力，巧用力，还要学会善借力。借助教师的力量，帮助自己解决学习中存在的疑惑或困难；借助同学的力量，结成学习伙伴，彼此互学互励共享，正所谓"三个臭皮匠，合成一个诸葛亮"。

"优秀"的最后两个品质特征，是天资聪明却勤奋刻苦、有悟性同时兼备探究能力。其中，"天资聪明，却勤奋刻苦"，说明了后天努力的重要性。古语云："骐骥一跃，不能十步；驽马十驾，功在不舍。"由此可见，无论你先天多么聪慧过人，假使后天自我懈怠，最终也将沦为庸人。我们很多同学其实天赋都很高，可就是懒，不肯在学习上下功夫，自然在成绩上没有显示出自己应有的优势。可真正优秀的人，从不依赖天赋，更多的是靠后期的拼搏和奋斗。天赋加努力，成功也是水到渠成之事。"有悟性，同时兼备探究能力"，是指优秀的人，不仅具备敏锐的洞察力，还具备质疑的精神，以及调查研究、分析研讨、解决问题的实践能力。

同学们，你们承载民族的未来与希望，是国之栋梁，国之重器。民族的复兴，国家的富强，人民的幸福，终有一天，需要你们接过旗帜，扛起责任。衷心希望你们能以梦为马，不负韶华，用"优秀人才"的六大品质严格要求自己，用"真""善""美"雕琢自己，积极响应祖国的号召，牢牢把握时代所赋予你们的使命，为实现宏伟寥廓的中华民族复兴梦而努力奋斗！

附录6　以传统文化进校园为抓手，创新培养学生的核心素养

——厦门实验中学"传统戏曲文化进校园"经验交流

尊敬的各位领导、专家：

大家好！

非常荣幸能有机会得到北京市学校中华传统文化促进会及中国戏曲学院戏曲艺术教育中心的邀请参加今天的论坛，与各位同行一起分享、交流我们学校在中华优秀传统文化与校园文化建设方面的一些粗浅的心得与经验。希望通过此次论坛，能抛砖引玉，吸引更多的教育先行者加入到我们"传统戏曲文化进校园"的队伍中来。

一、魅力厦门，美丽厦实

宜人的气候，丰富的植被，碧绿的海水，金黄的沙滩和美丽的景观，这就是美丽的海滨城市厦门。厦门既是中国经济特区之一，也是五个开发开放类国家综合配套改革试验区之一，"中国（福建）自由贸易试验区"三片区之一，更是两岸新兴产业和现代服务业合作示范区、东南国际航运中心、两岸区域性金融服务中心和两岸贸易中心。2017年金砖国家领导人第九次会晤也将在厦门举行。

魅力厦门打造实力厦门教育。厦门的基础教育也在全省，乃至全国均居于领先位置。以备受关注的高考成绩为例，2016年高考，厦门文科、理

科总分平均分均超出福建省总分平均分40多分。而这些成绩并非靠题海战术换来的。相反，厦门一直倡导并坚定地执行素质教育，与应试教育长期进行着艰苦卓绝的"斗争"。在厦门，中小学全面取消补课。所以，学生可以花更多的时间去培养和发展自己的兴趣爱好，成为全面发展的智慧型人才。

厦门实验中学是厦门市政府为实施"美丽厦门"战略规划及厦漳泉三地同城化，缩小岛内外教育差距，从解决民生的现实需要入手，为带动环东海域文化建设而兴建的第一所集小学、初中和高中的大型学校。学校自2014年开办以来，快速发展。目前，学校建筑已初具规模，设施设备已基本配齐，绿化美化已成风格，师资队伍学历层次高，管理科学，富有时代气息。办学已初具雏形，特色项目层出不穷："2+4"学制实验班项目、京剧课程、数字化实验班、"三维五步教学法"，走班制教学等，充满生机与活力。"现代化""实验性""示范性""国际化"，是学校当下奋斗努力的方向与目标。

二、以国粹文化京剧为突破口，创新实现核心素养校本化

厦门实验中学创造性地将传统文化作为美育和德育的载体，主动将传统文化引进校园，选择以落实教育立德树人的根本任务，实现改进美育教学，提高学生的审美层次和人文素养，全力打造向真、向善、向美、向上的校园文化特质，形成自己的校园文化品牌特色。

学校积极探索学生核心素养的培育，设立"素养为基，美育为路，精新教育"的文化主题，丰富学生美育教育，突出众多丰富多彩的校本课程，如围棋课、书法课、国画课、闽南语课、国学社、武术社、南音社，等等。

缤纷多彩的美育课堂及形式多样的传统文化活动充盈了学生身心，拓宽了学生视野，实现了核心素养校本化，丰富学生核心素养培养的手段。

京剧是我国传统戏曲文化中的精髓，它集文学、音乐、舞蹈、说唱、绘画、杂技、武术等多种艺术门类于一身，无论在内容上，还是形式上，都博大精深、包罗万象，是厦门实验中学建设"精新厦实"题中应有之义。所以，厦门实验中学以国粹文化京剧作为突破口，做了如下三个方面的尝试与努力，实现拓展学生思维，提高审美情操，以及培养实践创新能力。

（一）"专长＋通才"的培养目标

厦门实验中学京剧班的学生在完成国家课程标准培养目标的前提下，实现通过学习京剧艺术，夯实京剧基本功，培养美育，培养可持续发展能力，打造学生核心素养。

学校"专长＋通才"的核心素养培养模式，不仅致力于京剧艺术的学习上，同时也在推行其他特色项目，如体育类的手球特长、棒球特长、桥牌、围棋和国际象棋项目等，科技类的数字化实验班、"2+4"学制实验班项目，等等，均在努力落实核心素养校本化。

（二）精益求精的培养方式

为了实现核心素养的培养目标，学校在培养方式上精益求精、不断创新。我们主要从以下三个方面着手：一是物质上的保障，发展京剧特色项目得到了厦门市教育局资金方面的大力支持。但凡京剧授课所需要的乐器、服装等一应俱全，迅速到位；二是师资上的保障，与中国戏曲学院联手合作办学，每学年均有中国戏曲学院特派的教授和国家一级演员入驻学校，手把手地教授学生地道的京剧艺术；三是课程上的特殊安排，京剧班学生除了要像其他班级学生一样学习规定的基础文化课程外，每周还要学习京剧课程，内容涵盖唱腔课、形体课、戏曲文化课等。既练好京剧"唱、念、做、打"的基本功，又提高京剧文化素养，做到对京剧历史和名家流派、曲目的历史典故、京剧脸谱、服装艺术道具的使用等如数家珍，成为一个真正会京剧、懂京剧的人。

（三）独具特色的培养实践

1."学"与"用"相结合

京剧班的学生经常在校内和校外进行表演，学以致用，以用促学。诸如在校内，学校运动会开幕式表演、元旦会演，或逢上级领导视察或外国朋友、兄弟学校参观、访问时等重要场合进行表演；在校外，京剧班多次参加厦门市举办的文艺会演和比赛，以及参加全国性的"国戏杯"比赛等。这些演出，极大促进了学生的学，实现"学"与"用"的相互促进。

2.课堂教学与校园文化建设相结合

学校的京剧文化不仅停留在课堂上学习，还积极融入校园文化中去，形成一个有特色的、高雅校园氛围。首先，学校精心设计富有传统文化底蕴的京剧班教室，在长廊、橱窗等地方绘制京剧脸谱，利用校园内的广播、板报及展牌等阵地普及宣传京剧艺术，渲染京剧艺术氛围。同时，学生会还自发成立了京剧社团，开展丰富多彩的京剧艺术活动，如京剧演唱会、京剧沙龙等。不仅学生学习京剧，在学校的组织下，教师也加入到学唱京剧的行列。整个校园弥漫着学唱京剧的文化氛围。

3.构建全校京剧文化，实现美育全校开花

京剧的教学、京剧艺术的普及已成为全校师生共同的职责。首先，学校京剧的教学不仅仅只停留在京剧教师与音乐教师之中。以博大精深京剧文化为抓手实现核心素养校本化，我们采取全校各学科教师群策群力、共同参与，如语文教师结合戏剧课文普及京剧常识，从文化和文学方面开设与京剧相关的文化课；历史教师开讲座，帮学生厘清京剧流派形成的渊源和历史发展过程；政治教师从社会学的角度给学生讲解弘扬京剧之于传承民族文化的重要意义，还有美术课、手工课、信息课，等等，则教会学生脸谱、道具、灯光所蕴含的玄妙。其次，京剧艺术的学习借助京剧班学生的力量，还将带动学校其他班级、年级学生一起学唱京剧，传播弘扬京

文化。而学生又将向家人、亲朋好友、邻里、社区传唱京剧。借助京剧班的"星星之火",以一传十、以十传百,学习京剧势必形成燎原之势。

4. 汲取京剧的积极价值观,实现德育渗透

教育部《关于推进学校艺术教育发展的若干意见》(教体艺〔2014〕1号)明确指出"艺术教育对于立德树人具有独特而重要的作用"。京剧中,有不少剧目是歌颂爱国主义、赞扬公正无私、舍己为人等优良品质的。如《穆桂英挂帅》《杨门女将》等杨家将戏中,宣扬了以国家利益为重,精忠报国的爱国主义精神;《赤桑镇》《铡美案》赞扬了清官包拯刚直不阿、公正无私、敢于与权贵作斗争的大无畏精神;《徐母骂曹》则歌颂了徐母尊仁义憎奸诈的浩然正气。

厦门实验中学通过让学生走进戏曲,把握、体验戏曲中的人物,亲身体会和感悟到道德的力量,提高道德自觉性,把道德认识、道德观念逐步升华为相对稳定的道德行为,从而创新德育工作方式方法,增强德育工作实效。

三、今后的设想

在南方,受到方音和审美习俗的影响,京剧的土壤还不是很深厚,氛围也不是那么浓厚,想要真正在学生、教师、家长的脑海中植入京剧,需要借用更多亲民的手段,带动更多的人走入京剧世界,打造京剧文化领域里的必备工具和生态体系。

为此,我们设想运用"互联网+"的思维,探索在互联网背景下京剧推广与传承的新方式、新方法,发挥实验学校在验证新思想、新方法方面的特别功用。如为进一步继承和发展传统京剧,建立微信号将线下推广和线上推广结合起来,开设网络京剧课堂等。

以上就是我们学校在"传统戏曲文化进校园"方面的一点儿探索与思考,欢迎大家批评指正,谢谢!

附录7 厦门实验中学2019届"青春笃志·责任担当"高三学生十八岁成人礼活动方案

一、指导思想

深入贯彻习近平总书记系列重要讲话和党的十九大会议精神，全面开展"我的中国梦"主题教育和社会主义核心价值观教育实践活动，贯彻落实《爱国主义教育实施纲要》《中共中央国务院关于进一步加强和改进未成年人思想道德建设的若干意见》，引导学生继承和发扬中华优秀传统文化和传统美德，增强学生成人的自豪感、使命感和责任感。

二、活动主题

青春笃志·责任担当

三、活动时间

2018年12月23日 15:00

四、活动地点

厦门实验中学大操场

五、参与人员

1. 团市委、教育局领导

2. 各兄弟学校来宾

3. 厦门实验中学中层领导、各学段长

4. 全体高三学生、教师及家长

六、活动议程

1. 主持人介绍领导、嘉宾

2. 全体起立，升国旗，奏唱国歌

3. 主持人介绍传达习近平总书记对青年的寄语

4. 领导勉励：校长致辞

5. 主礼官、执事、冠笄者就位

6. 敬献葱芹、栗枣，祝学子早立宏志，聪明智慧

7. 礼拜至圣先师

8. 师长代表致辞，以寄厚望

9. 学生代表献花，以感念师恩

10. 教师代表为学生加冠及笄

11. 醮酒，表字，父母为孩子颁发成人证书

12. 三拜父母，行敬茶礼

13. 交换信件

14. 家长代表致辞，聆训

15. 学生代表致辞，畅谈心声

16. 礼拜轩辕黄帝，抒爱之怀，壮民族之魂

17. 齐诵《中庸》选段

18. 受礼：教师赠发《中华人民共和国宪法》

19. 手持《中华人民共和国宪法》向国旗宣誓

20. 全体起立，奏唱校歌

21. 礼成

22. 家长与学生携手走过成人门

23. 教师赠金桔送祝福

24. 学生击鼓明志

25. 学生挂祈学牌

26. 各班级合影留念

七、活动要求

1. 相关部门及各学段高度重视，密切配合，做好各项准备工作。

2. 高度重视安全保障工作，为活动的正常开展做好各项安全防御措施。

3.做好活动的宣传工作，营造积极热烈的活动氛围。

4.做好活动的接待工作，展现出学校良好的风貌和形象。

共青团厦门实验中学委员会

2018 年 12 月 10 日

第十节　描画质量立校、初显锋芒的好前景

经过短短几年发展，通过与中国教育科学研究院、中国戏曲学院两大业界高手联袂合作，厦门实验中学已完成由零起点向市文明学校跨越的华丽蜕变，实现由未定级到"省二级达标高中"，再到"省一级达标高中"的巨大飞跃。此外，"厦门市学校综治安全目标管理先进单位""工人先锋号""5A 级平安校园""福建省中小学中华优秀文化艺术传承学校示范校建设对象""'五星级'职工之家""福建省高中课程改革基地校"等荣誉称号纷至沓来，这些无一不是对厦门实验中学创办以来办学成绩的极大肯定。学校的跨越式发展，引起社会的广泛关注。迄今为止，已有美国、英国、新加坡等数百位校长前来参观考察，国内十余个省的数十所学校莅校参观取经。

为进一步发挥学校精新教育思想优势与合作办学优势，彰显实验学校特色，促进学校优质特色发展，根据《福建省教育厅转发国务院办公厅关于新时代推进普通高中育人方式改革的指导意见的通知》（闽教基〔2019〕35 号）等文件精神，近年来学校以中西优秀文化为载体，以创新思维、创造实践能力发展为导向，实施精新教育特色发展计划。

一、特色内涵

"精新教育"既是厦门实验中学立校之本、精神动力，又是厦门实验中学办学指导思想、行为准则。"精"，是指教书育人精益求精、日臻完善，努

力汲取中西传统兼现当代文化之精华，涵养师生智慧与修为；"新"，是指育人模式、教学策略与时俱进、开拓创新，培养学生创新思维、创造实践能力，在创新中求发展，在创新中树品牌，在创新中显特色。"精新教育"简言之就是"传统＋现代"。

二、建设目标

学校特色建设总体目标为党建引领、精新育人、激发办学活力，提高教育教学质量，在此之下细分为：

（1）构建形成包含京剧、书法、"两棋一牌"等在内的多层次、可选择、有特色的智慧课程体系。学生在"懂两棋一牌、会欣赏京剧、写一手好字"的基础上实现德、智、体、美、劳全面发展。

（2）开展数字化教学实验，"2+4"学制改革实验，名著阅读与思考，"五个四"校本作业，"三维五步教学法"等改革，努力培养创新人才。

（3）教师践行"12345"幸福教师理念，成长为教学技能突出的"四有"好教师。

（4）学校建设成为厦门一流，省内外知名的现代化、实验性、示范性和国际化的学校。

三、特色建设基础

（1）创新培养过程。厦门实验中学为从小学到高中的12年制学校，且在中学阶段进行"2+4"学制实验，引入中国教科院等教育智囊优质资源，打破初中、高中知识壁垒，为学生特色发展、全面发展奠定良好基础。

（2）师资队伍精良。学校拥有正高级职称教师2人，特级教师2人、博士5人，教育部直属师范院校或"985"大学优秀毕业生175人，研究生以上学历教师占比60%，具有较好的教育教学改革创新条件。

（3）硬件设施一流。重视儒雅化、数字化、信息化校园建设，教育设施设备深度服务课程教学、校园文化活动等。图书馆藏书丰富，现有纸质和电子书籍 132.45 万册，智慧教室、VR 教室、数字校园等设施设备处于全市领先水平。

四、特色建设优势

（1）市政府高度重视。厦门实验中学是厦门市为实施"美丽厦门"战略规划、岛内外一体化而新建的集小学、初中、高中为一体的市直属公办学校，受到市委、市政府、市教育局等高度重视，获得的政策、经费等支持力度大。

（2）深层次高端合作。与素有"国家教育智库"之称的中国教育科学研究院和享有"戏曲艺术家摇篮"美誉的中国戏曲学院合作办学。中国教育科学研究院对学校管理、教育教学、教育科研、师资培养等方面进行指导、评估和监督考核，为学校提供优质教育资源。中国戏曲学院常年派驻包括国家一级演员在内的专业教师驻校授课，形成学校特色文化。

（3）强有力党建品牌。全面加强党的领导，创建"1451"党建工作模式，通过肖学平名校长工作室等党员名师先锋岗、"精新教育党员先行"等"一支部一品牌""积极抗疫，教辅同行"等"一支部一项目"发挥党员教师先锋模范作用，带动教师队伍建设、质量提升和学校发展。党建工作经验在全市组织部部长会议上进行交流，党建品牌被评为全市优秀党建品牌，学校党委荣获厦门市委授予的"先进基层党组织"称号。

（4）校领导团结智慧。学校班子团结智慧，拥有扎实科学的治理能力。学校党委书记、校长肖学平是福建省名校长、厦门市首批特级校长、教育学博士、正高级教师、特级教师，有着先进的教育理念和丰富的办学经验，敢为人先，锐意创新。中层干部执行能力、服务意识强。

五、特色建设举措

1. 完善"一体两翼"高效办学治校体系

学校秉持"惟精惟新"办学理念，构建"一体两翼"的现代化高效治理体系："一体"即学校的"精新"教育思想，两翼即"十个好"的治校方略和教育教学的五个抓手。

"十个好"的治校方略包括创设各界支持、实验创新的好机制，建设风景优美、功能完善的好校园，制定目标明确、立意高远的好规划，树立科学先进、精新育人的好理念，建立依法办校、文化助力的好制度，打造团结敬业、高识智慧的好班子，培育学历较高、业务精湛的好教师，营造善学善教、惟志惟勤的好校风，成就精明勤奋、志存高远的好学生，描绘质量立校、品牌强校的好前景。

学校管理的五个抓手即指导"一日 10 项常规"，以好习惯养人；推行"五步学习法"，以好方法授人；打造"五个四"校本作业，以好教辅助人；开设"两棋一牌"等智力课程，以好活动育人；开展经典名著阅读，以好书籍化人。上述抓手涵盖德、智、体、美、劳等诸方面，实现五育并举，促进学生全面发展。

2. 打造京剧、书法、两棋、桥牌等特色项目

以专业课程与校本课程的形式，以点带面渗透中华优秀传统文化，落实立德树人根本任务。一是深化与中国戏曲学院高端合作，开设京剧艺术特长班，探索"艺术促进人成长"规律；二是发挥学校书法、棋、牌优势，深化书法教育国家级课题研究，建设特色校本课程体系，培养一批专业人才和兴趣爱好者。通过特色项目推广，使学生内外兼修，温文尔雅。

3. 通过引进来与走出去、榜样示范、奖励激励等多种途径

在学校践行幸福教师理念，让教师拥有"好心态、好状态、好业绩"。支持教师制订 1 个人生规划，提升教材解读和组织学生参与教学 2 个能力，打好身心健康、良好人际关系、终身学习习惯 3 个支撑点，贯彻敬业、进取、

研究、博爱 4 个精神，发挥职称与荣誉、教育教学能力提高、教科研成果、理财、家庭与子女教育 5 个着力点。

4. 创新人才培养模式，深化"2+4"学制实验项目

以课程改革为突破点，重构校本化课程体系，构建学科、专业、通识、出国四类课程，大胆进行"2+4"中学学制实验，研究 6 年稳步培养的素质教育模式，探讨中学阶段的人才成长规律，促进学生优质快速发展。

5. 构建内容丰富、层次多样、选择性大的校本课程和活动课程体系

开设"两棋一牌"、手球、击剑、京剧、书法等特色校本课程，提升学生人文素养、科学素养，培养学生个性特长和综合能力，并在探索和经验积累的基础上，形成一套适合优秀学生发展水平、具有厦门实验中学特色的校本课程教材。

6. 推动信息技术与学科教学深度融合，打造数字化实验班，构建"数字化"智慧课堂

将信息技术既作为意识、观念，又作为内容、方法和手段融于教和学的过程之中，吸纳国内外学科最新研究成果和各种教学资源，促进教学质量提高，催化办学水平提升，为传统课堂注入新的活力。

7. 改革课堂教学模式，实施互联网时代背景下的"三维五步教学法"

适应"互联网 +"时代，有效提升学校教育教学质量。"三维"是指从教师、学生、管理层三个维度进行教学实施与监控，"五步"是指知识提炼、作业练习、探究讨论、释疑点评、小结反思的课堂教学五步法。"三维五步教学法"要通过课前准备、课堂教学及课后追踪三个环节予以落实。通过实施"三维五步教学法"，充分尊重学生主体地位，培养学生自主合作探究能力。

8. 完善"五个四"校本作业体系

"五个四"校本作业包括四案、四精、四必、四个结合、四查。其中，四案是指学案、作业、课练、周练；四精是指精选、精练、精评、精析；四必是指必发、必收、必改、必评；四个结合是指与作业的八个要求（统一布置、分层要求、先做后发、全批全改、个别辅导、点评到位、人人过关）相结合、与"五步学习法"相结合、与考点教学法相结合、与家教式辅导相结合；四查是指查四案质量、查校本作业落实情况、查存在问题、查效益。通过完善"五个四"校本作业体系，减轻学生课业负担，促进教师专业成长，提高教育教学质量。

9. 改革评价机制，实施学生综合素质评价

淡化评价的甄别和选优功能，实行学生学业成绩与成长记录相结合的综合评价方式，将创新能力和实践能力列为学生评优奖励的重要指标，建立一套内容多元、方式多样，能激励学生奋发向上、主动发展的评价体系。

10. 深化"一周一建议，一周一辅导"等，加强和完善"三全育人"机制

常态化开展每周给家长 300 字家庭教育建议、给学生 300 字成长辅导等工作，积极推进家长学校、家长讲坛、社区课堂、社会实践等多种形式家校社协同育人机制，促进学生优质发展。

厦门实验中学将继续以敢为人先的豪迈气魄，以筚路蓝缕的拓荒精神，脚踏实地，开拓进取，追逐着厦实人自己描绘的"现代化、实验性、示范性、国际化"宏伟梦想，为普通高中特色发展贡献厦实力量。

第三章　精新教育的五个重要抓手

第一节　教材文本与名著阅读

习近平总书记强调要加强读书学习，要爱读书、读好书、善读书，"把学习作为一种追求、一种爱好、一种健康的生活方式，做到好学乐学"。根据中国新闻出版研究院发布的《第十五次全国国民阅读调查报告》，2017 年我国成年国民人均图书阅读量为 7.87 本，其中人均纸质图书阅读量为 4.66 本。这一数据，虽较往年有了一定的增长，但仍远远低于日本、德国、美国等发达国家。以日本和美国为例，其国民每年人均图书阅读量分别为 17 本和 21 本。

学校基于学生掌握知识主要来源于教材、名著和最新信息，根据教育部要求，集结各教研组团队之力，合作编写《中小学名著阅读概览》，引导学生阅读，养成阅读的好习惯，在阅读中思考，在阅读中充实自己，成就美好人生。

一、列出各学段推荐阅读书目

（一）各学段推荐阅读书目

厦门实验中学根据教育部要求，结合学生学习实际需求，编写了各学段的推荐书目，见表3-1～表3-3。

表 3-1　小学学段推荐阅读书目

序号	书名	序号	书名	序号	书名
1	《萝卜回来了》	24	《推开窗子看见你》	47	《汤姆·索亚历险记》
2	《没头脑和不高兴》	25	《爱的教育》	48	《假如给我三天光明》
3	《儿歌300首》	26	《夏洛的网》	49	《小王子》
4	《小巴掌童话》	27	《窗边的小豆豆》	50	《永远讲不完的故事》
5	《小马过河》	28	《声律启蒙》	51	《动物乐园数学奇遇记》
6	《吃黑夜的大象》	29	《千家诗》	52	《数学笑传》
7	《大头儿子和小头爸爸》	30	《可爱的中国》	53	《爱克斯探长：数学侦探故事》
8	《我有友情要出租》	31	《寄小读者》	54	《神奇的数学》
9	《一园青菜成了精》	32	《大林和小林》	55	《爷爷一定有办法》
10	《团圆》	33	《狐狸打猎人》	56	《一只有教养的狼》
11	《格林童话》	34	《城南旧事》	57	《猜猜我有多爱你》
12	《弗朗兹的故事》	35	《小兵张嘎》	58	《动物王国大探秘》
13	《成语故事》	36	《闪闪的红星》	59	《图书馆狮子》
14	《中国古今寓言》	37	《我的母亲叫中国》	60	《红鞋子》
15	《中国神话传说》	38	《美丽的西沙群岛》	61	《我有友情要出租》
16	《稻草人》	39	《非法智慧》	62	《小恩的秘密花园》
17	《宝葫芦的秘密》	40	《童年河》	63	《小学生古诗词推荐背诵80篇》
18	《三毛流浪记》	41	《草房子》	64	《张天翼儿童文学全集》
19	《"下次开船"港》	42	《男生贾里全传》	65	《叶圣陶童话》
20	《孙悟空在我们村里》	43	《今天我是升旗手》	66	《数学帮帮忙》
21	《小英雄雨来》	44	《芝麻开门》	67	《星期八优学力——数学原来这么好玩》系列
22	《帽子的秘密》	45	《黑焰》	68	《我妈妈》
23	《小布头奇遇记》	46	《安徒生童话》	69	《让路给小鸭子》

续表

序号	书名	序号	书名	序号	书名
70	《大脚丫跳芭蕾》	84	《爱上数学：在游戏中与数学相遇》	98	《希腊神话故事》
71	《快乐王子》	85	《海底两万里》	99	《鲁西西传》
72	《中国现当代儿童诗选》	86	《柳林风声》	100	《数学西游记》
73	《一园青菜成了精》	87	《中国传统家训选》	101	《生活中的魔法数学》
74	《我的第一本科学漫画书》	88	《唐诗三百首新注（附辑评）》	102	《彼得·潘》
75	《数学童话集》	89	《上下五千年》	103	《名人传》
76	《木偶奇遇记》	90	《马小跳玩数学》	104	《童年》
77	《昆虫记》	91	《数学王国历险记》	105	《狼王梦》
78	《一千零一夜》	92	《游戏中的科学》	106	《冰心儿童文学全集》
79	《中外民间故事精选》	93	《金银岛》	107	《什么是数学》
80	《宝葫芦的秘密》	94	《秘密花园》	108	《数学奇观：让数学之美带给你灵感与启发》
81	《土土的故事》	95	《绿山墙的安妮》	109	《新时期少年科普知识动漫百科全书：宇宙》
82	《金波儿童诗》	96	《爱丽丝梦游仙境》		
83	《数学司令》	97	《吹牛大王历险记》		

表3-2　初中学段推荐阅读书目

序号	书名	序号	书名	序号	书名
1	《诗经》	9	《林海雪原》	17	《吴伯箫散文选》
2	《革命烈士诗抄》	10	《元明清散曲选》	18	《俗世奇人》
3	《艺海拾贝》	11	《骆驼祥子》	19	《聊斋志异》
4	《世说新语选译》	12	《红岩》	20	《赵树理选集》
5	《朱自清散文集》	13	《水浒传》	21	《我与地坛》
6	《汪曾祺小说散文精选》	14	《杜甫传》	22	《儒林外史》
7	《唐诗三百首》	15	《青春万岁》	23	《傅雷家书》
8	《闻一多诗选》	16	《西游记》	24	《突出重围》

续表

序号	书名	序号	书名	序号	书名
25	《古文观止》	51	《狼图腾》	77	《镜花缘》
26	《孔子的故事》	52	《悲惨世界》	78	《飘》
27	《额尔古纳河右岸》	53	《书的故事》	79	《芥川龙之介短篇小说集》
28	《老残游记》	54	《革命烈士诗歌选读》	80	《给青年的十二封信》
29	《艾青诗选》	55	《最后一课——都德中短篇小说选》	81	《战争与和平》
30	《焰火》	56	《钢铁是怎样炼成的》	82	*Charlottes Web*
31	《毛泽东诗词集》	57	《孔子的故事》	83	《缘缘堂随笔》
32	《白洋淀纪事》	58	《安妮日记》	84	《呼啸山庄》
33	《伊索寓言》	59	《数学家的眼光》	85	*Uncle Toms Cabin*
34	《朝花夕拾》	60	《莎士比亚戏剧故事集》	86	《繁星春水》
35	《青春之歌》	61	《猎人笔记》	87	*A Christmas Carol*
36	《希腊神话故事》	62	《从谈起》	88	*Charlie and the Chocolate factory*
37	《文心》	63	《神秘岛》	89	《我们仨》
38	《红旗谱》	64	《热爱生命——杰克伦敦小说选》	90	*Little Women*
39	《格列佛游记》	65	*Robinson Crusoe*	91	*Robinson Crusoe*
40	《甲骨文的故事》	66	《莫泊桑短篇小说选》	92	《初中生古诗文推荐背诵70篇》
41	《创业史》	67	《百万英镑——马克吐温中短篇小说选》	93	*Dr Jekyll and Hyde*
42	《简爱》	68	*Anne of Green Gables*	94	《化学史》
43	《瓦尔登湖》	69	《福尔摩斯探案集》	95	《红星照耀中国》
44	《俗世奇人》	70	《人类群星闪耀时》	96	*Old Man and Sea*
45	《培根随笔》	71	《写给中学生的心理学》	97	《思维魔方》
46	《林海雪原》	72	《契诃夫短篇小说集》	98	《哈佛凌晨四点半》
47	《北京折叠》	73	《居里夫人自传》	99	《几何原本》
48	《新月集飞鸟集》	74	《浮生六记》	100	《艺术的故事》
49	《贾平凹散文精选》	75	《汤姆索亚历险记》	101	《鲁滨逊漂流记》
50	《少年维特的烦恼》	76	《我是猫》	102	《游戏中的科学》

续表

序号	书名	序号	书名	序号	书名
103	《世界美术名作二十讲》	109	《森林报》	115	《孤独六讲》
104	《科学探索者》	110	《音乐家传记》（"贝多芬传""遇见莫扎特""肖邦传"）	116	《心理学与生活》
105	《天生就会跑》	111	《奇妙的数王国》	117	《怎样读书》
106	《博物》杂志	112	《毛泽东诗词选》	118	《边城》
107	《地图之外》	113	《蛤蟆先生去看心理医生》	119	《苏东坡传》
108	《西方音乐通史》	114	《茶馆》		

表 3-3　高中学段推荐阅读书目

序号	书名	序号	书名	序号	书名
1	《论语译注》	16	《庄子选集》	31	《红与黑》
2	《哦，香雪》	17	《堂吉诃德》	32	《牡丹亭》
3	《文化苦旅》	18	《海涅诗选》	33	《莫泊桑短篇小说选》
4	《老子今注今译》	19	《楚辞选》	34	《欧也妮·葛朗台》
5	《历史的天空》	20	《哈姆莱特——莎士比亚戏剧选》	35	《三国演义》
6	《精神明亮的人》	21	《挪威的森林》	36	《契诃夫短篇小说集》
7	《中国思想史纲》	22	《唐宋散文举要》	37	《麦田里的守望者》
8	《三体》	23	《普希金诗选》	38	《睡眠革命》
9	《明亮的对话：公民说理18讲》	24	《唐宋传奇选》	39	《老人与海》
10	《中国文化精神》	25	《宋词选》	40	《欧·亨利短篇小说选》
11	《诗词格律》	26	《遇见未知的自己》	41	《红楼梦》
12	《中华传统美德格言》	27	《窦娥冤——关汉卿选集》	42	《孙子兵法》
13	《孟子译注》	28	《大卫科波菲尔》	43	*The Wonderful Wizard of Oz*
14	《乡土中国》	29	《巴黎圣母院》	44	《人间词话》
15	《哈姆莱特——莎士比亚戏剧选》	30	《西厢记》	45	《史记选》

续表

序号	书名	序号	书名	序号	书名
46	《趣味学数学》	73	《我的父亲邓小平》	100	《茶花女》
47	《鲁迅杂文选读》	74	《平凡的世界》	101	《复活》
48	《元曲三百首译析》	75	《蒋勋说宋词》	102	《往事并不如烟》
49	《科学发现者》丛书	76	《目送》	103	《李光耀回忆录》
50	《呐喊》	77	《中国：发明与发现的国度》	104	《惠特曼诗选》
51	《女神》	78	《有趣的化学科学实验101》	105	《胡适口述自传》
52	《老子讲读》	79	《维特根斯坦传》	106	《怎样解题——数学思维的新方法》
53	《彷徨》	80	《双城记》	107	《追忆似水年华》
54	《叶圣陶散文》	81	《科学发现者——物理原理与问题（上中下）》	108	《牛棚杂忆》
55	《活着》	82	《荆棘鸟》	109	《中国国家地理》杂志
56	《屈原》	83	《培根人生论》	110	《静静的顿河》
57	《暴风骤雨》	84	《DNA：生命的秘密》	111	《生活的艺术》
58	《红高粱家族》	85	《不能承受的生命之轻》	112	《美学散步》
59	《子夜》	86	《歌德谈话录》	113	《月亮与六便士》
60	《郭小川诗选》	87	《物种起源》	114	《比我老的老头》
61	《尘埃落定》	88	《追风筝的人》	115	《现代艺术150年》
62	《茶馆》	89	《普希金诗选》	116	《苏菲的世界》
63	《语文杂谈》	90	《四世同堂》	117	《妞妞：一个父亲的札记》
64	《穆斯林的葬礼》	91	《百年孤独》	118	《西方音乐通史》
65	《家》	92	《致加西亚的信》	119	《哈利·波特》
66	《谈美书简》	93	《倾城之恋》	120	《海子的诗》
67	《长恨歌》	94	《偷影子的人》	121	《如是我闻》
68	《暴风骤雨》	95	《傲慢与偏见》	122	《杰出青少年的七个习惯》
69	《杜甫传》	96	《雅舍小品》	123	《自由在高处》
70	《毛泽东传》	97	《约翰克利斯朵夫》	124	《啊哈！原来如此》
71	《围城》	98	《大卫科波菲尔》	125	《高中生古诗文推荐背诵95篇》
72	《蒋勋说唐诗》	99	《白洋淀纪事》		

（二）书目推荐理由

从小学、初中、高中各学段选取了一本推荐阅读书，介绍推荐理由。

1. 小学推荐书目

《天方夜谭》

阿拉伯民间故事

推荐人：李婷婷

阅读对象：三年级学生

内容简介：《一千零一夜》是阿拉伯民间故事集，又名"天方夜谭"。相传古代印度与中国之间有一萨桑国，国王山鲁亚尔生性残暴嫉妒，因王后行为不端，故将王后杀死，此后每日娶一少女，翌日清晨便杀掉，以示报复。宰相的女儿山鲁佐德为拯救无辜的女子，自愿嫁给国王，用讲述故事的方法吸引国王，每夜讲到最精彩处，天刚好亮了，使国王不忍杀她，允许她下一夜继续讲。她的故事一直讲了一千零一夜，国王终于被感动，与她白头偕老。因其内容丰富，规模宏大，故被高尔基誉为世界民间文学史上"最壮丽的一座纪念碑"。

推荐理由：《一千零一夜》中的故事，大多来源于古代波斯、埃及和伊拉克的民间传说。这些故事，多是赞美和歌颂人民的善良和智慧，抨击和揭露坏人的邪恶和罪行。故事包括神话传说、寓言故事、童话、爱情故事、航海冒险故事及宫廷趣闻等。其中有许多我们熟悉的故事，如《渔夫和魔鬼》《阿拉丁和神灯》《阿里巴巴和四十大盗》《辛巴达航海旅行记》等。书中的人物无所不包，有天仙精怪、国王大臣、富商巨贾、庶民百姓等，涵盖了中世纪阿拉伯社会生活的各个方面，是研究阿拉伯历史、文化、宗教、语言、艺术和民俗等多方面内容的珍贵资料。

2. 初中推荐书目

《野草》

作者：鲁迅

推荐人：杨国欣

阅读对象：初二年级学生

内容简介：《野草》各篇展现了北洋军阀政府统治下的中国社会状态，表达了对劳动人民的深切同情和对国民劣根性不留情面的批评。其中涵盖了生与死、爱与恨、梦与醒、友与仇、过去与未来、光明与黑暗、爱者与不爱者、沉默与开口、希望与绝望、爱抚与复仇、眷念与决绝等一系列对立统一、激烈斗争又在斗争中融合的概念和形象。

推荐理由：《野草》是鲁迅先生所著最薄、最美、再版最多的一本散文诗集，写于五四运动退潮时期。作品以隐晦的象征表达了一个启蒙思想家在白色恐怖下孤军奋战的孤寂、迷茫与疑惧，同时表达出对"糊里糊涂生、乱七八糟死"的民众的失望与希望之情。

阅读指导：鲁迅先生曾在《呐喊》的自序里这样写道："假如一间铁屋子，是绝无窗户而万难破毁的，里面有许多熟睡的人们，不久都要闷死了，然而是从昏睡入死灭，并不感到就死的悲哀。现在你大嚷起来，惊起了较为清醒的几个人，使这不幸的少数者来受无可挽救的临终的苦楚，你倒以为对得起他们么？""然而几个人既然起来，你不能说决没有毁坏这铁屋的希望。"当你了解了鲁迅的"黑屋子"理论，相信你对鲁迅先生的作品，也就有了更深一层的理解。

3. 高中推荐书目

《趣味学数学》

作者：（美）邦尼·埃弗巴克、（美）奥林·钱恩著；吴元泽，译

推荐人：郑　敏

阅读对象：高一年级学生

内容简介：本书尝试通过富有趣味性的数学，向读者介绍数学领域中的重要概念，激发学生学习数学的热情，鼓励学生参与到解题过程中。内容上，涵盖逻辑、代数、数论、图论及概率论、二人策略游戏、单人游戏和谜题等。

推荐理由：枯燥乏味的数学，在作者笔下，通过有趣的例题，变得兴趣

盎然。或许，对于那些对数学向来"头疼"的读者，这本书能为他们展示数学演绎推理的快乐。

阅读指导：不要给自己施加阅读的压力，选择自己感兴趣的问题就好。另外，本书每章都配有"练习"和"习题"两大板块。从难度上看，习题更富挑战性。所以，同学们不妨根据自己的实际情况加以选择。

二、开展形式多样的读书活动

为了将课外阅读活动落到实处，在全校范围内掀起读书的热潮，各学部制定了翔实的阅读活动方案。

2018—2019 学年厦门实验中学初中部读书节活动方案

一、指导思想

阅读活动是学习知识的主要途径，更是我们与外界生活进行信息交换的最佳途径。它给予我们丰富的精神滋养，引导我们感受生活的真善美，继承文化历史传统，从而达到更高的精神境界。

《语文课程标准》指出："现代社会要求公民具有良好的人文素养和科学素养，具备创新精神、合作意识和开放的视野，具备包括阅读理解和表达交流在内的多方面的基本能力。"阅读是收集信息、认识世界、发展思维、获得审美体验的重要途径。为了开阔学生视野，培养学生语文素养，从根本上提高学生的语文能力，为落实学科核心素养教育和校园阅读计划，特制订 2018—2019 学年度初中部阅读计划。

二、学生情况分析

提高学生阅读能力是初中语文阅读教学的核心目标。但据了解，学生在阅读中普遍存在如下问题：一是阅读过程中自觉性低下，没有耐心，注意力分散，视阅读为任务；二是爱读武侠小说和言情小说等。这种情况直接导致学生阅读面狭窄、想象力贫乏，创造性受抑。总之，现状不容乐观，加强语文阅读教学刻不容缓。

三、活动意义

课外阅读主要根据不同的阅读内容、要求和个人习惯选取不同的阅读方法。指导学生掌握阅读方法，对于提高阅读效益，培养学生用心专注、刻苦钻研、顽强学习的心理品质，养成良好的阅读习惯将起重要的作用。

四、活动内容

1.阅读经典书目

要求每个年段完成教育部组织编写的初中语文教材要求的必读必考名著阅读摘抄，并记录读书心得；组织相关的名著阅读竞赛，激发学生课外阅读的积极性。

2.课外延伸阅读

根据厦门实验中学推荐的阅读书目，每个年段每个月按学期初计划要求读完3~4本书（见表3-4），并做好相应检测落实工作。此项工作可结合本学期本年段读书节主线活动一起进行展示。

表3-4　七至九年级阅读计划

年段	月份	阅读书目
七年级	9	《西游记》《我与地坛》
	10	《繁星》《春水》《世说新语》《假如我有三天光明》
	11	《呐喊》《朝花夕拾》《论语》
	12	《四世同堂》《骆驼祥子》《边城》《湘行散记》
	1	《林清玄散文选》《吉檀迦利》《飞鸟集》

续表

年段	月份	阅读书目
八年级	9	《朱自清散文集》《野草》
	10	《古文观止》《最美国学·唐诗》《苏东坡传》
	11	《呐喊》《昆虫记》
	12	《红星照耀中国》
	1	《地图之外》
九年级	9	《水浒传》
	10	《水浒传》《繁星·春水》
	11	《简·爱》《骆驼祥子》
	12	《鲁滨逊漂流记》《伊索寓言》
	1	《西游记》

3. 开展"走进名家"系列阅读活动

① 结合综合性学习和课文要求的作家作品阅读，补充名家阅读，每周末印发周末美文，要求学生做好旁批。

② 通过小组合作探究的方式，每周一次组织学生做好课前5分钟的演讲活动，制作关于作家作品的幻灯片，走进作家生活，了解其代表作。

③ 结合名家资料选择一位作家在不同时期的作品，在期末前交一篇名家阅读心得。每周在班级内开展一次读书沙龙，分享阅读心得。

五、具体措施

① 保证课外阅读时间：周末假期集中时间阅读。

② 加强班级美文鉴赏角的建立。

③ 给学生推荐阅读材料，为学生选择合适的课外读物。

④ 尊重学生阅读的自主选择，鼓励学生分享阅读后的感受。

⑤ 充分利用好学校图书馆的作用，积极督促学生阅读。

⑥ 重视课内外衔接，增大阅读容量，重视阅读方法的指导。

⑦引导学生掌握正确的阅读方法，如阅读时学会圈点评注等。

⑧做好读书笔记，及时记录自己的阅读心得。

⑨组织阅读沙龙活动，鼓励学生分享自己的阅读方法和阅读收获。

六、评价方式

①每周检查一次名著摘抄的情况，评选每班"阅读之星"。

②开展阅读知识竞赛，评选出一、二、三等奖和优秀奖若干。

2018—2019学年厦门实验中学
高中部读书节活动方案

一、指导思想

以校训"惟精惟新"为宗旨，努力构建书香校园，营造浓厚的读书氛围，提升学生的核心素养，提高学校的办学品位，促进学校的和谐与可持续发展。

二、活动目的

（1）坚持长期开展"文化校园"的读书活动，逐步形成富有厦门实验中学特色的良好阅读氛围和阅读传统，共同创建一个充满书香、文化底蕴深厚的校园。

（2）以"整本书阅读、群文阅读"为载体，组织和引导学生与教师一起读书学习，为师生的共同成长打下坚实的精神基础；以"背诵规定篇目、读完规定书目"为契机，引导师生养成"好读书、读好书、会读书"的阅读习惯。推动书香校园、书香班级、书香家庭、书香社区的建设。

（3）通过读书活动，建构有厦实特色的校园文化及和谐的校园人际关系。

三、各年级活动具体安排

高一年级

活动主题："与名著为伴，与经典同行"

活动时间：2018 年 9 月—2019 年 7 月

主要工作及活动内容：

（1）宣传发动阶段：（2018 年 8 月 10 日—2018 年 9 月 10 日）。

① 营造氛围，各班教室悬挂相关字画条幅，班级每月出一期以"读书"为主题的黑板报。

② 完善班级图书角建设，要求图书内容丰富、数量充实，并取好富有特色的名称，选好图书管理员，健全班级图书管理制度。

③ 备课组有专门负责阅读专题的教师。每周印发必背篇目（群文阅读）内容，以备早读诵读使用。规定读完的整本书，由学生自备，人手一本。周二、周四、周日晚自习最后一节课的最后 30 分钟为阅读时间。

（2）活动实施阶段（第一阶段：2018 年 9 月 11 日—2018 年 12 月 12 日；第二阶段：2019 年 2—6 月）。

以语文课堂为阵地，以语文教师为主导，班主任协助，以学生为主体，掀起学生热爱读书的热潮。分"整本书阅读"和"群文阅读"两大板块。"整本书阅读"含必读名著 3 部（《平凡的世界》《四世同堂》《老人与海》）、必读人物传记 2 部（《苏东坡传》《钱学森传》）。"群文阅读"则由教师整理，每周印发给学生。

四、具体评比项目

（1）开展"与名著为伴，与经典同行"为内容的手抄报比赛。每班选出 2 份优秀手抄报，要求用 8 开铅画纸，班级、姓名统一写在标题下面。12 月 5 日前由各班科代表汇总统一交备课组长。经评选后获奖作品在宣传窗展示。

（2）读书征文比赛。以"我和书的故事"为话题，重点讲述自己的读书经历、购书或借书的小故事，回顾读书对自己成长的影响，介绍在自己人生失落期间点亮你理想明灯的好书名著，以及分享自己的读书心得。每班选送 5 篇，文题自拟，每篇字数 1000 字左右。要求提供打印稿。班级、姓名统一写在标题下面。11月30日由各班汇总统一交备课组。

（3）"我的读书名言"征集活动。向全年级学生公开征集自己的读书名言。"读书名言"是指关于读书方面的用于激励自己学习的话，可以是自己喜欢的名人名句、古典名著的名句名段、自己制定的激励自己的话语等，经评比挑选后将用于展示。11月30日前由各班汇总统一交备课组。

（4）以"走进经典，阅读名著"为主题的黑板报比赛。各班以读书活动为主题，出一期有关经典名著介绍的黑板报。黑板报内容可以是名著内容介绍、人物点评或班级同学的阅读心得分享。

（5）"好书共读"推介分享会。举办读书阅读沙龙活动，教师和学生一起阅读和鉴赏文学作品，分享对作品的理解、人物的认识等。

（6）评比表彰阶段：（第一阶段：2018年12月下旬；第二阶段：2019年6月下旬）。

① 评比各类单项奖和校级"读书之星"，给予表彰。

② 读书节活动成果展示。

③ 争取做成课题。

小学部读书节系列活动

一、大手拉小手

高年级的学生到低年级班级，以大带小，共读一本书，氛围温馨友爱。

二、国学诵读

"国学启蒙经典诵读"行动，旨在弘扬祖国优秀的传统文化，使学生感受中华传统文化的博大精深，传承中华文明，提升文化底蕴。

三、阅读等级测试

阅读等级测试既能检测小朋友的阅读水平，又能通过颁发证书，强化小朋友的阅读成就感和阅读兴趣。图3-1为厦门实验中学小学部阅读等级考核证书。

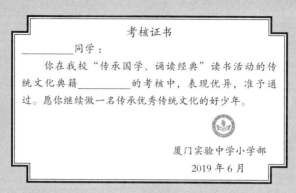

图 3-1　厦门实验中学小学部阅读等级考核证书

四、亲子共读

学生和家长共读一本书，将阅读活动由校园延伸至家庭。

五、我把雷锋叔叔的故事讲给你听

组织学生开展讲雷锋叔叔故事的比赛，既号召学生学习雷锋助人为乐的精神，也培养学生的语言表达能力。

初中部读书节系列活动

一、思维导图法读西游

采用思维导图的方式，让学生更深入地分析《西游记》的故事情节及挖掘人物形象。思维导图中的《西游记》，条理更加清晰，人物形象更加饱满，让学生从另一个维度感悟不一样的"西游"（见图3-2）。

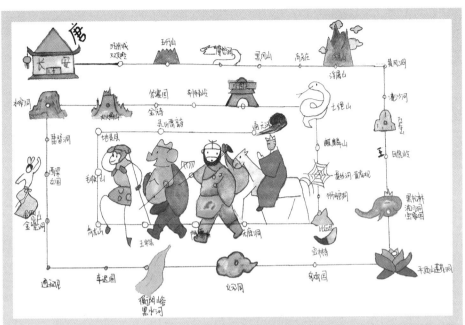

图 3-2　读《西游记》思维导图

二、《水浒传》名著知识竞赛

培养学生"勤读书、爱读书、读好书"的读书习惯，让学生品读经典，从经典文学作品中汲取营养和智慧。

高中部读书节系列活动

一、读书沙龙

读书沙龙活动，为同学们创设分享的平台，让"多读书，读好书"深入学生的日常学习生活。

学生读书分享如图 3-3 所示。

图3-3　图书沙龙——学生读书分享

二、文学经典改编剧配音大赛

高二年段创意改编火爆的综艺节目《声临其境》，用影视配音这一师生喜闻乐见的方式，让学生更深入地阅读名著，感悟人物形象。

第二节　"三维五步"教学法

一、"三维五步"教学法简介

"教学有法，教无定法，贵在得法"是著名教育家叶圣陶的名言。教学有法，即我们的教学首先要树立一种符合教育规律的普遍性法则。教无定法，是说面对不同的教育对象和条件，我们应结合具体实际，不盲目照抄照搬，找到契合自身个性化的东西。贵在得法，是指通过我们的教育教学实际，把普遍规律与个人实践、风格结合起来，完成共性与个性的有机结合，形成既符合普遍规律又具有个性化特征的教学方法和风格。"教学有法""教无定法"

和"贵在得法"三者，遵循"一般—特殊—一般"的认知规律，是一种从低级到高级的发展过程。

目前的教学方法，大多还停留在教师讲、学生听的层面。这种教师讲、学生听的灌输法，不仅不成法，连第一层次"教学有法"都没有达到，自然无从谈"教无定法"和"贵在得法"。基于当下这样一种教学现状，学校在建立之初为解决"教学有法"问题，创造性地提出了"三维五步教学法"，目的就是突破传统课堂教学模式，为教师和学生提供科学、操作性强的教学方法。

"三维五步教学法"中的"三维"有两层意思：从时间、空间的维度上看包括课前准备、课堂教学与课后追踪三个教学环节，每个环节都有数字化云平台服务；从教学实施与监督的行为主体看，包括教师、学生和管理者三者在时间、空间维度上的配合与协作，三者有机地结合为一个"促学共同体"。

"五步"即在课前、课中与课后三个维度中，教师、学生和管理者各自应该做的五件事。在课堂教学中师生共同实践：知识提炼、作业练习、探究讨论、释疑点评和小结反思这课堂教学五步骤。其核心教学思想可用六个字概括：自主、合作、探究。

"五步学习法"对教师和学生在预习、上课、作业、复习、总结五个环节有明确的要求。

二、"五步学习法"对学生的要求

"五步学习法"是学生进行学习的基本步骤和环节，学习程序规范是按照学习的规律对学生提出的最基本的学习要求和学习方法。贯彻《学生学习程序规范》是养成良好的学习习惯的重要措施，也是提高学习质量的有效办法。

学生的学习就过程来说，按顺序可分为预习、上课、复习、作业、总结五个环节。对五个环节的任务和要求规定如下。

（一）预习

1. 目的

① 扫除课堂学习的一般知识障碍。

② 熟悉课文，提高听讲的自觉性，使听课能重点突出，思路清晰。

③ 了解新课内容，加强记笔记的针对性，解决记和听的矛盾。

④ 提高自学能力，变被动学习为主动学习。

2. 要求

① 通读课文，初步理解教材的基本内容和思路。

② 复习学习新课所需要的旧概念、旧知识，为学习新观念、新知识做好准备。

③ 找出新教材的重点和自己不理解的问题。

④ 尝试做读书笔记和卡片。

（二）上课

1. 目的

① 学习新知识，巩固新知识。

② 掌握并学会应用新的技能技巧。

③ 开发智力，训练和发展能力。

2. 要求

① 专心听讲，要善于控制自己，做到课上全神贯注。

② 积极思考，跟上教师讲课的思路，认真思考并积极回答教师提出的问题。学习教师提出问题和解决问题的方法，提高自己的学习能力和思维能力。

③ 适当记笔记，笔记要抓住重点，简明扼要。

④ 做到当堂所学的知识当堂掌握。

⑤ 大胆参与，积极听课。

⑥ 听、看、想、做、记有机结合，高效听课。

（三）复习

1. 目的

① 巩固当天学习的知识、技能和技巧。

② 厘清知识结构，加深理解，加强记忆。

③ 为做作业做好准备。

2. 要求

① 复习的第一步应该是尝试回忆课上知识掌握的情况，以增强看书的针对性。

② 认真看书，用彩笔在书上勾出重点和新概念，在空白处写出简要体会，编写内容提要，以利于记忆。

③ 整理笔记，使其清楚、完整，成为学习的辅助材料。

④ 看参考书，丰富和扩展课上学习的知识。

⑤ 强化记忆，及时归纳总结。

（四）作业

1. 目的

① 通过作业加深对知识的理解和记忆。

② 通过作业加强和巩固新学的基本技能和技巧并检查学习效果。

③ 积累复习资料。

2. 要求

① 先复习后做作业。

② 要独立、按时完成。

③ 力求答案准确，字迹清楚、工整，格式规范。

④ 及时纠正错漏。

（五）总结

1. 目的

① 回忆重现，使知识巩固。

② 查缺补漏，使知识完整。

③ 融会贯通，使知识系统。

④ 综合运用，使知识实用。

2. 要求

① 系统钻研教材，掌握知识发展的脉络和各部分之间的内在联系。进一步加深对教材内容的理解。

② 对知识加工整理，把多章节知识变成系统表，把易混的概念变成比较表，把难记的内容变成醒目的图示，把复杂的内容变成关系图。

③ 习题归类，探求规律。抓住典型题，进行综合练习，提高综合应用知识的能力。

④ 养成习惯，经常总结。

⑤ 总结学法，提高效率。

三、"五步学习法"对教师的要求

《学生学习程序规范》对教师的基本要求是：高度重视，认真研究，精心指导，严格管理。这是贯彻规范的前提条件。同时还要求教师做到"四个结合"：一与教学过程相结合；二与改革教学思想、教学方法相结合；三与传授学习方法、发展学习能力、培养良好学习习惯和优良学习品质相结合；四与建立各学科的学习规范相结合。在学习的各环节上对教师的要求如下。

（一）预习

① 教师要留适量的预习作业或者提出预习要求。

② 对预习的诸项要求，在贯彻中教师要在方法上加以指导。

③ 对预习作业要检查和批阅。

④ 指导学生使用导学案。

（二）上课

① 认真贯彻听课要求，对学生严格管理，努力纠正不良行为，养成良好听课习惯。

② 要重视并努力培养提高学生听课的各种能力。

③ 要经常总结学生的听课情况，掌握反馈信息。

④ 要提高解读教材的能力，提高学生参与教学的能力。

（三）复习

① 要重视学生及时复习习惯的养成，纠正考前突击的不科学做法。

② 对复习方法要给予指导。

③ 对复习情况要通过课堂提问和其他方式加以检查和督促。

（四）作业

① 要贯彻学校关于作业的"八条规定"：统一布置、分层要求、先做后发、全批全改、个别辅导、及时纠错、点评到位、人人过关。

② 要向学生反复宣传先复习后做作业这个程序的科学性和必要性，提高贯彻的自觉性。

③ 建立早自习前交作业的制度，以利于养成独立完成作业的好习惯，避免抄袭的不良行为。

④ 教师在批改作业时，要对本学科作业的规范要求严格检查。

（五）总结

① 每一章、每一单元、每一阶段要组织学生进行阶段复习总结。

② 指导学生本学科进行阶段复习总结的方法。

③ 通过各种方式对学生阶段复习总结的情况和效果进行检查。

④ 指导学生以科学的方法进行学习总结，让学生学会总结。

四、"三维五步教学法"的具体环节

"三维五步教学法"是为适应"互联网＋"时代的到来，提升学校教育教学质量而进行的课堂教学模式改革，是新办学校开办之初统一师生教学行为，开展教学活动的一种有效方法。到 2020 年，依据学校实际的基于互联网情境的"三维五步教学法"已被全校师生广泛接受并熟练使用，在全省范围内产生广泛影响。"三维五步教学法"要通过课前准备、课堂教学及课后追踪三个环节予以落实。具体如图 3-4 所示。

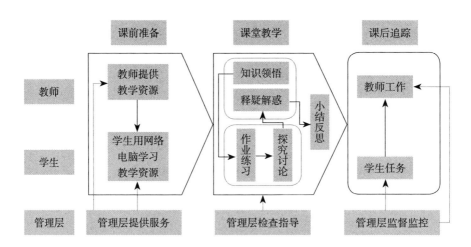

图 3-4　"三维五步教学法"流程图

（一）课前准备

（1）教师提供教学资源。包括：教师阅读课程标准、教材、教参；教师明确中高考该知识点的考查方式；教师弄懂名家、同事关于该知识点的教学法；备课组研讨、试讲，整理课件、练习题、拓展资源；将课件（含视频、音频等）、练习题、拓展资源等上传到教学网络平台。

（2）学生通过网络学习教学资源。包括：学生准备好电脑设备；学生到指定平台下载教学资源；学生学习教学资源；学生尝试理解、思考所获取的信息；尝试归纳小结所学知识要点。

（3）管理层（含教务、教研、年段、教研组等）提供现代数字化技术服务。包括：广泛宣传互联网的意义，统一思想认识；提供硬件设施设备，建立适合校情的信息化系统平台；设计学校互联网时代的教学法，形成一套完整的质量监控评价体系；建立互联网时代的学校治理体系；收集各类资源传递给教师。

（二）课堂教学

（1）知识领悟。教师归纳信息、提炼知识要点，讲解方法、思路、易错点等；学生弄明白所学知识，记住所学知识要点，掌握思想方法。

（2）作业练习。教师提供练习题，巡视辅导；学生在规定时间内完成作业。

（3）探究讨论。教师组织，并帮助学生分组，引导学生讨论存在的问题；学生分组讨论对知识的理解，作业中存在的问题。

（4）释疑解惑。教师归纳学生讨论成果，解答学生疑惑；学生弄懂所学知识，解决存在的问题。

（5）小结反思。教师小结知识要点，讲明方法形成模型，引导学生反思；学生弄清楚错漏原因，熟练掌握所学知识，明确下一节课的任务与信息收集导向。

（三）课后追踪

（1）教师工作。写教后记，做好教学反思；为学习进度不同的学生分别提供拓展资源；跟踪每一个学生的掌握情况，帮助他们解决困难；开展咨询工作；再学习、研究提高、写论文等。

（2）学生任务。强化记忆，厘清思路；能读、说、想、做、写；消除错漏；提升速度与准确性。

（3）管理层督查监控。检查教学程序；质量监控；督查常规落实情况；树立榜样，查处违规行为；调整提升。

第三节 "五个四"校本作业体系

一、校本作业开发背景

校本的概念最早始于 20 世纪 60 年代，在此后的 20 年里，美国、加拿大、英国、澳大利亚等许多国家的政府逐步将课程发展权委派给学校，给予教师在课程开发上更多的自主权，并取得了很好的实施效果，后被更多的国家和地区学习和借鉴，形成一种全球性的趋势，被称为"校本运动"。

在我国，2001 年教育部在《基础教育课程改革纲要》中指出："学校在执行国家课程和地方课程的同时，应视当地社会、经济发展的具体情况，结合本校的传统和优势、学生的兴趣和需要，开发或者选用适合本校的课程。"校本课程的开发成为国家基础教育课程设置实施方案中的一个部分。国内校本作业概念的提出始于 2005 年，很多学校都开发了适合本校学生学习使用的校本作业，开发的初衷是作业与本校学生的学情有更好的适合度，便于学生练习使用，达到提高教学质量的目的。校本作业取代了厚厚的教辅资料，这些高度精简和优选的题目将学生从题海战术中解放出来，提高了学习效率。

　　陈德彭认为在减负增效的背景下，校本作业成为提高课堂教学实效性的有力支撑。充分发挥校本作业的作用，在于校本作业的设计要基于"生本"视角，要体现校本作业的针对性、灵动性、整体性和层次性。张忠余认为通过校本开发作业，提升作业的有效性，是一个很好的途径。校本开发的"有效作业"应具有生活化、个性化、多样化、合理化、学校特色化之特征。邵旭峰从学生分级、作业分级、教学分级、评价分级及学校的保障措施五个方面阐述了校本作业体系的创建，有利于学生各学科的均衡发展，提升学校整体教学质量。于宗源提出在当前高中校本教材开发过程中，教师重视校本教材开发的拓展性，建立一定的协作合作机制，提高校本教材开发效率，改善教学效果。俞洁岚提出在教学课程中，校本作业本着"以生为本"的教育理念，不断进行教育革新，根据学校实际情况，追求教师与学生共同发展和进步；注重学生的终身发展，在掌握基本知识与技能的同时，发展自身潜能与个性，校本作业在教学中具有重要的意义。

　　综上所述，对于教学中存在的教学效率问题，开发校本作业是有效的解决途径。开发校本作业既是课程改革的要求，也是学校、教师、学生自身发展的需要。

二、"五个四"校本作业的设计开发

（一）"五个四"校本作业体系

　　"五个四"是与校本作业相关的五个环节，包括"四案、四精、四必、四合、四查"，每个环节包括四个方面内容，简称"五个四"。

　　"四案"：包括学案、作业、课练、周练。学案是新授课课前预习学案；作业是课后巩固练习；课练是课堂限时练习；周练是周末作业。

　　"四精"：精选精编中高考导向练习、精模精练中高考真题新题、精讲精解练习考试错题、精评精析校本作业试题。

"四必"：必发、必收、必改、必评。作业必须及时发到学生手中，及时收回、批改、讲评。

"四合"：四个结合，即与学校独创的作业八个要求、"五步学习法"、考点教学法、家教式辅导等相结合。

"四查"：查校本作业的编写质量、落实情况、存在问题、教学效益。

（二）"四案"编写策略

"四案"的编写模版，由教研组组织教师学习、研究、讨论，根据各学科特点和学校实际设计出"四案"的模板并实施，力争做到简单、易操作、有实效。

（1）学案编写策略。学案的核心部分为导学过程，应精心设计，大胆放手，学案应尽量于当堂课进行点拨、精讲。抓住要害，讲清思路，明晰道理，并以问题为案例，由个别问题上升到一般规律，以收到触类旁通的教学效果。学案编写策略有：立足教材，注重基础；注重方法，提升素养；学习质疑，策略引领；任务驱动，检测达标。

（2）课练编写策略。对学生进行课堂限时训练，对主干知识、重点内容、典型方法进行强化。建议以选择题为主，辅以少量填空题、计算题、操作题等。题量要适当，以学生能在10分钟内完成为最佳。难度的设计上建议体现注重基础，并适当拓展，基础题面向全体学生，拓展题则鼓励基础好的学生做。实施策略有：题型丰富，题量适中；精讲多练，少讲精练；内容新颖，体现分层。

（3）周练编写策略。周练供学生学习一周知识后使用，即周末作业，是以一个星期为单位对学生掌握的知识予以考查，注重体现全面性、针对性、有效性、综合性、限时性、精简型。编写策略有：素材丰富，题量适中；突出重点，突破难点；专项练习，火力攻破。

（4）作业编写策略：作业是课后的随堂作业。作业的设计应做到一课一练，具有针对性、量力性和典型性。题型丰富，题量适中，可以涵盖选择题、填空题、计算题、操作题等题型。题的数量要适当，小学（一、二年级除外）以学生能在15~20分钟内完成最佳，中学以30分钟内，高中数学1小时内，既不超量也不偏少。内容新颖，体现分层。建议素材鲜活，能体现来源于生活，在难度的设计上建议体现分层布置、分层要求，有选做题和必做题，必做题面向全体学生，选做题要求基础好的学生做，让优秀生"吃得饱"，中等生和后进生"吃得了"。举一反三，适当变式。建议精巧设计每道题，通过"一道题"让学生学会"一类题"，侧重培养学生触类旁通举一反三的能力，不搞死记硬背的题。对学生易错的题型或题目可以设计适当的变式练习，注重学科内在逻辑和学科核心素养的渗透与落实。

（三）"五个四"校本作业开发的组织

（1）校本作业开发流程。校本作业资源完善是不断更替提升的过程，备课组强化校本作业的审核与讨论，编写流程为：备课组讨论—编写—备课组审核—修改—印刷—教研提升。

（2）校本作业中的题目来源。校本作业试题可以来源于课本知识的再整理、课本习题的变式题、生活素材的提炼、新闻报纸信息的提取等；可以采用高考试题、省（市）质检试卷、学科网、历年校本作业等材料进行选择。试题的选择体现出科学性，图文编译清晰、结构建构美观。

（3）"四案"开发思路。学案、作业、课练、周练，根据各学科特点和学校实际设计。学案重视基础知识的巩固，强化学科思维表达，提炼单元重要的基础知识，加强对难点问题的释疑；作业与课练体现分层，练习难度适中，难度兼顾不同层次的学生与学考选考的需求，立足于大多数学生的总体学习水平。作业重视学科思维的培养，重视对问题信息的提炼，重视问题的讨论，强化逻辑思维与语言表达。

（4）校本作业的系统、深度开发。教研组要开展校本作业专题研讨工作，邀请学科专家或骨干教师开展专题讲座，定期对一些校本作业进行专题讲评，以促进共同发展。研讨主要包括以下内容：作业是否体现新课标、考纲要求，试卷有没有体现区域特征和综合思维；讨论各阶段的教学问题，重难点知识及学科素养的情况体现；及时传达各类培训的相关内容，讨论分析高考试题、质检试题，分析相关的高考文件材料，把控命题方向；通过研讨学习，做到以研促教的过程。

三、"五个四"校本作业的运用

（一）校本作业高效使用

校本作业应按照"四必"原则处理：必发、必收、必改、必评。对"四案"中的校本作业要求教师做到备课组统一发到学生手中，学生完成后教师必需全收，且认真及时全批改，并且要及时讲评。限时训练、周练要当天批改，当天发还到学生手中，让学生及时重做与订正。

（二）校本作业的有效管理

校本作业是一个渐进式的开发过程，需要在作业开发中不断反思提高，坚持在实施中实行"四查"原则。一查"四案"质量；二查校本作业落实情况；三查存在问题；四查效益。学校教研室每学期进行专项检查或不定期抽查，对执行落实到位且效果显著的教师，在评先评优方面学校给予倾斜，并给予适当的物质奖励。

四、"五个四"校本作业的开发经验

把握好"五个四"校本作业开发的要求。"五个四"校本作业的开发注重"四个结合"的基本要求：一是与作业的八个要求（统一布置、分层要求、先做后发、全批全改、个别辅导、及时纠错、点评到位、人人过关）相结合；二是与"五步学习法"相结合；三是与考点教学法相结合；四是与家教式辅导相结合。

循序渐进精心开发校本作业。校本作业施行初期，不妨"拿来"与"创作"并用，对教辅材料坚持少而精的原则。根据学生的实际情况和教材的特点给学生编题，这样的练习题才能做到举一反三。

第一是预习作业设计环节。只要有针对性地提出一至两道能提纲挈领的问题让学生思考，为上课做铺垫即可。这一两道题应该是在教师提前备课与思考而获得的重要信息有关，与落实该课教学目标密不可分，应努力做到有的放矢，避免做无用功。

第二是课堂作业设计环节。学生做完题目之后的交流讨论，是让学生再上新台阶的重要环节，不可草率和简单化，而应继续挖掘，强化深入互动学习，以落实"思想情感与价值观"目标。这个后续的过程相当于讲评试卷的反馈环节。为达到提升效果，我们在教学中要精选、精练、精讲校本作业。另外，也需要强调学生自己对校本作业的管理，尤其是课后的作业整理。

精练精讲，注重引导启发，构建知识网络，提升学科核心素养，提高综合素质。精讲，通过导学案引导学生先学先做，在学生先学的基础上教师再精讲，学生会的不再讲。课后练也是在学生先做的基础上再精评讲，只讲多数学生做错的题，这与知识提炼相对应，备课组通过以下方式做到精讲过程。归纳学生作业问题，对相关问题有目的的引导教学；强化试卷的审题过程，通过时间、空间、主语、限制条件、问题指向措施做好审题讲解；通过学生典型错误分析，让学生自己寻找问题，减少相关失误；在试题讲解中，解释试题的知识目标、能力目标，为达成相关的教学目标，做好思维可视化的思考过程；将问题的分析建构，清楚罗列。试题分析不是单独的问题分析，从问题的引申到知识的综合性建构过程，在试题分析中，可以补充完善平时教学过程中的相关知识内容。

五、"五个四"校本作业使用效果及提升

（一）校本作业将"三维五步教学法"设计有效融合

在集体备课和个人教学设计中充分考虑学案的"预习思考""基础知识疏理""合作探究""反思归纳""学法指导"等内容，结合课文中的思考题和活动题，合理安排教学环节，以提高课堂教学效率。

严格按照"三维五步教学法"要求布置作业，课前分发学案给学生提前预习下一节课要学习的内容；课堂教学过程中根据教学设计让学生完成课练或合作探究问题；课后布置学生完成校本作业或周练，巩固新知并复习。

课堂教学要通过导学案引导学生先学先做，在此基础上教师精讲，多数学生会的不讲。重点围绕有思维深度、有探究性价值的问题开展课堂教学活动，或对学生普遍还存在疑问的内容，结合学案中"反思归纳"进行释疑。

（二）有效落实作业批改

精选出的例题、习题，教师要先做一遍，注意控制题量，让学生跳出题海，达到精练的目的。通过导学案引导学生先学先做，在此基础上教师再精讲，学生会的不再讲。课后练也是在学生先做的基础上再精评讲，只讲多数学生做错的题，错的比较少的，利用课余时间个别答疑。

在作业批改中，归纳学生的普遍性问题，从学科知识、思维能力、问题审题、知识内容表达、易错内容、学习方法做综合性归类。可以分为思维类、表达类、审题类、基础类、习惯类等。结合不同类型做好课堂教学策略。作业修改后，要求学生及时订正，并定期对作业进行二次批改，扎实落实学生对所学知识的巩固和掌握。定期检查学生的笔记整理与梳理情况，以了解学生是否完善知识内容，是否对问题有深度思考，是否构建解决问题的思维路径。

（三）精讲选评校本作业

选择性评讲练习和试题，只讲多数学生做错的题。通过归纳学生作业问题，对相关问题进行有目的的引导教学；通过学生典型错误分析，让学生自己找出问题所在，减少相关失误。在试题讲解中，做好"思维可视化"的构建过程，将分析问题的思路建构罗列清楚；或安排学生上台作答题和分析问题的交流。

在分析问题当中，除了教会学生分析题型的方法、了解知识点的来源、调用知识的内容等基本要求外，需要通过实际的案例，将思维的基本过程建构。在题型中，需要了解关键的图文信息所能够表达的内容，以基础知识为根基，以题中信息为建构逐步分析提问，让学生在知识学习中形成较为缜密的逻辑思路。将生活中的信息与学科知识联系起来，教学过程，我们不能局限于课本知识，要不断拓展知识的内容体系，将教学内容进行一个主题化的整体评价。内容的主题化，学会将复杂的问题进行分解，将陌生的问题进行转化。复杂问题的分解就是了解事物的发生发展原理，将抽象的问题具体化，了解事务的基本研究步骤进行学习讲解。陌生问题的转化，就是寻找相近的定理定义，了解基本构成因素，并结合遇到的实际问题，剖析基本结构过程，将知识体系内容转移。同时通过练习的拓展，巩固知识，掌握方法，提升素养。重视实践教学的应用，可以取得更好的教学。

第四节　智力培养与课程 ❶

一、智力与智力发展

智力是指生物一般性的精神能力，指人认识、理解客观事物并运用知识、经验等解决问题的能力，包括记忆、观察、想象、思考、判断等。智力的高低通常用智力商数来表示，是用以标示智力发展水平的数值。特别需要指出的是智力不指代智慧，两者含义有一定的差别。

---

❶ SPEERRY R. Science and Moral Priority [M]. Columbia University press，1983.

哈佛大学心理学家加德纳（Gardner）在 1983 年提出了多元智能理论。他认为过去对智力的定义过于狭窄，未能正确反映一个人的真实能力。他在《智能的结构》（*Frames of Mind*）这本书里提出，人类的智能至少可以分成七个范畴（后来增加至九个）：逻辑（logical）、语言（linguistic）、空间（spatial）、音乐（musical）、肢体运作（kinesthetic）、内省（intra-personal）、人际（inter-personal）、自然探索（naturalist）、生存智慧（existential）。

智力发展指个体智力在社会生活条件和教育的影响下，随年龄的增长而发生的有规律的变化。智力发展是整个心理发展的一个重要组成部分。儿童从出生到成熟的各个年龄阶段，智力的发展是一个连续的、按一定顺序发展的过程，发展的顺序是确定的，但每一发展阶段的发展速度并不完全相同，不同个体的各阶段的发展速度也不相同。如作为智力核心成分的思维能力，就是按感知运动思维、具体形象思维、抽象逻辑思维的顺序发展的。人的认识能力在十一二岁以前发展较快，以后较慢，到二十岁左右达到高峰，随后又保持这个高峰，三十五岁以后开始缓慢下降。

心理学与脑科学认为，影响智力的因素一般有饮食、遗传与环境、早期经验、学校教育、社会实践、主观努力等因素，并强调智力不是天生的，学校教育对于智力发展起到主导作用。教育和教学不仅使儿童获得前人的知识经验，而且促进儿童心理能力的发展。例如，教师在运用分析和概括的方法讲授课程内容时，不仅使学生获得有关的知识，还掌握了把这种方法作为思维的手段，如果把这种外部的教学方法和学习方法逐渐转化为内部概括的思维操作，这方面的能力便形成了。由此，智力课程的开设对于学生智力发展有至关重要的作用。

二、智力发展对于青少年的意义

随着人们对智力发展的重视，素质教育与潜能开发越来越成为家庭、学校和社会普遍关心的重要话题。潜能开发是青少年成才的重要途径，开发青少年的潜能，无论是对于青少年个体的发展，还是对于社会的进步，都具有重要的意义。为了更好地培养人才，我们应该大力开发青少年的各类潜能。

（一）潜能开发是青少年成才的重要途径

人类的本质越丰富，其实践领域和社会关系越丰富；反之，实践领域和社会关系越丰富，亦愈有助于人类本质的实现。在校青少年学生的社会关系非常简单，主要为师生关系、同学关系和家庭关系，实践领域比较狭窄，单一的文化课学习，重理轻文，重视学生的智力而忽视非智力因素培养，束缚了能力的全面发展，导致了学生智能结构的失调，甚至影响了学生的身心健康。因此，在全面开发青少年潜能的过程中，应该特别注意把智力因素与非智力因素相融合，在促进人格健全、个性和谐的同时，促进智商与情商的和谐统一，通过培养创造性思维，促进青少年能力的全面发展。

（二）潜能开发是促进人才发展和社会进步的重要动力

1. 潜能开发是促进人才发展的重要动力

从人才发展史看，一般来说，人才成就的大小往往直接取决于个人潜能的开发程度：潜能开发越多，其成就亦越高；反之，其成就则越低。也就是说，潜能开发与成就大小之间是正比关系，二者相辅相成、相互促进，产生一种特殊的"共生效应"。从潜能开发的角度看，这种"共生效应"既可以体现为潜能开发的深度，又可体现为潜能开发的广度。从人才发展的角度看，潜能开发越有深度，个人越朝着专才的方向发展；潜能开发越有广度，个人越朝着通才的方向发展。少数人才既是专才，又是通才，其潜能开发蕴含了深度与广度的统一，因此，为了加速潜人才向显人才的转化生成，必须充分利用这种"共生效应"，力求潜能开发中深度与广度的统一，以促进青少年潜能的全面发展。

2. 潜能开发也是促进社会进步的重要动力

人类为什么要开发潜能呢？这是因为潜能的开发也是潜能的解放，而潜能的解放也就意味着人的全面发展，这必然会提高人类认识世界和改造世界的能力，从而促进生产力的发展和社会的进步。唯其如此，智力发展才是长期的、艰巨的，而其实质正是通过开发潜能来促进社会的发展进步。

奥托在《人的潜能》一书中曾经指出："毫无疑问，人类的历史就是发挥潜能的历史。发挥人类潜能，也是开启人类未来的钥匙。"实际上，从开发潜能与社会发展的关系来看，社会发展史是科学发展史和人类思维发展史，也是人类潜能的开发和不断展现的历史。潜能开发体现了人类的主体需要，也蕴含了社会发展进步的客观需要，体现了人类主体性与社会客体性的统一。换言之，潜能开发是人类自身发展的需要，也是社会发展进步的需要，它与人才发展和社会逐步形成了交互作用的双向运动轨迹，即潜能开发、人才发展与社会进步的辩证互动关系。一方面，潜能开发促进了人才发展，人才发展又推动了社会进步；另一方面，社会进步又激励和促进了人才发展，而人才发展又促进着潜能开发。这样，三者在交互作用中形成了积极的良性循环。在这三者的良性循环中，潜能开发是人才发展和社会进步的出发点，也是促进人才发展和社会进步的重要手段，同时又是人才发展和社会进步的目的。因为只有全面开发潜能，才能拓展和丰富人的多重本质，使人的能力全面和谐地向前发展，正如拿破仑所认为的那样，一个人最大的幸福就是他的潜在能力得到最大程度的发挥。

三、挖掘学科课程中智力发展要素

大脑是人的智囊团，科学研究证明大脑分为左半球和右半球。左半球负责人的右侧的所有活动，左脑具有计算、理解、分析、归纳等功能；右半球负责人左侧的所有活动，右脑具有想象力、创新能力、直觉、灵感等功能（见图3-5）。

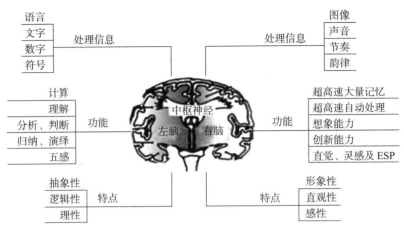

图 3-5　人左右脑功能图

1. 左脑开发的科学依据

左脑负责逻辑推理思维，那么如何发展左脑，提高逻辑思维能力呢？科学研究表明，个人可从以下几个方面有意识地开发左脑。

其一，对于在校学生，可以在数学和科学的计算和分析方面做更多的努力。思维任务需要左右大脑之间的密切配合，而有大脑偏见的人有必要训练左右大脑以促进大脑平衡，以使思维协调得到改善。

其二，思考问题时，把问题写在纸上，列出问题的细节，从头到尾整理细节，厘清问题之间逻辑关系的细节，养成分析推理的习惯；要多思考事情，问为什么，不要总是依赖直觉（右脑偏见的人大多凭直觉得出结论，缺乏详细的推理和分析过程）。

其三，在做事前，先写出任务目标，并将其划分为一般目标和具体阶段目标，制订实施计划，在计划实施过程中，要做好计算分析，锻炼规律性、组织性和控制能力。

其四，阅读具有较强思维和推理能力的文章，认真阅读，提高复杂语言逻辑的分析理解能力。

总之，左脑的开发是从生活开始，逐渐习惯思考，培养良好的逻辑生活方式，逐渐增强人的左脑功能能力。

2. 右脑开发的科学依据

右脑最重要的贡献是创造性思维。右脑不拘泥于局部的分析，而是统观全局，以大胆猜测跳跃式地前进，达到直觉的结论。在有些人身上，直觉思维甚至变成一种先知能力，使他们能预知未来的变化，事先做出重大决策。

开发右脑，国外学者主张从儿童做起，如苏联著名教育家苏霍姆林斯基说："儿童的智力发展表现在手指尖上。"他将双手比喻为大脑的"教师"。

人体的每一块肌肉在大脑皮质中都有着相应的"代表区"——神经中枢，其中手指运动中枢在大脑皮质中所占的区域最广泛。现在许多父母让孩子练习弹琴，实际上就是很好的指尖运动。随着双手的准确运动就会把大脑皮质中相应的活力激发出来，尤其是左右手并弹的钢琴、电子琴等。

根据已有的研究发现，可以根据以下方式有意识地开发人的右脑。

其一，借助外语开发右脑。美国神经外科近年发现：儿童学会两三种语言跟学会一种语言一样容易，因为当孩子只学会一种语言时，仅需大脑左半球，如果培养同时学习几种语言，就会"启用"大脑右半球。

其二，体育活动法。如每天跳上半小时的迪斯科健身操，或者打拳等；在打拳或做操时有意识地让左手、右手多重复几个动作，以刺激右脑。右脑在运动中随之而来的鲜明形象和细胞激发比静止时来得快，由于右脑的活动，左半球的活动受到某种抑制，人的思想或多或少地摆脱了现有的逻辑思维方法，灵感经常会脱颖而出。

其三，借助音乐的力量。心理学家发现音乐可以开发右脑。所以父母可以让孩子学习音乐。此时，还可以在孩子从事其他活动时，创造一个音乐背景。音乐由右脑感知，左脑并不会因此受到影响，仍可独立工作，使孩子的右脑在不知不觉中得到了锻炼。

其四，左侧身体运动。经常利用左半身的手、臂、腿、脚进行活动，能促进右脑的开发，如用左手写字、画画，用左手拿筷子、刷牙、扫地、拿东西，用左脚踢球、跳皮筋等。

其五，利用形象开发右脑。当我们在背数字、文字或字母的时候，把要记的东西的形象"刻"在脑海中，当我们在背诵的时候，仿佛是"看"着头脑中所记东西的形象读出来一样，不仅记得快，而且记得牢。像这样通过一系列形象开发右脑的方式有多种，例如玩有空间感的游戏，折纸、翻绳等；眼睛疲劳时望望天上的云，想象一下都像什么，想出的样数越多越好；看一幅画，默记，然后闭上眼睛，在头脑中再现画面，翻转、放大、缩小，在想象中进一步观察它的细节：如果是一棵树，想象出树皮、树叶、树上的小虫和鸟，解剖这棵树，想象出树心、树根；读剧本，不要仅看文字，更要想象场景，想象人物的动作神态；制订工作计划，不要只使用文字材料，图表可以更好地助你形象地安排工作。做这种训练，平时对各种事物的感性认识越多，想象越丰富。

3. 课程建设

在弄清左右脑开发的科学依据后，课程建设与有效开展教育教学活动就显得格外重要。厦门实验中学高度重视学生德、智、体、美、劳的全面发展，旨在培养有道德、有理想的聪明人，鼓励教师们在开齐开好相对应的国家课程基础上，还要以培养学生的逻辑思维能力、逻辑语言表达能力、空间感知能力、自我反思能力、人际交往能力、自然探索能力与生存能力等为目标，开设与自己专业相关的拓展类校本课程。

四、开设智力课程

（一）智力课程建设

基于以上智力发展的研究，厦门实验中学开设了系列智力发展课程，高效开发学生智力。在一年级至初三开设"两棋一牌"益智课程，"两棋"是指国际象棋和围棋，"一牌"是桥牌。面向全体小学生，开设了《国际象棋》必选校本课程，每位小学生都会下国际象棋，其中优秀学生在各级各类比赛中获得了好成绩。在初中阶段，每位学生必选《国际象棋》《围棋》《桥牌》课程。在初中和高中阶段开设竞赛课程，如初中和高中开设数学、物理、化学、生物、信息等奥赛课。在小学、初中、高中开设了语文阅读、英语阅读等课程。在从小学一年级到初三年级开设京剧艺术课程，每个年级有一个京剧班，聘请中国戏曲学院的专业教师常年驻校授课，开设《京剧文化》的校本选修课，经常举办有关京剧的专题讲座，开展周末京剧表演。京剧节目超百人次获全国一、二、三等奖，多个节目在中央电视台播放，受到中央电视台、中国文化报、福建日报、厦门日报等多家媒体报道，有很好的社会影响力。丰富多样的校本课程大致可分为通识课程、学科类课程、专业课程、技能课程等。不同的学段有不同的重点，小学学段重点在趣味性、动手操作；初中学段进行联系生活生产的探究；高中学段重点在思维与能力培养。

以下重点介绍厦门实验中学小学部的国际象棋校本课程与非遗物质文化遗产技艺校本课程。

1. 国际象棋校本课程

国际象棋，又称西洋棋，是一种二人对弈的智力竞技运动，是一种把战略战术和纯技术融为一体的理想游戏，熔竞赛、艺术与科学为一炉。

国际象棋，开启智慧之门；创新思维，筑就成才之路；国际象棋，文明、高雅、内涵深邃、棋局千变万化，趣味无穷。它是当今国际上最流行的智力体育运动项目之一，它的最大组织——国际象棋联合会，目前已有160多个成员国（地区），仅次于国际足球联合会。国际象棋有助于开发少儿智力，培养逻辑思维和想象能力，加强分析能力和记忆力，提高思维的敏捷性和严密性，培养孩子战术思想意识和全局观念，增强学习、生活中的计划性和灵活性，丰富业余文化生活。

国际象棋在厦门实验中学的逐渐兴起，离不开全校师生的共同努力。厦门实验中学在国际象棋特色学校的建设中，深层解读了棋类运动的棋理"博弈之道，贵乎严谨""棋错一招，满盘皆输"。从中认识到，作为一种头脑智力体操，国际象棋可以寓教于乐，不仅能开发学生智力，有效促进学生记忆力、观察力、想象力、注意力和逻辑思维能力提升，更能让学生修德养性，有利塑造健全人格。学生的成长如棋，应统观全局，走好每一步。

基于这个认识，厦门实验中学从建设国际象棋特色学校出发，根据时代的要求、本校的传统和实际情况，统筹规划，分步实施，以达成学校的发展目标；特色课程是体现学校特色的载体，构建科学合理的特色国际象棋课程体系，对于丰富特色学校教育教学活动、发展学生个性有着非常重要的作用；厦门实验中学的棋类活动始于国际象棋校本、社团课程。专门配备了专业教师，每周各班开设一节国际象棋校本课程，形成了深厚的学习训练氛围。

（1）针对孩子的特点，国际象棋课程设立了以下教学目标。① 让学生了解国际象棋，了解国际象棋悠久历史与文化。② 让学生在活动中发展智力，陶冶情操，培养良好的意志品质。③ 让学生初步掌握国际象棋技巧，提高棋艺水平。

国际象棋课程实施的宗旨：以棋育人、以棋修身、以棋养德。

（2）确定国际象棋教学措施。

教师方面：① 注意课程内容，可根据实际需要作出适当调整，提高练习兴趣。授课教师要熟悉教材内容，积极创设情景，用通俗易懂的语言，生动的故事进行课堂教学。教学过程中要结合文化教育、思想教育和情感教育。② 积极组织好每一次课堂纪律，为学生提供好的学习环境。③ 多鼓励、表扬孩子，相信每个孩子都能把国际象棋练好。④ 经常树立榜样。榜样的力量是无穷的，以他们的力量带动孩子们把国际象棋下好。

学生方面：多留心揣摩，注意把课内的学习延伸到课外。

家长方面：有能力的家庭可以为孩子配置棋具和书籍，以便孩子可以积极配合学校国际象棋课程的实施。

（3）确定国际象棋教学内容。① 国际象棋历史和文化简介。通过向学生介绍国际象棋的历史发展及"棋人棋事"，让学生初步感悟国际象棋的文化魅力；同时，为学生树立榜样，激发兴趣。② 国际象棋入门，让学生初步认识国际象棋，掌握基本方法，结合实战训练加深认识、提高水平。③ 简单的战略战术，通过实例分析，让学生感悟、提高棋艺，开发智力；同时，通过实战训练切实提高临场应变能力。在训练中，渗透贯穿育人思想，培养良好的心理素质和意志品质。

（4）明细课程组织。① 开设时间：利用学校校本、社团课程活动时间。② 课程分为国际象棋历史和文化简介、国际象棋入门、战略战术等部分。

学生在黑白对弈中，大脑越用越灵活，对文化学习和人格塑造起到了意想不到的促进作用，学生在情趣高雅的特色活动课堂上，情感丰富、思辨更有力，身心得到了全面发展；学校营造的浓浓国际象棋特色氛围，深深地吸引着和影响着学生；国际象棋的学习在学生的成长发展中引领学生合理规划学习生涯，为将来走向成功打好基础。并逐渐在各个赛事上取得了一定的成果，特别是 2017 年开始连续三年征战全国国际象棋特色学校锦标赛，成绩斐然。

厦门实验中学的国际象棋特色教育让学子从中启智、磨砺。在推进新课程改革的背景下，国际象棋已经成为厦门实验中学独有的课程资源和校园文化资源。

2. 非遗物质文化遗产技艺校本课程

小学重点校本课程《非物质文化遗产技艺》是适用于义务教育的一门文化技能课，涉及德、智、美等方面，旨在提高学生的动手能力，培养学生的观察力，发展学生的想象力，激发学生的创造力，培养小学生的合作能力，增强学生的中华文化自信。非物质文化遗产既是历史发展的见证，又是珍贵的、具有重要价值的文化资源。精美的蜡染工艺，中国的四大发明之一造纸术，精湛的竹藤编织技艺，厦门同安窑的珠光青瓷，穿在苗族人身上具有精湛技艺的苗绣和镶嵌在服饰上的精美银饰等国家级非物质文化遗产，是各民族精神价值、思维方式、想象力和文化意识的体现，是中华民族非物质文化遗产的瑰宝。如今这些非遗项目，在国家政策的扶植和保护下已声名远播，成为享誉全国乃至世界的文化符号，吸引了海内外知名企业的设计团队去汲取设计元素。但是由于现代生活方式对传统的冲击，这些非遗技艺与我们渐行渐远。该课程旨在介绍非物质文化瑰宝与技艺，让更多学生能欣赏到这些民族工艺品的美，让优秀的传统文化技艺走进现代生活。同时，课程由简入繁，循序渐进地进行传统技艺训练，让学生在感受中华民族非遗之美的同时也能传承技艺，让中华民族文化之美得以真正地传承。

本课程的学习以了解中华民族非物质文化遗产类目中的扎染、面具技艺、剪纸、绕线编织、竹藤编织为目的，以掌握非遗技艺为目标，课程主要介绍民族非物质文化遗产和手工技艺，并进一步阐述这些非物质文化遗产在现代生活中的具体应用；通过对技艺技法的操作和实践，对学生进行技能方面的训练，以期通过一定量的实践，让学生了解中华民族优秀的非物质文化遗产，感受其魅力，通过技艺的学习，能以民族文化为豪，能陶冶情操，能传承技艺并更进一步创造性地将其应用于现代生活。

小学一年级开设"扎染"课程，小学二年级开设"绕线"课程，小学三年级开设"藤编"课程，小学四年级开设"造纸"课程。

（二）实验项目课程建设

1. 初中"2+4"课程

（1）课程理念。"2+4"课程是指将初中与高中的课程进行优化，相当于初中 2 年，高中 4 年。"2+4"课程将"惟精惟新"办学理念与课程整合理念相结合，将国家课程、地方课程与校本课程进行了重新整合，构建了符合校情的"精新教育"课程体系。课程体系将高中的 15 门学科进行整合，分成 7 个学习领域，如图 3-5 所示。每门课程按照学生发展的不同层级水平或需求分为通识课程（学考、学科辅助课程）、学科类课程（高考课程）、专业课程（竞赛类、大学先修课程）、出国类课程（SAT、AP 等课程），做好初高中的学科衔接课程，体现"循序渐进"的认知规律。整合课程在宏观上涉及学校教学系统的学生、内容等要素，在微观上涉及学生的认知、情感、技能、需要、兴趣、意志及知识的各个系列等要素的成分。

图 3-6　厦门实验中学"2+4"课程体系

（2）课程目标。以教育部提出的"一点四面"育人目标为行动纲领，以"惟精惟新"为办学理念，以"取中华民族传统之精华，学校管理精细，学业专攻精深，实验创设新意，梦想勇于创新"为指导思想，构建基于国家课程标准，高于国家课程标准，具有厦门实验中学特色的四年制高中课程体系，满足学生个性化发展需求，为学生的人生理想奠定基础；同时，培养一支善于从事课程研制与实施的研究型教师队伍。

（3）课程结构。初中两年完成普通初中三年的主要课程。四年制高中划分为 3 个学段：基础学段（2 年，衔接 + 必修课程）；拓深学段（1 年，选修 +

校本课程）；综合应用，自主定向提高阶段（1年时间，高考冲刺）。

（4）课程设置。初中的"2"课程，主要任务是基本完成原本初中三年的课程教学任务，夯实双基，培养学生良好习惯，注重学科学习方法的积淀和学科素养的培养，重点突出办学特色课程（京剧课程），加强品德教育（思想品德），做好学科竞赛与实践创新（竞赛课程、科技创新与实践），提升学生学科思维能力与素养（学习方法指导、学科素养课程），关注学生身心健康（体育活动与心理），提升学生审美情趣（美术与音乐），做好初高中衔接（学科衔接课程）。高中的"4"课程，主要任务是以立德树人为根本任务，培养学生的学科核心素养，为学生形成正确的世界观、人生观与价值观，具有爱国情操、国际意识、人文关怀与科学头脑，德、智、体、美、劳全面发展奠定扎实宽厚的基础。在重视国家课程的同时，注重学科素养（通识课程、学科课程）、学生优势学科（专业课）与学生视野与兴趣（选修课、出国课程）的培育，另外，重视学生体育与心理健康（体育活动与心理）、艺术与审美情趣（美术与音乐）与动手实践能力（通用技术）的培养，满足不同层次学生的个性化发展需求。

（5）教学管理。

① "2+4"直升班学生选拔。以教育部提出的"德、智、体、美、劳"全面发展的原则进行直升学生的选拔，主要考核学生在校期间的学业课程水平、学科特长水平及德育行为表现三个方面，总分为200分，其中学业课程水平170分、学科特长水平10分、德育行为表现20分。按总分从高到低确定拟参加"2+4"实验项目学生名单。分别在初一第二学期、初二第二学期、初三第二学期进行选拔，选拔比例各为33.3%，并设置浮动班，进行动态管理，可进可出。

② "2+4"分层走班教学。在班级分层的基础上进行教学的分层走班；另外，为了实现学生兴趣、爱好与特长发展，学校开设了特色校本课程供学生选择，固定2课时的走班时间，进行全校的走班。

③"2+4"教学管理制度提升。在教学常规上，为保障"2+4"课程改革顺利实施，学校联合教务科、德育科、教研室与年段，分别制定了《教师手册》《学生手册》和《课程手册》，促进了教学管理制度的提升，形成了更加规范化、常态化的教学秩序。

在教学质量上，以创新制度引领教学，逐步形成了"三维五步教学法""五步学习法""年段质量分析办法""五个四"校本作业体系、导师制、家教式辅导、考试工作12条、厦门实验中学奥赛管理办法、"教—研—训"一体化管理制度等制度体系，有效促进教学质量提升。

（6）德育教育。

① 励志先行，做好生涯规划。第一，做好职业生涯规划通识课程的开设。在初三下学期就开设"学业与职业规划"通识课程，把该课程安排进课表，由专业的心理教师进行授课，让学生对个人兴趣、职业类别与规划方式等方面有一个全面的认识。第二，做好学生职业规划的团队辅导。采取"引进来"的方式，聘请职业规划的专家进校，对学校学生进行职业规划辅导，进一步让学生更加明确自己的兴趣、职业倾向，确定个人的选科方式。第三，搭建科学的在线测评系统供学生自测。学生通过霍兰德职业兴趣（或者MBTI职业性格测试）和心理在线测评系统进行自测，客观地洞悉个人的职业倾向，分析个人的优劣势，进一步明确自身将来的职业方向与选科可能。第四，做好对家长的新高考政策解读、职业生涯规划与选科的辅导。高度重视家校联合工作。一方面，通过年段、教研室或教务部门，第一时间将最新的有关新高考综合改革的政策解读给家长；另一方面，聘请职业规划的专家进校，开展多场有关职业生涯规划与选科的公益性讲座，让家长参与到学生的规划与选择中来。第五，从初三到高一下学期进行至少三轮的选科模拟，让学生有充分的思考与抉择的机会。学生选科受到多方面因素的影响，比如学业成绩、个人兴趣、同学意见、家长意见、导师意见、班主任意见、学校优势学科等，故而，一次的选科是不够的，要进行至少

三轮的选科，让孩子在深思熟虑后做出最优选择，也让孩子的心智在选择中成长。

② 狠抓常规，养成良好习惯。第一，制度先行，引领方向。学校有一套完善的德育工作制度，形成了《厦门实验中学德育工作制度》《厦门实验中学德育工作队伍岗位职责》《厦门实验中学年段长工作制度》《厦门实验中学学生在校一日常规》（简称"一日常规十条"）、《厦门实验中学学生仪容仪表标准》《厦门实验中学学生奖惩办法》《厦门实验中学学生请假制度》《厦门实验中学中学住宿生管理规定》《厦门实验中学文明宿舍评比办法》《厦门实验中学星级班级评比方案》《厦门实验中学年段长、班主任考评方案》等规章制度体系。第二，狠抓常规，注重落实。学校形成以德育科、生管科、保卫科、团委、少先队、教务科等部门为一体的德育工作小组，以"教师引导监督为辅，学生自主管理为主"的民主管理机制，充分发挥学生的主观能动性，提升学生的价值认同、自我约束、自我管理等诸方面能力，主要以"一日10条常规"为对照，促进学生形成良好的学习与生活习惯。第三，家校联合，形成合力。加强学校与家庭、社会的联系与沟通，基本形成学校、家庭、社会协同育人体系。学校成立家委会，制定家委会章程，成立"家长学校"，年级成立家委会，配合年段开展学生教育、家长学校工作，促进学生健康成长。学校开设校信通，建立家长QQ群，年级班主任建立微信群、QQ群，定期召开家长会，扎实开展"进社区进家庭"活动，了解学生在家情况，同时宣传学生，健全学生档案，加强与家长的沟通联系，形成合力。给每位家长发放《家长手册》和《家长阅读书目》，让家长更好地了解学校情况，邀请家长志愿者参加校运动会，邀请家长参加学校合唱比赛，邀请家长开设讲座，邀请家长参加十八岁成人仪式、中高考誓师大会等教育场合，共同见证孩子的成长。

③ 德育为先，活动课程精彩。学校以活动课程为载体，进行德育教育。活动课程精彩纷呈，传统节假日、科技节、读书节、艺术节、体育节、"两

棋一牌"比赛、军训、毕业班誓师大会、国旗下讲话、主题班会、演讲比赛、手抄报、讲座、社团俱乐部、主题夏令营、社会实践和社区服务等活动，让每个学生都能找到兴趣，拓宽视野，全面提升综合素质。

（7）"2+4学制"实验项目建设的成效。

① 构建课程体系，凸显"2+4"学制优势。重新整合了国家、地方与校本课程，构建了符合校情的"精新教育"课程体系，课程涵盖15个学科，7个领域（语言与文学、数学与科学、人文与社会、信息与技术、艺术与审美、体育与健康和综合实践活动），4个类型（通识、学科、专业和出国类）。在国家课程（通识与学科类）建设方面，重点对初、高中教学衔接进行突破，编制适合学情的校本教材，在初三年级开设衔接课程，实现初、高中学习的"无缝对接"；在专业类课程上，重点实现学生学科特长。

② 夯实国家课程，重视初、高中衔接。高度重视国家课程建设，着力夯实学生基础。重视学生基本知识与基本能力的培育，以"向教研要质量，提高课堂效率"为基本思路，加强集体教研与集体备课，"自学"与"集备"相结合，研究新课程标准、新教材、考试大纲、考试说明、历年真题等，努力做到"教学有方向，课堂有重点，作业有质量，课后有反馈"。仔细研究初、高中学生学习的思维障碍，从心理学与学科的双重视角，分析初、高中衔接过程的重点与难点，以知识为载体，以方法为突破，编写九大学科衔接教材《厦门实验中学初高中衔接教材（九科）》，实现初、高中学习的"无缝对接"。

③ 发展特色校本，提升学生综合素养。在完成国家课程的基础上，高度重视学生兴趣、爱好与特长的培养，校本课程丰富多彩。在专业类课程上，重点实现学生学科特长，在五大学科奥林匹克学科比赛、科技创新比赛、机器人大赛等重要赛事进行人才培养，本着"抓早抓实"的原则，在初中二年级进行培育，开设《竞赛课程》，着力培养"尖子生""竞赛生""自招生""特长生"等；在出国类课程建设上，学校目前还处于起步阶段，开设了《英语口语》《国际视野》等普惠课程，并定期选拔学生出国访学，拓展国际视野；

在特色校本课程上，重视学生的个性化发展需要，开设门类齐全的校本课程，供学生选择，目前学校已有的校本课已达百门，部分课程已日臻完善，如"京剧文化课""红楼梦选读""文艺互动——当作家遇上绘画""趣味数学思维训练""英国文学赏析""英语口语训练""高中物理 DIS 实验""化学校本计算""化学与生活""中外哲学人物选读""旅游地理揭秘情绪""趣味版画""书法""桥牌""围棋""国际象棋""足球"等课程，深得学生喜爱。

④学生学业与综合素质发展成果。项目实施五年来，学生学业成绩优异，已连续三年中考 P 值居全市第一。不仅如此，学生在学科竞赛、科技创新赛、机器人大赛、艺体类比赛等也取得了优异的成绩。在学科竞赛方面，信息学与生物学率先实现了突破，叶宇凡同学实现信息学竞赛的突破，获得省一等奖，还有的获得了自主（强基）招生的资格，有多名学生获省一、二、三等奖；在科技创新比赛方面，2017 年陈恬楠同学荣获省一等奖，并获得卢嘉锡科学专项奖励，另外，有多名学生荣获省二、三等奖。在机器人大赛方面，陈惊同学在 2017 年"中国移动'和教育'杯"第十八届全国中小学生电脑制作活动电脑机器人竞赛中，荣获全国三等奖，并有多名学生荣获省二、三等奖。艺术体育类比赛方面，在第六、第七届国戏杯学生戏曲大赛中，厦门实验中学初中京剧特长班选送的节目连续两年荣获全国一等奖，王睿 2015 年荣获第 30 届全国青少年科技创新大赛科幻绘画全国三等奖，初中男子手球队荣获 2017 年的全国中小学生手球锦标赛的全国三等奖，并有多名学生在艺体类比赛中荣获省一、二、三等奖。

⑤教师专业成长发展成果。在"精新教育"的指导下，学校形成了"惟精惟新"的校风，"善学善教"的教风，"惟志惟勤"的学风。办学五年，学校实现跨越发展，整体办学水平高、有特色，教师队伍素养好、有名师，学生成绩优、有特长。目前，厦门实验中学有正高级教师 2 人、特级教师 2 人、省学科带头人 3 人、市专家型教师 5 人、市学科带头人 7 人、骨干教师 24 人。教学业务方面，厦门实验中学教师敬业爱生、专业博学、教有特色，在各级

各类教学比赛屡获佳绩，国家级荣誉5项，省级荣誉49项，市级荣誉178项。其中，林震苍、林芳教师在全国中小学实验教学说课比赛中荣获金奖，邹标、赵丽佳教师获得银奖，任淼教师获得铜奖，林琛琛、张思思等教师积极参加教育部举办的"一师一优课，一课一名师"晒课活动，获省级优课13节、市级优课16节。教育教学研究方面，厦门实验中学教科研氛围浓厚，教科研工作扎实，发动面广，各教研组均有校级以上教科研课题，成功立项多项国家级、省级、市级课题；出版与发表大批专著与论文。

2. 高中新高考课程

（1）课程框架体系。厦门实验中学"精·新"课程整体框架图如图3-7所示。课程由必修、选修两类课程构成。必修课程包括共同必修课程与选择性必修课程，选修课程为结合地方与学校的特色校本课程，包含两类课程——知识拓展类与兴趣爱好类。

必修课程，由国家根据学生全面发展需要设置，所有学生必须全部修习，三年合计88学分。其中，综合实践活动是每个学生的必修课程，由研究性学习、社会实践和志愿服务三部分组成，三年合计14学分。

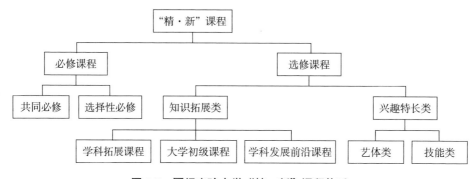

图3-7　厦门实验中学"精·新"课程体系

① 学校要落实研究性学习课题活动，引导学生关注厦门的社会、经济、科技和生活中的问题，通过自主探究、亲身实践的过程综合地运用已有知识和经验解决问题，学会学习，培养学生的人文精神和科学素养。完成2个课

题研究或项目设计，以跨学科研究为主，计6学分。

② 社会实践由学校统一组织实施，每学年安排一周（按5天工作日计算），内容包括党团活动、军训、社会考察、职业体验等，计6学分。

③ 志愿服务由学生在课外时间为社区提供公益性的义务服务，三年累计不少于40小时，计2学分。

选择性必修课程，由国家根据学生个性发展和升学考试需要设置。学生必须在本类课程规定范围内选择相关科目修习。

选修课程，为学校特色校本课程，包括学科拓展与兴趣爱好两大类课程，由学校根据情况统筹规划开设，学生自主选择修习。

（2）课程设置。

① 该方案是在依据教育部《基础教育课程改革纲要（试行）》与《普通高中课程方案》（2017年版）、福建省《福建省普通高中课程设置与教学管理指导意见（试行）》《福建省深化考试招生制度改革实施方案》（省政府闽政〔2016〕20号）、《福建省教育厅关于印发福建省普通高中学业水平考试实施办法（试行）和福建省普通高中学生综合素质评价实施办法（试行）的通知》（闽教基〔2016〕53号）和《厦门市普通高中新课程教学实施指导意见（2013版）》等文件精神，结合厦门市教育局的有关规定和要求制定的。

② 课程类别：必修、选择性必修与选修课程。

③ 周课时安排如表3-5所示。

表3-5 厦门实验中学高中周课时安排

课程	高一		高二		高三		总学分
	第一学期	第二学期	第一学期	第二学期	第一学期	第二学期	必修+选择性必修+选修
语文	4	4	4	2+2	会考	总复习	8+6+2
数学	4	4	4	2+2	5（学考）	5	8+6+2

续表

课程	高一		高二		高三		总学分
	第一学期	第二学期	第一学期	第二学期	第一学期	第二学期	必修+选择性必修+选修
英语	（会考）	总复习	总复习	8+6+2	5（学考）	5	6+8+2
物理	4	4	4	2+2	0/4	0/4	6+6+0
化学	（会考）	总复习	总复习	6+8+2	0/4	0/4	4+6+0
生物	2	2	2/4（会考）	4	总复习	总复习	4+6+0
思想政治	2	2（会考）	2	4		总复习	6+6+0
历史	2	2（会考）	2			总复习	4+6+0
地理	2	2	2/4（会考）	4		总复习	4+6+0
音乐	2	2	2（会考）	4	总复习	总复习	3+2+0
美术	2	2（会考）	2	2	2	总复习	3+0+0
体育与健康	1	1	1	1	1（会考）		12+2+0
信息技术			1	2（会考）	0	0	3+0+0
通用技术	2	2	2	2	3	3（会考）	3+0+0
劳动	0	1	2（会考）	0	0	0	6+0+0
研究性学习	0	0	1	2（会考）	0		6+0+0
社会实践	1	1	1	1	2（课外志愿服务）	6+0+0	2+0+0
校本课程	1	1+1（课题研究）	1	1+1（课题研究）	0	0	0+0+8

附加说明：

第一，根据会考时间阶段安排，高一开设音乐和信息技术课程，高二开设美术与通用技术课程。

第二，综合实践活动在课程表中课时为研究性学习时间，由教务科负责组织实施。

第三，社会实践活动安排在周末或假期，可分散也可集中进行，由德育科负责组织实施。

第四，职业生涯规划通识课程安排在心理课，由心理组教师进行授课，生涯指导课程安排在班会课时间，在双周开展，由班主任授课。

第五，学校安排学生在校课堂教学时间不能突破周课时总量 35 节。

④ 学分管理。学生毕业的学分要求。普通高中学生在三年中至少获得144学分方可毕业。其中必修116学分、选择性必修至少22学分、选修至少6学分。开设课程与学分设置如表3-6所示。

表3-6 开设课程与学分设置

课程	共同必修（必修+必选）学分	选择性必修学分（文科）	选择性必修学分（理科）	选修学分
语文	10	6~10	6~8	0~6
数学	10	6	6	0~6
外语	10	4~6	6~8	0~6
思想政治	8	4~6	鼓励学生选修有兴趣的模块	0~4
历史	6	4~6		0~4
地理	6	4~6		0~4
物理	6	鼓励学生选修有兴趣的模块	4~6	0~4
化学	6	—	2~6	0~4
生物	6	—	4~6	0~4
技术（含信息技术和通用技术）	8（4+4）	2+2/4		0~4
艺术（含音乐美术）	+6			0~4
体育与健康	+11			0~4
综合实践活动（研究性学习、社区活动、社会实践）	23（15+2+6）			—
校本课程				6
合计	116	≥22		≥6

（3）学生学分的认定。

① 学分认定的基本程序。学校确定课程考核负责人→课程考核负责人提交学生考核成绩→学科组审核→教务科复核→主管教学副校长确认→校长审签→学分管理员记入学生学籍表→存档。

学分认定程序中的各个环节，有关负责人必须签署意见并签名。

② 选修课程学分认定的基本条件是课时、过程和考核三方面：课时不少于规定的 2/3（18 课时 1 学分，45 分钟为 1 课时）；学习过程表现良好（依据过程纪录、学习成果、师生评价等进行评定）；参加学校组织的考试或考查合格。

学生参加校外培训或考核获得某项资格或等级证书，可向学校提出学分认定申请。学校根据相关证明材料，按照 18 课时 1 学分的标准折算并认定学分。

③ 学生的异议处理。学生申请学分不予认定的应及时通知本人和家长，并说明理由。对于因学段考试（或考查）成绩不佳未能通过学分认定的学生可以申请补考或重考，补考或重考均在下学期初的两周内进行。学生对学分认定有异议，可向学校学分认定与管理工作小组提出复议申请并有权得到答复。

④ 没有获得学分可以通过重修该课程考核合格再获取学分。

⑤ 校本课程学分认定总表（表 3-7）。

（该课程成绩 = 测试成绩 ×60% + 课堂表现成绩 ×20% + 考勤成绩 ×20%）

表 3-7　校本课程学分认定总表

学年：　　　　　　课程：　　　　　　任课教师：

学号	姓名	考勤	课堂表现	学业水平	总分	学分
1						
2						

⑥ 综合实践活动学分的认定。由学校按照有关标准或办法并按有关程序认定。

（4）学制与课时。高中学制为三年。每学年 52 周，其中教学时间 40 周，社会实践 1 周。每周 35 课时，每课时按 45 分钟。

（5）教学管理方案。根据厦门实验中学实际，拟定高一上学期按正常行政班开展教学管理，并在高一对学生进行生涯规划通识教育，并利用职业测评系统给出每位学生的职业倾向和学科优劣势分析，以便于学生做出有利于职业发展的选科。

在高一下学期期末，按照学生个人志愿，进行6选3预选与正选，并根据选科结果进行分班，在高二上学期正式进行选课走班。

学生可参考个人兴趣爱好、专业的职业测评报告、导师与家长意见和高考录取专业的需要，通过学校的选课走班系统，在物理、化学、生物、政治、历史、地理六个学科中选择三个发展性学科。教务科根据学生的选课结果和学生学习水平对学生进行分班，并安排相关的科任教师进行教学班授课。

① 行政班与学科走班。行政班管理模式：班集体管理制度不变。学校通过《厦门实验中学中学生日常行为管理办法》的实施，建立学生成长记录。强化教管合一，对学生进行综合素质的考察，将过程性评价与终结性评价有机结合。德育科为主负责实施，班主任、科任教师协调进行管理。

学科走班制管理模式：班主任、任课教师分别从不同角度做好学科走班制教育教学管理工作。教务科为主负责实施，科任教师进行管理。

② 行政班管理。原行政班和班集体建制不变，班主任负责行政班学生的升旗仪式、课间操、班会课、自习课（含晚自习）管理等，组织参加学校安排的各项活动，并对学生进行综合评定。具体管理措施如下：第一，班主任要根据学校的安排，积极主动配合任课教师指导学生做好选课工作。第二，在工作方法上要变静态为动态，变被动为主动。根据走班制的特点，注意了解学生的表现、困难，尽心尽责，主动工作。第三，班主任要有良好的合作精神，要主动帮助科任教师克服在工作中遇到的困难，支持和配合科任教师搞好工作，形成良好的合作关系。第四，班主任要教育学生树立"大集体"观念，在行政班和教学班都要注意团结友爱，维护班级的纪律和荣誉，培养主人翁意识，并要求班干部起模范带头作用。第五，班主任要及时了解本班学生的学习情况，对任课教师反映的问题要认真对待。对于不适应"走班制"

的学生要多关心，及时与任课教师协商，尽量缩短学生学习的适应期，提高学习成绩和综合素质。

③ 学科走班管理。学科走班上课必须做到"三定"：定临时班干部、定座位、定科代表。科任教师负责本节课学生的出勤、学习态度、表现情况及纪律、卫生等常规工作的管理，并通过教学管理系统及时向班主任反馈。

④ 建立反馈制度。第一，建立学生学习、表现情况反馈制度。定期召开任课教师和班主任联席会及各层面学生座谈会，做好学生学习状态分析，保证走班制教学的质量和效果。第二，做好资料收集和整理工作。包括学生模块学分认定表、成绩汇总表等；各种反馈信息，如问卷调查原始资料及调查分析，走班制过程管理有关的其他材料。

⑤ 建立协调机制。学校各职能部门既分工又合作，加强对行政班和教学班的指导、管理和服务，及时发现新情况、新问题，并统筹协调解决。

（6）学生管理方案。新高考学生管理实行行政班与分层教学班相结合的学生管理模式。

① 语文、数学、英语学科在原始行政学习，6门选科即政治、历史、地理、物理、化学、生物，每位学生从这6科中任选3科作为高考等级考科目，由学校教务科重新编班后实行年级内走班。结合厦门实验中学的学生选课情况和师资配备情况，进行少于20种组合编班方式。

② 原行政班班主任负责日常事务管理和非教学时间的管理，任课教师负责教学时间的常规管理。学校要求每位教师不断提高自身的业务能力，都能高质量地承担一门必修课、一门选修类必修拓展课，并指导以自己所教学科为主的相关领域的研究性学习和学科拓展选修课程，逐渐建设、完善、形成富有个性特色的课程"套餐"。

③ 强化综合管理，构建班主任、任课教师、科代表"三位一体"的班级管理模式。强化班主任和任课教师、班干部、科代表的管理信息沟通，严防出现管理的"真空地带"。首先，为教学班配备班干部。其次，每个行政

班的班主任与学科教师协商选定科代表 1 名，保证在每个教学班里都有来自不同行政班的科代表。这些科代表是班主任和各教学班之间的联络员，负责把上课纪律、作业情况，包括对任课教师的反映等信息传递给班主任，同时是科任教师的教学助手和负责作业的收发、学生学习情况沟通与反馈的联络员。

④ 教务科加强班级的教学管理。通过学生的考试成绩了解学生的学习情况，以此为基础制订下一步的教学目标。教务科通过经常召开学生座谈会、对教师的教学常规进行检查等途径了解掌握教学情况，及时予以督促改进。

⑤ 学生的成绩评价方面，加强平时的学习检测，将平时的课堂提问、谈话、作业、课题研究、阅读等评价信息都纳入学习成绩。根据学生学科成绩的变化情况，以学习态度、课堂表现等过程性记录及期中、期末成绩为参照，对学生进行跟踪管理。

⑥ 期中、期末采用诊断性考试。政治、历史、地理、物理、化学、生物 6 门科目实行合格性考试与等级性考试，时间都为 1 小时。合格性考试内容以普通高中课程标准中的基础型课程要求为依据，考试成绩合格是高中学生取得毕业资格的必要条件；等级性考试内容以普通高中课程标准中的基础型和拓展型课程要求为依据。

（7）校本课程建设方案。厦门实验中学将结合人才培养定位、学生个性化发展需求和师资配备情况，在保障国家课程开齐开足的前提下，开设校本选修课程。校本选的课程分为知识拓展类课程、兴趣特长类课程两大类型，学校已开发 108 门课程。校本课程在高一每学期 2 课时，高二每学期 1 课时。在校学生根据兴趣爱好自由选择课程，必须选修至少 4 门校本课程，获得至少 6 学分，才能完成毕业所需的学分（见表 3-8～表 3-11）。

表 3-8 大学初级课程（5 门）

序号	课程名称
1	数学竞赛
2	物理竞赛
3	化学竞赛
4	生物竞赛
5	信息竞赛

表 3-9 学科发展前沿课程（4 门）

序号	课程名称
1	人类生存发展与核科学
2	应用光学
3	分子影像学简介
4	科学漫想

表 3-10 学科拓展课程（74 门）

序号	课程名称	序号	课程名称
1	《红楼梦》选读	21	三国杀中的玄妙数学
2	经典诵读：《论语》	22	《新概念英语》
3	TC 国学素养课程	23	经典英语名著阅读与赏析
4	了解苏东坡	24	英美诗歌鉴赏
5	诗海拾贝	25	英国文学赏析
6	《说文解字》略读	26	走近英国
7	文艺互动——当作家遇上绘画	27	英语口语训练
8	有趣的中国传统文化	28	英语趣配音
9	中学《史记》选讲	29	英语作文的华丽变身
10	我们一起来学逻辑学吧	30	英美影视赏析
11	整本书阅读——《娱乐至死》	31	影视欣赏和影评写作
12	方言文化	32	英语报刊阅读
13	中国现当代文学作家作品研究	33	英语阅读课
14	数学思维提升	34	西方文化
15	初高中数学衔接课程	35	外教口语课程
16	数学史选讲	36	《哈利·波特》系列赏析
17	趣味数学	37	Spreading Chinese Traditional Culture in English
18	数学思想方法	38	高中物理 DIS 实验
19	我心中的数学	39	物理学史
20	趣味数学思维训练	40	高中物理解题方法

续表

序号	课程名称	序号	课程名称
41	物理提高班	58	国家和国际组织常识
42	高中化学校本计算	59	批判性思维与写作
43	生活中的化学	60	哲学趣谈
44	化学与生活	61	旅游地理
45	趣味化学实验	62	旅游景观欣赏
46	生活化高中生物实验拓展研究	63	观影地理，探秘求知
47	历史改革研究	64	地理生活
48	另眼看美国历史	65	看视频学地理
49	开心学国学	66	揭秘情绪
50	国王的世界史	67	情绪管理我做主
51	20世纪的战争与和平	68	学习心理
52	历史高考题中的奥秘	69	心理电影鉴赏
53	希腊神话人物赏析	70	简易机器人制作
54	中国经典战例品析	71	程序设计入门
55	新闻周刊	72	动态网站的设计与开发
56	世界文化遗产	73	你早该这么玩PPT
57	中外哲学人物选读	74	高中生职业生涯规划

表3-11　兴趣特长类课程（25门）

序号	课程名称	序号	课程名称	序号	课程名称
1	京剧文化课	10	舞蹈基础训练	19	军事礼仪与国旗班训练
2	书法	11	音乐剧欣赏与编排	20	微电影拍摄与制作
3	桥牌	12	管乐合奏	21	手球基础与训练
4	围棋	13	趣味版画	22	高中篮球（女）
5	国际象棋	14	当代素描写生	23	校园定向越野
6	闽南语言文化	15	名师名画赏析	24	足球
7	基础韩语	16	邮票上的艺术	25	武当武术
8	播音主持	17	陶艺		
9	硬笔楷书	18	纸艺花		

（8）教学评价方案。为有效落实"新高考"与新课标相关文件精神，创新教学工作评价体系，有效提高厦门实验中学教师的整体素质，打造精品教师，提高课堂教学质量，培育德智体全面发展学生，实现"现代化、实验性、国际化、示范性"的教学目标，特制订以下教学评价方案。

第一，评价的原则。包括发展性原则、层次性原则、自主性原则、激励性原则、公正性原则。

发展性原则：评价要体现当前教育发展趋势，体现现代教学观，以教师发展为本，"注重过程、注重发展"，既要看结果，更要看过程，把教师的日常教学工作作为评价的重点，使不同层次的教师在达到学校要求、完成教育教学任务、实现自己的专业发展计划、满足学生发展需求等工作的过程中，在原有的基础上都有所发展。

层次性原则：评价要体现层次性，体现提升性，"考虑层次、分层要求"，对新教师、合格教师、成熟教师、骨干教师、学科带头人提出不同层次的要求，以促进不同层次教师的专业能力都获得不断发展和提升。

自主性原则：教师劳动具有个体性的特点，教师发展的主体是教师，只有按照自己的兴趣爱好、特长、特点、思维方式去发展才能获得有效发展。评价要"尊重差异、尊重特色、尊重创新"，充分尊重教师的主体地位，让教师充分行使"计划自主、发展自主、评价自主"的权利，挖掘教师自身发展的潜能，开拓发展时空，发挥教师发展的主动性和创造性，不断提高教师自我反思、自我完善、自我发展的能力。

激励性原则：人人都是需要激励的，激励能使人奋起，能使人从小的成功走向大的成功。评价要"注重促进、注重激励"，改变以往只注重横向比较的评价方式，要注重教师自身发展的纵向比较，鼓励教师在不同阶段、不同基础的情况都能不断获取成功的体验，以形成自我发展的动力。

公正性原则：只有公正的评价教师才认同，只有公正的评价才能调动教师的工作积极性。评价要"实事求是、客观公正"，做到公开、公正、公平。

第二，评价的方法。从有利于促进教师专业发展的角度，设立以下评价指标。

① 教师个人教学反思与总结（占 15%，教研组组长、教务科负责）。

② 教学资源数量与质量（校本作业、教案、课件、选修课资源）（占 20%，教研组长、教研室负责）。

③ 学生选课人数（占 5%，教务科负责）。

④ 教育教学成果（占 10%，教研室负责）。

⑤ 月考、期中与期末质检成绩（占 30%，教务科负责）。

⑥ 学生满意度测评（占 20%，教务科负责）。

以上 6 个指标都设立相应的量化表格，客观、公正进行打分。

第三，学生评价。学生评价以定性为主，坚持过程性与发展性原则，发挥对学生的激励功能，主要从以下指标进行评价。

① 考勤记录（占 20%）。

② 学习态度与学习习惯（占 10%）。

③ 校本作业完成情况（占 30%）。

④ 学习成果（实践操作、作品鉴定、竞赛、汇报演出等，占 10%）。

⑤ 月考、期中与期末质检成绩（占 30%）。

（9）综合素质评价方案。

① 指导思想。全面贯彻党的教育方针，坚持立德树人，充分发挥综合素质评价的导向和激励作用，促进学生全面而有个性地发展，为学生的终身学习和发展打下基础。促进评价方式改革，转变以考试成绩为唯一标准评价学生的做法，促进普通高中人才培养模式转变，为高等院校科学选拔人才提供重要参考。

② 基本原则。坚持方向性，引导学生践行社会主义核心价值观，爱党爱国，传承和弘扬中华民族传统美德。坚持指导性，把握学生的个性特点，关注成长过程，激发每个学生的潜能，挖掘发展优势，鼓励学生不断进步。坚

持客观性，以事实为依据，客观记录学生成长过程中的突出表现，真实反映学生的发展状况。坚持公正性，严格规范综合素质评价程序，强化有效监督，确保评价过程公开透明。

③评价内容。第一，思想品德。包含日常行为表现、党团与有关社团活动、公益活动、志愿服务、奖惩等评价要点。要突出学生在爱党爱国、理想信念、诚实守信、仁爱友善、责任义务、遵纪守法等方面的日常表现，如实记录学生参与党团与有关社团活动、公益劳动、志愿服务等的次数与持续时间，以及个人获得的荣誉称号或处罚情况等。第二，学业水平。包含国家课程修习、学业水平考试成绩、校本课程修习、研究性学习与创新成果、个人优势学科学习情况等评价要点。要突出学生各门课程基础知识、基本技能掌握情况及运用知识解决问题的能力等；鼓励学生发展学科特长，培养综合实践能力与创新精神。可探索将学分评价、等级评价及学习成果记录有机结合的发展性评价方式。第三，身心健康。包含体育课程修习、日常体育类活动、《国家学生体质健康标准》测试成绩、心理素质表现、体育特长发展等评价要点。要突出学生的健康生活方式、体育锻炼习惯、身体机能、运动技能和心理素质等内容；如实反映学生在体育课程学习、课间操、阳光体育活动，参加运动队与运动会及体育特长发展中的表现。第四，艺术素养。包含艺术类课程修习、日常艺术类活动、艺术特长发展等评价要点。要突出学生对艺术的审美感受、理解、鉴赏和表现的能力；如实反映学生在音乐、美术、舞蹈、戏剧、戏曲、影视、书法等方面表现出来的兴趣特长，参加艺术活动的行为表现和成绩。第五，社会实践。包含军训、集中生产劳动、社会调查与实践课堂活动、科技活动、创造发明等评价要点。要突出学生在社会生活中动手操作、体验经历等情况；如实记录和呈现学生参加军训、学工、学农、实习、勤工俭学、参观学习、社会实践课堂等实践活动的次数、持续时间，形成的作品、调查报告、创造发明等。

④评价程序。第一，成长记录。学校要建立学生成长记录制度。从高中

入学起，每一名学生都要建立个人成长记录档案。教师要指导学生如实记录能够体现其综合素质发展的具体活动和表现，收集典型事实材料、标志性成果和其他佐证材料。活动记录和事实材料等要真实，有据可查。第二，整理筛选。每学期末，教师指导学生整理、筛选能反映其综合素质情况的重要活动记录、典型事实材料、标志性成果等有关材料，并上传到学校的综合素质评价网络管理系统。第三，审核公示。学校成立评审小组，每学期末对申报的材料进行审核。遴选出来的活动记录和事实材料通过学校综合素质评价网络管理系统进行公示，公示时间不少于 5 个工作日。第四，形成档案。高中毕业前，学生结合综合素质发展情况撰写自述报告，并由任课教师撰写评价意见。根据综合素质评价信息管理系统的录入信息，形成《厦门实验中学高中毕业生综合素质档案》。经学生确认后在本校公示。公示无异议，学生本人签字，再经家长、教师和校长签字，加盖学校公章后形成最终档案，并适时提供给高等院校招生录取参考使用。

⑤ 材料使用。学校建立学生成长记录制度以及构建本校综合素质评价体系的过程中，引导学生不断发现和提升自我，建立自信，体验成长的快乐。通过展示活动，促进学生互助学习，共同提高。通过教师指导，帮助学生确立发展目标，促进学生全面而有个性地发展。通过综合素质评价改革，引导各年级开展多样的素质教育活动，促进普通高中人才培养模式的转变。

⑥ 保障措施。第一，加强组织领导。成立厦门实验中学综合素质评价工作领导小组，统筹协调本校各科室、各学段的工作。要把学生综合素质评价与学校常规工作结合起来，将办学特色和学生身心发展统一起来。第二，建立管理平台。建立厦门实验中学学生综合素质评价网络管理平台，以管理综合素质评价的数据，并向高等院校提供《厦门实验中学高中毕业生综合素质档案》。要为学生建立成长记录网络管理平台，负责信息的收集与管理，并按全市统一的规范与标准上传数据。第三，健全管理制度。要建立健全个人诚信承诺制度、公示制度，畅通举报渠道，加强监督。建立申诉与复议制度。

学生、家长、教师和其他社会人员对学生综合素质评价申报内容如有异议，可向学校举报或申诉；学校要对所反映内容重新进行审核认定。

（10）保障措施。

① 组织保障：学校除了全面调动现有管理资源之外，为了高效率地落实新课程方案的实施，解决学校在实施过程中亟待解决的问题，还成立了相应的领导小组和工作小组。

② 制度保障：为了更好地推进新课程方案的实施，引领教师和学生更好地适应新高考，促进学校办学目标和培养目标的顺利实现，学校制定了一系列的规章制度和工作方案。主要建立了《厦门实验中学新高考下基于大数据的立德树人培养方案》（包含职业生涯规划与测评、选课走班与综合素质评价电子化管理方案）《厦门实验中学校本课程建设与管理制度》《厦门实验中学教研组长考核办法（试行）》《厦门实验中学关于备课组建设与工作制度》《厦门实验中学学习与培训制度》《厦门实验中学必修分层走板管理细则》《厦门实验中学教学管理方案》《厦门实验中学选修课程学分认定办法》《厦门实验中学学生社会实践活动方案》《厦门实验中学学生综合素质评价方案》《厦门实验中学学生社团管理条例》等。

③ 师资队伍保障：根据课程实施需要和校内调研数据，配齐配足高中部教师师资，对于部分学科教师不足的情况，及时向上级申请调整教师编制标准。全面开展深化新课程教学与管理培训，外派骨干教师参观学习先行试验的上海、浙江的改革经验，参加省、市培训，积极筹措校本全员培训、新课程新高考背景下教学培训、班主任管理培训、校本课程开发技术培训、新课程下教育评价培训等。打造智慧合作型教师团队，创建新型校本研究范式，优化教研结构团队，组建校本课程研发团队，营造合作氛围，培育合作精神。

④ 教育资源保障：根据课程实施需要，合理核定经费投入标准，及时上报预算。2018年厦门市教育局加大对学校的财政投入，基本能满足课程开发、教学研究、设施设备配置、资源建设、教师培训与研修及开展综合实践活动

等必需的经费需求。学校将对现有设施实施改造工程，比如配齐走班教室教学设施，完善理、化、生数字实验室，提升或改造教育教学管理平台，改善体育运动场地、设施等。

第五节 经典式常规管理

一、抓实教师一日常规

教师的行为习惯、工作态度、工作作风，直接形成学校的文化，直接影响学校的教育教学质量，也影响学生成长，甚至影响学生的一生。因此，抓好教师的一日常规就非常重要。厦门实验中学主要从以下几个方面抓教师的一日常规。

（一）制定文件

针对本校教师、学生的特点，成立由校级领导为组长，中层干部、段长、教研组长、骨干教师等为成员的团队，在深入调研的基础上，制定教师一日常规的校级管理文件，再将文件草案交由全体教师讨论，收集意见进行修改完善，形成正式的文件，发布执行，做到有依据和标准。

（二）加大宣传

将教师一日常规制作为美观的卡片，分发给每位教职工；召开专题的学校大会进行逐条解读。宣传学校的优秀教师，引领示范。结合学校的网站、微信公众号、抖音等，宣传优秀教师。

（三）分级培训

对新入职的教师开展分项专题讲座，安排带教教师，形成好习惯；对骨干教师提出高要求，进行示范引领；对中层干部、段长、教研组长等管理人员指导管理方法、处置措施等，提高管理水平。

（四）专项培训

业务方面，进行专业培训。如培训如何上好高质量的课等；进行专题培训，如教学设计、板书设计、提问策略、课堂评价等；邀请专业人士对教师进行着装、言谈举止等专业培训。

（五）专项比赛

学校设置系列的全校教师参与的比赛，提升全体教师的业务水平和能力，树立榜样。如教学设计比赛、板书设计比赛、教师基本功比赛、作业设计比赛、最美教师（杰出教工）评选等。

厦门实验中学教师一日常规

为建立稳定正常的教育教学秩序，形成良好的校风、教风和学风，全面提高厦门实验中学教育教学质量，特制定厦门实验中学教师一日常规。

一、上班

1. 衣冠整洁，不染发，不佩戴饰物；见到同事和学生主动打招呼。

2. 不迟到，做好自己的值日工作，进校门后不随便出校门。

3. 维持办公环境卫生整洁，不大声喧闹。

4. 班主任督查班级卫生人员到位情况，向年级汇报。督促落实学生按时交作业。

5. 认真组织并适当指导朗读、背诵，检查早读作业的完成情况，确保人数和效果；严禁整班讲评作业。

6. 早读下班教师应布置早读任务，关注学生的健康状态，并针对情况适当处理。对不明原因缺课的学生要及时与班主任或家长沟通，了解情况，采取措施。

7. 遵守作息时间，上班时间不准乱窜办公室，不准随便吃东西、吸烟、喝酒、睡觉等。

8. 教师之间团结友爱，不传瞎话，不吵架，不在走廊等地大声讲话。

9. 养成进出办公室等区域随手关门、关水、关灯及关闭其他电器的习惯。

二、上课

1. 不得随意调课、停课。不得使用"小蜜蜂"等扩音设备上课。

2. 提前3分钟到教室门口候课，候课前提示学生是否做好准备，教师候课时，规范站姿，不倚门，不背手，不批评学生。上课铃响迅速走进课堂，安定学生情绪，师生间行上课礼后方能开始上课。下课前，师生要行下课礼。

3. 课堂上，教师要精神饱满，准备充分，讲解清晰，点拨到位，把学生的思考与讨论引向深入和广泛，听清每一位学生发言，关注全体学生，尤其要关注学困生和中等生；尊重学生，不体罚或变相体罚学生，不得对学生使用侮辱性语言。

4. 课堂教学，提倡过程教学，反对简单的灌输；提倡精讲精练，反对满堂讲、满堂问和满堂练；提倡学生主体、平等对话，反对教师过分主导和一言堂。

5. 严格按照"三维五步教学法"开展教育教学活动，并指导学生运用"五步学习法"进行学习，熟练应用"考点教学法"。

6. 不准带手机进入课堂。课堂上不准处理与课堂教学无关的任何事情，班主任可以随时在本班备课，但不能影响学生上课。

7. 正常情况下，任何人不得打扰正常的课堂教学。教师须站立为学生授课。

8. 挖掘课堂德育显隐性因素，创设民主、平等、互助、和谐的课堂氛围。

9. 引导学生尊重别人发言，不插嘴。发表不同观点时，注意使用礼貌用语。

10. 有书面作业的学科，课堂上应留有书面作业内容及完成时间。

11. 在专用教室或操场上上课的教师也要在相应地点候课，引导学生有秩序并安全到达指定地点做好上课准备。前一堂课的任何教师和班主任都要提醒学生及时到专用教室或操场，不得影响下一堂课。

12. 明确安全责任，上课预备铃响，意味着任课教师要对每一个学生的安全负责，谁出问题谁负相应责任。其间要关注学生的健康状况并保证学生上课安全，指导学生正确使用教具、学具和相关设施。任课教师不准擅离岗位，若上课时（包括其他时间）发现学生发生伤害事故要迅速上报给保卫科或分管领导，做好第一时间内的救护工作。

13. 任何教师不得以任何理由影响任何学生上课，不可剥夺学生上课权利，要主动关心临时需要上厕所的学生，不可挤占学生课间时间。

14. 掌握好授课进度，下课铃响即结束授课，不拖堂。若下课后有眼保健操，教师应组织学生认真做操，做完后方可离开教室。

15. 最后一节课的授课教师要做好"放学前三分钟安全教育"。

三、做操

1. 班主任督促学生听到进行曲立即迅速、安静而安全地到操场站好队，不轻易准许学生不做操（仅可准许有医嘱者及其他特殊情况者），且对请假者进行安全教育。

2. 学生操场排队时，指导学生不调位，不讲话，前后成直线，左右等距离。

3. 指导学生做操时听清口令，按节拍做，态度认真，精神饱满，动作准确。

4. 做完操，指导学生排好队，安静、迅速而安全回到教室或其他活动场地。

四、课间

1. 下课离开教室前（包括不在本教室上课），要提醒学生上厕所，做好下一节课的准备后，开展健康、文明、恰当的课间活动，一般不可利用课间做作业。

2. 提醒学生课间做到轻轻说、慢慢走，不损害公物，不践踏草坪，不攀爬建筑物，不折花木，不追逐打闹，不做妨碍他人的事，坚决不做危险游戏。

3. 提醒学生见到客人主动问好，不围观，热情解答客人的问题，给客人适当的帮助。行为举止为人师表，做学生的表率。

4. 提醒学生不随便丢杂物，见到地面的杂物主动捡起放进垃圾桶内，做学生的表率和良好行为的鼓励者。

5. 引导学生上下楼梯靠右行，不准并行，不滑楼梯栏杆，不跳跨台阶。

6. 禁止学生出校门买东西，更不允许学生出校门代教师买东西。

五、中午

1. 相关人员督促学生按时就餐，按时午休，并做好人数清点工作。

2. 午休结束，相关人员督促学生起床并到教室上课。

六、活动

1. 班主任指导学生开展各类有益的活动，清点人数，确保参加活动或因故请假的学生安全；不轻易准假。

2. 有意识地培养学生在活动中的安全意识、合作竞争意识和团队意识。

3. 在学校组织的各项校内校外活动中，要按时积极参加，遵守活动纪律，明确活动要求，完成活动任务。

七、作业

1. 要求学生按时、独立完成作业，并及时上交作业。每天清查，督促后进生补写作业，并结合作业辅导后进生。

2. 小学部教师应指导学生家长督促孩子认真、准确、快速做家庭作业。

3. 在校完成书面作业时，指导并提醒学生写作业时姿势要端正，有重点地检查学生作业情况，及时给予指导。

八、卫生

1. 指导学生做好清扫和保洁工作，教室、专用教室做到六面整洁。把清洁用具放在指定的位置。

2. 督促学生不在教学区吃零食，一日三餐吃好饭，每天适当锻炼身体。

3. 教育学生爱护眼睛，指导学生读写姿势正确、适当调节，做好眼保健操，注意用眼卫生。

4. 当学生遇到不开心的事时，引导学生正确对待，做学生的知心朋友，关心学生心理健康。

九、下班

1. 不早退，下班前在黑板上写明第二天的早读作业。

2. 提醒学生关好教室门窗，整理好桌椅，倒清垃圾，整理好卫生用具，关好电器开关。

3. 离校前应处理好当天的事务，整理好办公桌，做好办公室卫生，关闭电脑、电灯等。班主任应督促学生打扫教室、关好一体机、电灯、门窗等，检查无误后方可离校。值日教师要做好值日工作。

4. 严格按照学校的要求及规定的时间组织学生放学。在学校规定的教师下班时间前学生必须清校，如在下班后对个别学生进行辅导必须事前与该学生家长取得联系并告知辅导结束时间。任何教师必须后于（职责范围内的）学生离开学校。

5. 小学部放学前在教室前排好路队，指定路队长，讲明路队要求，护送学生到指定位置，并督促学生排队整齐，走路时不讲话、不打闹，及时回家，注意路上的安全，尤其是注意交通安全。

6.教育学生在校外注意维护学校荣誉，爱护公共绿地，遵守公共秩序。

7.做好第二天教学准备工作。

十、课余

1.及时总结上课得失，撰写教学反思。

2.按照"三维五步教学法"要求，做好备课工作。提前一周做好备课工作，备好详案。

3.贯彻学校关于作业的八项规定，即"统一布置、分层要求、先做后发、全批全改、个别辅导、及时纠错、点评到位、人人过关"。

4.关注学生的课间活动，及时制止学生不文明、不安全的行为。

5.找学生个别谈话、指导或订正作业、询问情况等。提倡教师利用课余时间根据学生需求进行家教式"一对一辅导"。

6.上班时间禁止上网聊天、玩游戏、浏览与教育教学无关的内容。

十一、集体活动

1.按时参加升旗仪式，有特殊情况不能参加者，须提前请假。升旗仪式过程中自觉遵守纪律，不讲话，不走动，不看书报等。

2.按规定时间参加会议，做好会议记录，认真领会会议精神，并认真贯彻落实。开会期间不得在下面说话、看书报、玩手机或备课，不来回走动，不中途退场。爱护会议室内的一切公物，维护会议室内环境。

十二、建议

1.经常使用"谢谢""对不起""请"，对同事或学生问候应微笑回礼。

2.公开赞美同事的美德，善于发现他人的长处，同时应宽容同事的过错。

3.提倡教师按照学校作息时间健康生活，每天运动1小时。

二、落实校本研修制度

（一）校本研修制度

校本研修的目的是提升教师的工作能力，从"教书匠"向研究者转化，将教育理论与教育实践相结合，有利于教师教育教学工作的规范化和科学化，有利于教育教学质量的提高，有利于教师专业发展，增强教师职业的价值感、尊严感，提升教师的专业地位。

1. 完善研修机制，精细激励方式

（1）制定管理条例，强化激励措施。根据学校的具体情况，制定切实可行的校本研修管理制度，规范要求，有章可依。在实施过程中，重视过程，注重落实。奖励机制注重对结果的考查，将校本研修的成绩与教师综合评价、评优评先、职称竞聘等相结合，对校本研修中成绩突出的个人与集体进行表彰，树立榜样、相互激励、自觉努力。

（2）建立研修组织，规范研修体系。建立以校长为主的管理领导小组，成立业务管理部门，有效开展校本研修工作，如教务处、教研室、教研组长、年段长、备课组长等，各自的职责要明晰，常态管理要落实到位，发现问题，要及时处置，做到事事有人负责、全员参与、共同进步。

2. 找准研修方向，精审培训内容

（1）以问题为导向，注重校本培训。立足学校，从课程、教学、德育、信息、教研、技能、学生、心理等方面梳理出一系列问题，采取多形式、多维度、多结构的培训活动，优化学校的校本研修，体现研训一体化。

专题培训：利用暑假开展专题培训，如师德专题培训、新课改专题培训、教研专题培训等，每次的专题培训都要精心组织，精审培训内容。做到拟订方案（时间、地点、内容、考勤、考核等）、加强管理（成立领导小组、学习讨论小组等）、呈现过程（注重过程管理、提高培训质量）、提炼成果（研修案例、研修体会、研究文章、汇报交流、汇编成册、择优发表）。

定期培训：行政人员读书报告会，结合本职工作，畅谈学校发展；中考、高考研究报告会；新教师月分享交流会；教师论坛。

不定期培训：年段管理、班主任工作研讨、年段质量分析会、寄宿生管理研讨、备课建设、教研组建设、经验的提炼与论文写作、课题研究、教师技能培训，等等。

（2）基于核心素养，整合信息技术。新课改以发展学生的核心素养为目标，信息技术是社会发展的主流与趋势，未来社会需要有信息素养的人才，教师的信息整合能力非常关键，在教学的各个环节都需要对教师进行培训，在教学内容的呈现方式、学生的学习方式、师生辅导互动方式等方面，整合信息技术，提高教师处理信息能力、网络文化能力。将信息技术与教学进行深度、高效融合，提高教学的效益。

3. 创新研修形式，精选活动模式

（1）培训内容多元化。根据学校的特点，不同教师不同专业发展的需求不同，促进教师个性化、高水平发展。一是培训方式多元化，如专题式、菜单式、积木式、主题式等。二是课程内容多元化，如基础性课程、本体性课程、发展性课题、实践性课程、拓展性课程等。

（2）培训方式多样化。研修方式采取多种形式，如持续探究式（一个课例多次研讨，如一人教学、全组听课；一人主评、集体探究等）、切片分析式（课堂教学的某个环节，集体分析研讨）、案例分析式（典型案例进行反思、总结、实践、探索、提升）、课例诊断式（对具体课，集体听课，集体讨论，找优点、找不足，提改进措施，再改进、再完善）、学科整合式（不同学段衔接，如初小衔接、初高衔接；不同课型研讨）等。

4. 抓住研修队伍，精心培养人才

（1）突出骨干教师，发挥辐射作用。学校的骨干教师是引领学校教学质量的关键。骨干教师的专业发展特点为：追求成功的动机强、自我发展设定的标准高、善于反思与学习等。可以从以下方面培养：以教育科研为先导、以"传帮带"工程为契机、以确定目标为动力、以骨干教师组织为平台，发挥骨干教师在校本研修中的示范引领作用。学校为骨干教师开展校本研修提供制度、物质等保障，对骨干教师研修进行考核，对表现优秀的进行表彰、宣传，形成良好的研究氛围，促进全校校本研修水平整体提升，提升学校的教育教学水平。

（2）引领青年教师形成研修习惯。青年教师群体是学校发展的宝贵资源，帮助青年教师快速健康成长，提升学校教师队伍整体质量，有利于学校的长远发展。引领青年教师发展，从以下几个方面：建立青年教师发展的培训管理方案、指导制定个人成长档案、进行系统业务专项培训、做好师徒结对工作、建立新教师成长的外部机制、校长与专家及骨干教师联袂培养、深度参与青年教师成长历程、利用好考核评价激励制度。

5. 统筹研修时间，精简活动频率

（1）常规研修活动。学校为教师提供校本研修的空间和时间。常规研修如教研组会、备课组会、段长每周例会、班主任每周例会等，活动有计划、定时间、定地点、定内容。对常规的研修活动，相关的教研室、教务处、德育处、办公室等，做好常规督促、检查、沟通。

（2）专项研修活动。学期初，教研室制订学校整体研修计划，确定研修主题、完成时间、完成目标。各学段、教研组、备课组再根据学校的总体规划，结合本年段、本教研组、本备课组，制订出详细、具体的研修计划，落实在行动中，做好提炼，分享交流，共同提升。

厦门实验中学校本教研制度

为了促进学科教学的内涵发展，探寻学生学科素养提升的科学方法，提升教师教育教学的业务水平，规范校本教研的流程，特制定符合厦门实验中学校情的校本教研制度。

一、教研组长工作与职责

1.组织本组教师认真学习国家的教育方针、先进的教育教学理论和经验，树立正确的教育思想，更新教育观念，培养教师与时俱进的精神。

2.明确学科建设目标，制定符合校情的学科建设方案。

培养学生目标：要把孩子培养成具备什么学科素养的人？如何去做？

培养教师目标：教研组要在未来五年培养几位专家型教师、学科带头人、青年骨干教师？如何达标？

3.带领教师认真执行教研活动制度，积极组织申报课题、承担学校课题研究任务。

4.组织本教研组成员开展校本教研活动，学习教学大纲和新课程标准，认真钻研教材，学习先进的教学理论和经验，改进教学方法，制订工作计划并组织实施，学期初提交教研工作计划给教研室、教务科。

5.组织本教研组成员开展听评课、公开课活动，完成"三个一工程"达标计划。学期初汇总科任教师"三个一工程"达标计划，提交公开课、教学设计、教学论文一览表，学期末汇编"三个一工程"材料，提交教研室。

6.检查指导本学科日常教学工作，保证教学质量。

7.组织本组教师做好学科竞赛指导活动（集体开发竞赛校本课），组织学生参加竞赛活动，统计学科竞赛获奖情况，作为学科建设的成果之一。

8.深入各备课组，检查各组集体备课情况、教学大纲的贯彻情况、教学计划和课时进度的执行情况，发现问题及时处理和指导。

9.做好校本课程申报工作，由学科组协调学期上课的教师和课题，学期初提交课程组。

10.深入教师、深入课堂，组织本组教师教案、作业、试卷的检查和召开学生座谈会，全面了解教学质量。

11.组织全组力量，协助毕业年段和薄弱年段的备课组提高教学质量。

12.组织骨干教师审查本学科各学段的期中、期末考试试卷，并督促备课组准时复印。考后组织教学质量分析，着手建立本学科题库，收集、整理教学资料。

13. 熟悉本组教师的业务和思想情况，向教务科推荐备课组长，对本组教师的任课向学校提出建议和意见，重视对本学科骨干教师的培养和指导。

14. 关心新教师、青年教师的政治思想和业务水平的提高。向他们介绍本学科的教学要求和教研组的规定，指派一名指导教师帮助他们提高业务和教学水平（青蓝工程"结对子"），签署带教协议（一式三份，提交一份教研室存档）。指导青年教师制订进修计划，并检查执行情况。

15.积极参与学校的教学管理，协助校行政做好本学科备课组长和教师的考核工作。

16.学期初制订工作计划，期末做好工作总结，平时做好记录、资料积累工作。

17.认真完成校行政和上级教研部门下达的其他任务。

18.教研组长在学期初、末向教研室提交的材料：

学期初：

（1）教研组工作计划；

（2）"三个一工程"公开课计划一览表；

（3）"三个一工程"教学设计计划一览表；

（4）"三个一工程"教学论文计划一览表；

（5）本学期校本课程开设情况；

（6）主题教研一览表；

（7）带教协议。

学期末：

（1）"三个一工程"汇编材料：

①公开课评价表；

②教学设计与反思汇编；

③教育教学论文汇编。

（2）主题教研活动材料：

①主题教研一览表；

②主题教研论文汇编；

③教研活动记录与反思；

④会议签到表。

（3）教研组工作小结。

（4）课题研究过程性材料。

（5）本组教师对外公开发表论文汇编。

（6）教研组长工作手册。

二、校本研修

1. 学期初明确任务，制订计划。每周开一次校本教研活动，每位教师都要参与到主题教研活动中，教研组组长收集主题教研活动题目，形成一览表，学期初上交教研室，活动要做到"六个定"：定时间、定地点、定主题、定主持人、定主讲人、定参加人员。教研组组长要严格考勤，将每次教研的出勤情况登记、会议考勤表、快照电子稿上交教研室，纸质版实时上交办公室。

2. 规范主题教研的内容。主题教研内容不能随意挑选，也不能泛泛而谈，缺乏深度，要用研究者的视角进行研究，做好深度调研，形式可以多样化。主题可以围绕：课题汇报，文献材料调研汇报，观课议课活动（公开课活动），课程理解力、重构力、实施力、评价与反思力的提升研究，新教法、新课标、新中高考的研究等展开。

3. 主题教研成果汇编。主题教研活动研讨，要进行提炼和总结，由主讲人结合研讨意见修改主讲稿，并形成该主题的教研论文，提交教研组组长，教研组组长进行主题教研论文汇编。

三、保障措施

1. 学习材料：教研组上报所需征订和购买的核心期刊、教科研书籍，由教研室上报图书馆统一征订，征订和购买的书籍放在各学科教研室（或图书馆），教研组组长负责教研室期刊和书籍的管理。数字电子期刊检索，教师可以到厦门市图书馆，利用社保卡进行注册登记后，登录厦门市图书馆文献检索系统进行检索使用。

2. 培训保障：学科教研组如需要额外邀请专家来厦门实验中学对本学科进行指导，可以向教研室申请，教研室将上报校级领导审批。

3. 指导保障：考虑到厦门实验中学骨干教师较少，各教研组可以根据需要在校外聘请1~2位厦门市的专家型教师或学科带头人来指导校本研修，签订聘用合同。

4. 信息保障：为便利各类电子材料的提交，信息中心将开放校内局域网的FTP，并规范FTP的使用。

5. 时间保障：校本教研时间统一由教务科在学期初排课时进行统一安排，保障每个学科有2课时校本教研时间。

6. 地点保障：学科教研地点由总务科、教务科协调安排会议地点。

7. 奖惩措施：

（1）各学科竞赛奖项，对市级以上等级给予一定奖励（奖励标准另附）。

（2）对发表具有较高水平的论文的教师给予一定奖励（奖励标准另附）。

（3）学期末根据各教研组的表现，进行量化评定，评优秀教研组，并给予一定的奖励（奖励标准另附）。

（4）对于无故拒不参加校本教研活动的教师，其行为视为旷工，根据会议考勤记录，按照绩效工资发放规定，扣发部分绩效工资。

厦门实验中学校内培训制度

为了营造教师集体学习的浓郁氛围，提高教师教育教学的专业素养，提升教师的品位与情趣；同时，提供一个展现名师风采的平台，特制定厦门实验中学校内培训制度。

一、培训原则

1. 参与的全员原则：教师校内培训是一项集体学习活动，根据内容，要求全员参与，学科类的培训要求本学科的全体教师参加，校级培训要求全体教职工参加，管理类培训要求全体中层管理人员参与，德育类培训要求年段长和班主任参与，不能无故缺席。

2. 内容的精新原则：培训内容秉承"惟精惟新"的原则，主题要鲜明、有新意、有借鉴意义，内容经典、精细，经培训者萃取，翔实可靠，符合厦门实验中学发展需求。

二、培训流程

申请—安排—讲座—证明—发布

三、具体细则

1. 申请。各科室、年段、学科教研组如需要开设各类的培训，请提前到教研室申请，填写申请单，记录培训的具体信息（主持人、主讲人、时间、地点、参会人员）。

2. 安排。教研室根据校内培训申请单，报校级领导审批通过后，统筹安排，通过校方网站或QQ群统一发布培训的相关信息，通知相关人员参加讲座。

3. 讲座。讲座主持人做好会议签到工作，并做好培训会议的主持工作，维持会场的秩序，并做好讲座现场的拍照工作。

4. 证明。讲座结束后，讲座人写一个讲座的新闻通信稿（配上现场照片），讲座的 PPT 课件等相关资料作为附件，及时上交教研室，教研室将给讲座人开一个讲座证明，作为评优评先的量化依据。

5.发布。教研室将新闻稿通过学校网站进行及时发布，供其他教师下载学习。

四、集体备课

1.集体备课的意义。

（1）有效凝聚集体的智慧。集体备课是在教师个人备课的基础上开展起来的，教师之间进行沟通、交流，相互学习、激发新思维、优化教学资源，优势互补、共同成长。

（2）提高教学效率与质量。集体备课是对教学工作优化的教研活动，通过集体研讨、教学反思等教研活动，使教师在教学理解、教学行为、教学策略等方面优化，有利于教师扬长避短，有利于教师在高起点上发展。集体备课统一了要求、进度、练习、测验，缩小了班级之间的差距，能大面积提高教学质量。

（3）很好落实新课改要求。教师之间通过集体备课活动的开展、研讨，体现"合作、探究、创新、分享"，促进以学生为中心，以人为本的理念落实，同伴互助、促进教师与学生的共同成长，体现了教学相长。

（4）有效促进教科研氛围。集体备课解决了教学中最直接、最实际、最实用的问题，是一种行为研究，是教师集体智慧的分享与交流，能充分调动教师主动性，使理论与实践很好地联系起来，教研氛围浓厚起来。

（5）驾驭教材的有效手段。集体备课是按以下流程完成的：确定主备人、个人初备、集体研讨、个人修改、课例点评、解决问题，实现集体备课、资源共享、讨论修改、课后反思。集体备课提高了教师对教材的深入理解与有效驾驭，提高了教师教材处理与教材的二次开发能力，从而提高了教材研究能力与教学效益。

2. 集体备课的管理。

（1）制定管理制度。学校成立研究团队，深入调研，针对本校的校情和学情，依据相关文件，制定集体备课制度、备课组建设与工作制度；先试行，在实践中修改、完善；颁布管理文件，严格执行，提高教学质量。

（2）细致过程管理。规范集体备课流程制度检查，不能让集体备课流于形式。听评课常态化、研讨化，听课真实、有效，平时的听课教师之间要有交流与沟通，公开课有集体评课与反思。检查教案，要规范书写，强化有创意的结构化板书设计，强化每节课都要有教学反思。以抽查、座谈、问卷等多种方式，检查作业的批改、学生辅导等。

（3）严格检查管理。每学期初，教务科召开教研组长与备课组长会，强调集体备课规范要求与检查要求。各备课组上交活动清单，包括固定活动地点、时间、内容等，分别上交给年段、教研组、教研室、教务科。教研室和教研组长从理论、专业角度指导备课组活动，教研组长从业务角度检查备课组活动：是否针对教学目标、教学重难点、教学方法、教学过程等进行。教务科、中层干部、段长抽查备课组活动情况，检查是否按计划按时开展备课组活动，教师是否主动发言、各抒己见，是否有主题、有目的、有内容、有见解、有创新、有记录、有气氛、有收获等。

（4）精准评比管理。教学质量精准评价。把好命题质量关，精准命题范围、题型、题量、分值、时间、难度等；严把试卷的保密关，严把印刷、分卷、考试、改卷、登分等环节，最好网上阅卷，详细分析考试数据，分析现状、查找不足、发扬优点，改进不足、鼓舞士气，提高教学质量。

（5）实效结果管理。对备课组实效进行综合管理，注重结果的评比。对集体备课的各项指标进行检查落实，如公开课开设情况、教师业务比赛成绩、学生的文化成绩、学生比赛获奖、教师发表的论文数量与质量、课题研究情况、开设的讲座数量与等级、整个备课组的成绩与兄弟学校的横向比较、问卷调查学生对教师满意率、计划落实完成质量、教师业务成长情况、教师的认可程度，等等。对优秀的备课组进行表彰，在评优、评先、晋级等方面，进行优先考虑。树立优秀典型，激励教师积极向上发展，激发教师比、学、赶、超的热情。

厦门实验中学集体备课制度

为了提升教学质量，优化课堂生态，规范集体学习流程，形成具有厦门实验中学特色的集体学习常规，特制定集体备课制度。

一、备课组长职责

1. 负责本年级学科的教学工作。制订教学工作计划，组织备课组教师认真钻研新课标和教材，明确教学的进度和难度、容量及作业量。

2. 按计划组织每周一次的集体备课活动，做到"五定"：定时间、定地点、定内容、定中心发言人、定参与人；做到"四统一"：统一要求、统一进度、统一练习、统一测验。认真开展教法学法研究，探索学科与信息技术整合的有效教学方法。

3. 组织备课组内教师相互听互评课，及时了解教学情况，听取学生与年级组意见，协调好教与学的关系，总结得失，交流经验，改进教法，提高课堂教学效率。

4. 组织教师做好单元测试和期中、期末考试命题、阅卷及数据统计等工作，每次测验考试后，及时总结备课组教学情况，进行质量分析，肯定成绩，找出问题，及时改进。

5. 组织备课组内的教师搞好培优补差工作。

6. 负责备课组活动的考勤和记载工作，督促和检查本组成员的教学常规工作，完成学校和教研组下达的其他方面的工作。

7. 积极开展教研管理研活动，积极参与学校课题研究及"校本课程"开设，督促组内教师撰写教学经验总结或教研论文，编写校本教材。

8. 备课组长在学期末向教务科、教研室提交《备课组活动记录本》、工作总结报告等材料。

二、集体备课的原则

1. 全校每一位科任教师都必须参加集体备课（教研活动），形成互助学习的"共同体"。

2. 集体备课应做到"五定"，各年级同一学科同一类班级应做到"四统一"。个人钻研与集体研究相结合，共同解决教法、教材疑难，取长补短，共同发展。

3. 一周一次集体备课活动，一课一主备人，上课前一周对课件、教学设计、学案等资料进行交流，主备人提出教学设计流程和思路，其他教师进行补充完善，主备人根据意见进行修改提升。

4. 教师要注重二次备课环节。在上课之前，对通过集体备课形成的教案要根据实际情况做个性化处理。

5. 做到超前备课的同时，在集体备课时，要对上周授课情况进行小结，应特别注意对"课后分析"交流。

6. 备课时关注课堂生态，切忌"满堂灌"，关注"教"与"学"的平衡点，做到精讲多练，关注学生学科思维培养，关注学生的学科素养的提升，学习"三维五步教学法"、导学模式、自主探究模式等新式教学法，根据课程内容的需要，选择适宜的教学方式；关心爱护学生，不能用"小蜜蜂"上课，教学形态多样化，时不时下讲台走到学生中间，关切学生的学情和课堂生成。

7. 集体备课（教研活动）是教师的日常工作，不能无故请假，备课组长要做好考勤点名工作，每月将备课记录交教务科、教研室检查。

三、集体备课流程

1. 学期初，由备课组长将教学进度、主备人、集体备课时间、地点等做一个统一安排，形成《学科教学进度一览表》，制定完后提交电子稿到学校公共FTP所在备课组文件夹中。学期初由教研组长、教务科、教研室将进行检查。

2. 学期过程中，集体备课要落到实处，有过程性材料，每次备课组会要有《会议签到表》、集体备课照片、集体备课的资料电子稿（课件、学案、校本作业、周测、月考试卷、期中试卷等资源）。备课组在完成备课之后及时上传至公共FTP所在备课组文件夹中，实现资源共享，教务科、教研室将定期检查。

3. 学期末提交《备课组工作总结》，及时上传FTP，由教研组长，教务科、教研室进行检查。

4. 备课组还需要填写教务科印发的《备课组工作手册》，部分材料可由上述过程性材料的电子稿打印后粘贴即可，如教学进度、工作总结等。

四、保障措施

1. 时间保障：教务科与年段协调，在学期初做好课表的整体设计，给每周给每个学科调出2课时的集体备课时间，各学段确定各学科集体备课时间后，提交教务科，由教务科向全校教师发布。

2. 地点保障：教师阅览室、教师办公室、科室办公室、会议室、教研室等向备课组开放。

3. 管理保障：教务科、教研室将定期监督、检查备课组备课情况，协调、解决可能存在的问题。

4. 信息保障：信息中心将管理好FTP的平台，规范FTP的使用。

5. 奖惩措施：根据教务科、教研室检查的结果，对各备课组进行量化考核，评定优秀备课组，并给予一定的奖励（奖励标准另附）。对于拒不参加集体备课的教师，其行为视为旷工，扣发相应绩效工资。

厦门实验中学关于备课组建设与工作制度

为贯彻学校"惟精惟新"的办学理念，提升精细管理水平，加快实现"现代化、实验性、示范性、国际化"办学目标，学校计划大力打造具有品牌效应的强科、强组，通过备课组建设，推出在省、市、区范围内都具有一定影响力的学科或优秀备课组，特制定本工作制度。

一、指导思想

以全面贯彻党的教育方针、实施素质教育、进一步推进和深化课程改革为宗旨，以研究、解决学校和教师教育活动中的现实问题为出发点，以更新教学观念、改进教学方式和提高教师专业素质及教科研能力为重点，着力解决厦门实验中学改革中出现的新情况、新问题，发挥备课组在改革中的基础性、先导性作用，同时构建有利于备课组建设的评价机制，积极探索完善备课组建设的途径和方法，促进学校备课组规范化、个性化发展。

二、建设目标

（一）总体目标

为学校可持续发展打造具有品牌效应的强科、强组，通过备课组的建设推出在省、市、区有影响力的学科或优秀备课组。

（二）基本目标

备课组基本目标是构筑教师发展的基本平台，使备课组成为校园文化的组成部分。具体为：

1.创造一种舆论导向正确、学术氛围浓郁、人际关系融洽、团队合作良好的备课组人文环境。

2.建立一套科学、规范、高效的备课组工作运行机制，形成教学过程的标准化、规范化、精细化的管理模式。

3.创建一体化的以备课组为单位的集体研训、推优评优、结对帮扶、同伴互助工作机制，以及校本培训新模式。

4. 形成一系列高质量的教案集、课件集和教辅集，以物化和共享教学研究成果。

三、管理机制

学校成立以校长为组长，分管教学、科研副校长为副组长，教务科、教研室正副主任、年级组为成员的备课组建设领导小组，负责备课组长的聘任工作，以及备课组工作监控，工作评价等管理工作。同时由学校安排中层以上干部各蹲点管理1~2个备课组，协助备课组长开展工作。在具体教学工作中实行备课组长负责制。

（一）基本原则

1. 实效性原则。解决教学流程设计，重点、难点突破等实际问题。

2. 共享性原则。真诚合作，人人参与，实现智慧和资源共享。

3. 研讨性原则。针对每个问题或课堂设计等集体备课，各抒己见，经过讨论、修改、整合出最佳方案。

4. 互补性原则。互相学习，取长补短，集成员智慧于一体，把集体智慧化为个人教学行为。

5. 创造性原则。在规范化、标准化的基础上，体现教学创新和特色，处理好共性和个性的关系。

（二）主要内容

备课组的工作主要是集体备课。在求真务实的前提下，形式和内容应丰富多彩，要以分析教材、研究教法为主线，开展听课、评课、说课、研课等活动；组织学习教学大纲、考纲（考试说明）、学科指导意见等；交流、研究教育及考试信息；开展以"有效教学"为重点的"小课题"研究，促进教师学习和反思。备课组成员应树立目标意识、过程意识、合作意识、学习意识。具体工作内容如下。

1.根据学科特点及教学要求，认真研讨教材的知识体系，制订详细、具体、可行的学科教学计划，认真分析各单元的重点、难点，提出破解方法。

2.备课组要在集体成员的共同努力下，逐步丰富和充实教案集，每学期录制2节以上优质课堂实录，入档资料库。

备课组要在教学实践的基础上，逐步形成经精选精练后的一套较为成熟有效的教辅集。

3.备课组要把骨干教师示范课和青年教师实践课结合起来，认真研究教法，既要让讲课者展示教学风采，又要注意对课堂的研究和评价，要以评价为主，最终形成备课组共识的优秀教法供大家在教学实践中采用。

4.备课组应开展务实型小课题的教科研活动并力争取得成果，更有系统地组织学习他人的先进经验，善于学习运用先进教科研成果。

5.要经常开展组内技术比武、推优扶优、推新扶弱等活动，达到共同提高团体优胜的目标。

（三）具体要求

1.集体备课的基本流程。各备课组要将教师的个人备课与集体说课进行有效整合，确定备课的基本程序，重点把握好备课的基本流程，即个人钻研—集体商讨—形成教案—个人反思。

第一步：教师个人钻研，由备课组长提前确定备课内容和集体说课时间，然后每个教师进行认真钻研，充分准备。

第二步：由事先确定的主讲教师发言，然后进行集体探讨，要求备课组成员畅所欲言，各抒己见，经过观点上相互激烈碰撞与争论，及时加以比较，切磋和完善，最后确定最佳方案，使教师带着自由、经验和问题而来，带着感悟和启发而归。

第三步：形成教案，每个教师根据集体达成的共识，具体设计教学方案，并写出教案。

第四步：个人反思，教师个人根据实际执教情况，认真思考，深刻反思，并写出教后札记。

2. 说教评学活动要求真务实。反对形式主义，力戒贪大求全，务求从实从细，避免走过场。

（1）说课活动要做到"四定、四说、四统一"。即定时间、定地点、定主题、定中心发言人；说课标（大纲）、说学生、说教法、说作业；备课组在明确教学目标的前提下，必须统一教学进度、统一教学重点难点、统一作业量、统一考查方法。

（2）要努力做到重要单元、关键课时的教材分析入木三分。期中和期末复习主题明确，并着重解决教学过程中的六个环节：落实基点、突出重点、突破难点、巧析异点、激发疑点、体现特点。

3. 集体备课要有充分准备。集体备课重在实效，每个教师在集体备课中必须做到四个熟悉。

（1）熟悉课标（大纲）和教材。对课标（大纲）和教材或有关参考书要充分钻研，把握其重点、难点和关键。

（2）熟悉学生。充分了解学生的学习态度、学习方法、学习能力及学习心理活动等。

（3）熟悉教学方法。根据教学要求，结合自身特点，考虑教学方法，制定原则，灵活执行。

（4）熟悉教具。根据教学内容，选择适当实验、电教及多媒体辅助教学设施，倡导自制教具和课件，倡导团结互助与合作研究。

（四）活动要求

1. 备课组成员要按时参加备课组活动，并按时保质保量地完成好活动负责人安排的各项任务。

2.备课组成员要认真学习备课组活动形成的研究成果，并转化为教学行为，切实提高课堂教学的有效性。

3.教师参加备课组活动，一定要树立合作意识、整体意识、超前意识和反思意识，要切实通过备课组活动促进教师专业化发展。

4.备课组长应作好备课组活动记录，定期收集优秀教案、课件、训练试题，学期末结集成册，建立好备课组活动档案。

（五）教务科、教研室、年级组对备课组的领导和管理

1.学校分年级组设立语文、数学、英语、物理、化学、生物、政治、历史、地理、体育、音乐、美术、心理、通用技术（劳技、科学）和信息技术备课组，其中高三年级还要设理科综合备课组、文科综合备课组。备课组长负责协调本学科相关工作，组织学科内的集体活动。教务科、教研室、年段领导小组对备课组活动进行监督与管理。

2.对备课组的发展计划和学期工作计划进行审核，对计划的实施进行有效监控，切实保证教学计划的执行和教学秩序的正常，并将情况反馈给教研室。

3.对备课组常规工作尤其是教研活动的质量和备课组整体教学质量进行监控，做到有指导、有参与、有检查、有调控、有考核、有奖惩。

4.制定并实施对备课组长和备课组工作的检查考核制度，每学期对备课组长和备课组工作进行一次评价。

5.督促备课组落实常规管理。

（1）对备课组、任课教师的学期工作计划制订和执行情况进行检查指导。

（2）根据学校要求对教师备课、上课、作业、辅导进行检查指导。

（3）根据学校要求对阶段测试、期中考试、期末考试的命题、复习指导、阅卷、质量分析和制定改进提高措施。

（4）根据学校要求对学生学习状况进行及时调查分析，提出适合本组实际的整改措施。

（5）根据学校要求，组织好有关学科竞赛。

（6）及时完成教研室布置的工作。

（7）根据学校要求推荐先进备课组和备课组长。

（8）建立备课组长例会制度，交流、总结阶段性工作，提出指导性意见，落实备课组长的工作责任，加强备课组的目标考核，加强备课组活动的过程监管。

5. 资料档案建设。

（1）对课程改革试验工作的有关资料进行分类、存档。

（2）备课组要对有关教育、教研活动资料进行整理存档。

（3）教师要对个人业务资料进行整理，逐步建立个人专业成长档案。

（4）对教育教学成果，学生、师资状况要整理存档。

四、备课组长的聘任机制

（一）备课组长应具备的条件

1. 备课组长应具有为集体奉献的精神，具有较强的学科业务能力和接受现代教育思想的能力，要有一定号召力和组织协调能力。

2. 具有较高的政治思想素质和良好的职业道德，在组内能起到榜样作用。

3. 具有较高的教育教学水平，业务过硬，在教育教学和科研上能起到引领作用。

4. 具有较强的组织协调能力，群众基础好，能团结带领备课组教师开展好各项教研活动并取得良好效果。

5. 能认真履行备课组长职责。

（二）备课组长的聘任办法

备课组长实行聘任制，以年级组推荐，学校认定聘任的方式进行，实行一年一聘，被聘任一年后可续聘。

（三）备课组长职责

1.备课组长有引导组内正确舆论导向的责任，要努力营造民主、和谐，重学习、重研讨，互助合作的学术氛围。同时要落实学校一系列规章制度，加强对教师的管理。

2.备课组长要首先研究教材，在民主讨论的基础上，提出教材分析的主要方案，并分解到全组成员，组长应承担起主要单元课的研究任务和统编责任。

3.备课组长有组织、考评、推优的权责。要配合学校有关部门做好教学常规的督查工作，给予组员合理评价，为下年度聘任提合理化建议。

4.备课组长要及时制定备课组工作活动方案，及时组织对备课活动的资料整理、成册归档。定期上交或保存课件、教案、讲义、试卷等有价值的资料和信息。为市、区、校先进备课组的评选工作提供依据。

（四）备课组长的权利

1.优先对备课组长的培养，优先推荐备课组长参加高层次的学习与研究。

2.多方位树立备课组长的威信，采取适当方式宣传备课组长的事迹，将备课组长作为教师发展的阶梯和舞台，将备课组长的经历和业绩作为提干、评先、评优等的参考因素之一，制定相关制度切实帮助备课组长开展工作。

3.备课组长是学科教研活动的组织者，拥有对教师教育业务水平的话语权;是备课组坐班纪律的督导者，对内、对外交流的组织者，资料、习题、试卷的组织编写分工和督导者。

4.对本组教师的教育教学和行为表现有建议权。

5.在政策范围内学校逐步改善提高备课组长的待遇。

五、考核机制

（一）考核办法

年级领导小组根据本制度的要求进行考核，对备课组的集体备课（50分）、教育质量（30分）、校本资料建设（10分）、教育教学成果（10分）等方面进行全面考核、量化评分，经考核后，向学校推荐其中30%的备课组为校级优秀备课组与优秀备课组长。

（二）奖励机制

1. 每学年学校按50%的比例评选学校优秀备课组和优秀备课组长。评选办法：年级组推荐—教研室、教务科审核—领导小组审定，认定后给予表彰与一定的物质奖励。

2. 优秀备课组评选的结果作为学校评优评先的条件，推荐参评市级优秀。

三、强化质量管理

（一）抓实学生一日常规

常规管理工作是提升教育质量的关键环节，是学校"精新教育"的重要内容，也是全面从严治校的重要抓手。全体师生必须高度重视，各部门、各学段、各教研组（备课组）务必明确常规管理的任务，提高常规工作效率，落实常规工作的责任，检查常规管理效果，不断完善常规管理的措施，确保常规工作有序、有效、有查，真正做精做细做实。

1. 早操

（1）学生每天按时起床。生管教师要督促学生按时起床并整理好内务。年级工作管理小组和班主任要定期定点到宿舍督促学生准时起床，检查宿舍内务等情况。学生起床后进行洗漱和内务整理，同学之间要相互提醒，离开宿舍时要做到灯灭、门锁、水关。

（2）学生按时参加早操。年段、体育教师要安排好早操内容并到场指导。

生管科要及时考勤每个年级教师的到岗情况，年级值班教师要准时到岗到位，督促学生要严格按照体育教师的要求，认真、整齐、规范地做操，充分达到锻炼身体的效果。

2. 早读

早读要安排好具体的朗读内容，负责早读的教师要准时到班级，并指导学生早读。年级工作管理小组要巡查早读情况，杜绝出现学生趴在桌子上睡觉等问题，发现问题，立即整改。学生要听从教师安排，大声朗读，要做到手持课本，坐正立直，精神饱满，有感情投入，养成自觉读书的好习惯，努力培养语感、口语表达能力。

3. 课堂学习

教师要准时到班级上课，严格落实校本作业，即"四案"。年级工作管理小组要定期巡视课堂生态情况，防止出现学生睡觉、班级门窗紧闭等不良现象。学生要主动参与课堂学习，认真听讲，积极思考，不打瞌睡，不做与学习无关的事情，积极与教师互动。同时，及时记好笔记，做到当堂所学知识当堂掌握。发言时要先举手，回答问题要端正站立，声音洪亮。

4. 大课间活动

德育科负责对年段长和班主任进行考勤，年段长和班主任要第一时间有序组织学生前往操场集中，体育教师要精心组织学生开展大课间活动。学生要严格按照学校规定的路线，有序快速到操场集中，听从体育教师统一指挥，积极锻炼，确保每天锻炼1小时。

5. 午间休息

生管科要及时督促学生按时休息。年级生管教师要按时到宿舍查寝，尤其是要做好学生的出勤情况，确保每位寄宿生在宿舍就寝。年级工作管理小组要定期到宿舍巡查，特别是要巡查学生有无携带违禁品等情况。寄宿生午休时间为12:50~13:50，学生午餐后应在寝室休息，不做剧烈运动，不得吵闹，保持安静。

6. 眼保健操

班主任要按时到班级督促学生做眼保健操，当堂科任教师要负责监管学生认真做好眼保健操。年级工作管理小组要定时巡查年级情况。学生要严格按照眼保健操的标准做好眼保健操，做到穴位准确，手法得当，用力适度，坐姿端正，保护好视力。

7. 课外活动

学校各教研组要制定课外活动内容，并要求教师认真组织。学校职能部门要加强对课外活动的考核与指导。班主任要认真做好学生思想工作，动员学生积极参加课外活动。年级管理小组要定期巡查学生参加课外活动的情况。学生要按照学校的要求积极参加京剧艺苑、科技创新大赛、兴趣小组、学科竞赛、体育锻炼、体育各类运动队等课外活动，服从管理，注意安全，不断提升综合素质。

8. 晚自习

晚自习教师要准时到班级看班并辅导学生，做好学生的考勤工作。发现学生不在班级参加晚自习，要第一时间通知班主任。年级工作管理小组要不定期巡查年级晚自习情况，包括学生出勤、课堂纪律等。学生在规定的时间到教室安静有序参加晚自习，自觉遵守纪律，不随意缺席，不随意走动，不得吵闹。认真温习功课，有问题咨询教师，要尽量小声，不影响他人。

9. 晚间休息

生管科要及时督促学生按时休息。年级生管教师要按时到宿舍查寝，确保每位寄宿生在宿舍就寝。年级工作管理小组要定期到学生宿舍巡查，包括学生卫生、纪律、有无携带违禁物品等。学生要按时休息，熄灯后不得有说笑、打闹、玩手机、打牌、下棋等违背学校相关纪律管理条例的行为，关好阳台和卫生间的水电。

（二）抓实"五步学习法"

教师要指导学生认真执行"五步学习法"（按顺序可分为预习、上课、复习、作业、总结五个环节），及时跟进学生掌握的情况，并及时反馈给学生。学生要严格按照"五步学习法"的要求，积极践行，不断提高学业成绩。

各部门、各学段、各教研组（备课组）应当制定常规工作的具体要求，制定工作安排表，要将常规管理工作与"安全、卫生、质量"有机结合起来，定期总结反思工作成效，做到一天一回顾，一周一小结，及时纠正存在的问题。各职能部门要强化管理与指导，学校要及时查处不落实、不作为的责任人，确保各项工作的落实，为加快学校发展提供保障。

（三）落实校本作业

全面贯彻落实党和国家的教育方针，遵循学生成长规律，遵循学科教学规律，开发与实施"五个四"（"四案、四精、四必、四合、四查"）校本作业体系。深化教育教学改革，实施素质教育，切实减轻学生过重学业负担，提升教学效能，保证学生生动活泼学习、健康快乐成长。

（四）抓细考试质量分析

考试质量分析是对教学效果的反思，也是对教学过程的反思。其意义在于如实评价教学质量，总结教学经验，发现教学中存在的问题，为改进教学工作提供依据。传统的考试质量分析往往局限于对试题难易度、学生得分情况的分析，较少涉及对学生的学习动态、学习差异、学习方法、学习潜能的分析，淡化了考试质量分析的功能。考试质量分析要实行教师分析和学生自我分析相结合、"动态"分析和"静态"分析相结合、定性分析和定量分析相结合。

1. 学生分析：主要为找出问题、自我订正、针对补缺、确定目标

① 每次考试后，科任教师要及时把试卷分发给学生，要求学生自觉找出问题，自我订正错误，有针对性地做好知识补缺，养成良好的考试分析习惯。

② 科任教师要求学生要认真听取课堂评讲，养成良好的记笔记习惯，争取考后能掌握知识和运用知识。

③ 科任教师要有意识引导学生树立更高的追求目标，鼓励和帮助学生实现目标。

2. 备课组分析：主要为答题分析、学情分析、教学反思、确定措施

① 备课组考试命题时要针对考点，认真研究高考评价体系和教材、近些年考试题型和方向、近期热点和学生实际，注意试卷的难度和区分度。平时要引导学生审材料、抓中心；审题目，抓关键；审设问，抓角度；找课本，采点子；找背景，寻述语；找联系，列提纲。

② 备课组做考试质量分析时要认真研究试题的得分点和得分率、失分点和失分率，认真研究每位学生对考点和教材的掌握情况，做出双向细目表，确定重点补缺的知识点和需要加强补缺的学生对象。

③ 备课组要做好答题规范分析、学生成绩进退成因分析、学生学习动态分析、学生学习方法分析。根据考试反映的问题，加强教学反思，做好课堂教学有效性研究，适当强调知识点记忆，扎实双基、加强训练，跟踪和指导学生规范学习，提高学生的听课质量和作业质量，指导学生做好学习笔记整理和消化，加强学习方法指导，关注后进生的学习，做好个别交流与辅导。在认真分析的基础上，简明、扼要、有重点地写出试卷分析报告。

3. 班级分析：主要为学生分析、意见交流、目标跟踪、确定措施

① 班主任要在质量分析会前就班级的目标管理从学生成绩进退、名次变化、学科平衡、学习潜能、个性表现、家庭生活、后进学生情况等方面提出意见与科任教师交流。

② 科任教师在会前要做好双向细目表，会上要针对班级目标管理问题提出学生思想教育、学习方法、个性辅导、优秀生加强、后进生转化、学科时间安排、教师整体协作等方面的意见，并有针对性地提出每个学生考试存在的问题、学习进步目标、成绩提高方式方法的建议，确定心理沟通、树立信心、个别辅导、听课跟踪、作业跟踪等方面的帮扶措施。

③ 班主任和科任教师要将对每一学生的考试分析、学习进步目标、针对

性帮扶措施记录在案，并有意识做好与学生交流，加强个别辅导、树立信心、鼓励拼博。加强与家长的联系，做好双向鼓励。

4. 年段分析：主要为展现数据、数据分析、倾听建议、布置工作

① 年段以电子表格形式对各学科的考试成绩做表格性分析，展现各学科（含文、理科科目）的优秀率、及格率、平均分、分数段分布、目标管理情况。

② 各备课组长要在开会前一天就试卷的难易度、期望与结果、考试存在的问题、学生学习态度、学习方法、学习时间安排、相关建议等以书面形式上交年段长，作为年段分析参考，各备课组长要在会上就以上问题做简要陈述。

③ 年段长要在质量分析会上对各班级、各学科考试分数分布及各班级目标管理动态情况做简要分析，并根据备课组长意见和年段实际部署下阶段工作。

考试工作十二条

1. 明确任务，落实目标，制订计划，抓早抓紧。

2. 总结经验，正视问题，分析现状，挖掘潜力。

3. 立足平时，抓好常规，勤字带头，务真求实。

4. 紧扣教材，夯实三基，严格训练，基础关键。

5. 考点重点，难点关键，思路方法，启迪指点。

6. 准确诊断，开好处方，对症下药，成功之举。

7. 顾及全面，保证重点，均值优秀，体现效益。

8. 双向细目，吃透说明，纵横对比，知己知彼。

9. 捕捉信息，去粗存精，推敲改造，为我所用。

10. 出谋划策，鼓励协调，方方面面，段长第一。

11. 激发内因，排难除碍，思危破迷，力创新高。

12. 加强领导，科学管理，团结向上，共创辉煌。

（五）抓好尖子生培养

做一个爱学生，学生爱的教师。从"喜欢学科教师"到"喜欢教师所教的学科"；情感关系与情感体验会影响认知过程的效果；民主平等、和谐融洽，能极大调动学习积极性。尖子生的成长需要教师付出极大的心血、智慧和汗水。但是归根结底，我们只要启发了"学"、有效地"练"、付出了"爱"，就能培养出更多更优秀的拔尖人才。

高一要学生学会"走路"，建立自己的行为规范，培养良好的学习习惯，属"积累"阶段；高二要学生学会"奔跑"，追求学习的深度、发展的速度，属"深化"阶段；高三要学生学会"领跑"，做一个追求卓越的人，属"升华"阶段。

1. 学生的习惯培养

（1）以学为先。首先树立"学习是学给自己的"思想意识，学习是正事，理应先于娱乐，一心向学，气定神闲，心无旁骛，全力以赴。高中阶段，学习是最有意义的一件事情，学习是有阶段性的，这个年龄段，只有树立学习第一的思想意识，才能妥善处理好其他事情。

（2）随处学习。时间是挤出来的。善用零碎时间，每天的课间、课前、休息前等零碎时间里记忆词语，背诵公式，破解疑难，调整情绪。保证学习时间，学会见缝插针利用好空余时间，经过日积月累，效果可观。

（3）讲究条理。将重要的学习用品和资料装好，分类存放，避免用时东翻西找。每天有天计划，每周有周计划，按计划有条不紊地做事，不一曝十寒。特别是要整理好各学科的校本作业，作业规范（认真审题，冷静应答，把每次作业当作高考，作业工整，步骤齐全，术语规范，表述严谨。规范不仅训练仔细认真品质，更能养成细心用心习惯，从而激发学习潜能），做事有条理性，才能更加高效利用好时间，在单位时间内比别人收获更多有价值的东西。

（4）学会阅读。学会速读和精读，提高单位阅读量。当一个积极的阅读者，不断提问，直到弄懂字里行间的全部信息，特别要弄懂知识的起点和终点，梳理好知识要点。

（5）勤善思考。这一条是重中之重，应贯穿于听课、作业、复习等各个阶段。比如做完一道题后，要对答案，这里应有一个反思的过程，要弄清这道题考的是什么，用了哪些方法，为什么用这样的方法，怎样才能达到举一反三、触类旁通的效果。有思考才能避免在同一个地方跌倒，有思考并善于思考才能更快速成长。

（6）学习互助。与同学开心地相处，遇事不斤斤计较，宽容豁达；珍视同学间的友谊，在学习中互相支持和帮助，经常一起讨论学习中的问题，使用不同的解题方法并相互交流心得。有了这种和谐的同学关系，才能全身心地投入到学习中，从而保持较高的学习效率。

（7）常设小目标。目标包括两类，一类是长期稳定的目标，短期内不会变化，这个不用多讲；另一类是短期小目标，包括一分钟目标，这一类可变性很强，但对学习成绩起着决定性作用，却恰好是多数同学忽略的，值得一提。"常设小目标"就是训练自控力的开始。能管住自己，也就挡住了各种学习上的负面干扰，如此"大目标"才会更接地气，即"千里之行，始于足下"。

2. 尖子生培养的方法和路径

（1）培养学生思考的习惯和能力。教师的"无意识"会使学生失去思考的能力：①过度讲解。教师思考代替学生思考，降低学生思维能力，养成学生依赖和思维的"懒惰"，造成学生解题能力下降。遇到试题时头脑中会自然搜索教师讲过的例题或者"模式"，其思维方式是回忆，而不是分析。②教学"三病"。嘴快：急于纠正学生的问题，容不得学生思考；心急：赶进度，容不得学生犯错；耳根硬：一味按照自己的思路、经验和习惯教学。然而，学生更喜欢以下这两种课堂。一种是教师对讲课内容烂熟于心、讲课风趣活泼，善于联系生活实际，学生会因教师个人性格特点而喜欢课堂；另一种是教师善于提出挑战性问题，组织学生陷入思辨之中，学生在"累脑子"后稍加启发，就有一种恍然大悟的感觉，学生会因此而喜欢课堂。

为了改变现有的教学状态，建议教师用好以下方法：①"诱导"教学法。不随时随意打断学生的发言、思考；不居高临下地加以评判和否定；不急于纠正学生的某些知识性、思路性错误，只点不拨；让学生在查阅、思考、探究中面临疑难和困惑；让他们在讨论争辩中自己去修正自己，在自我修正中提高。②"三讲三不讲"教学法。对概念和规律要"先议后讲，不议不讲"；对典型的习题"先做后讲、不做不讲"；对课后的练习要"先批后讲、不批不讲"。

尖子生怎么培养？作为教师，应该有一种观念，有一种信念，把着眼点放在能力的培养上。比如，自学能力、独立获取知识的能力、与他人合作的能力、自己支配学习时间的能力，以及充分发表学术观点的能力，这些对于初、高中学生都格外重要。所以，应该千方百计地为学生的发展提供自主学习的空间、积极思维的空间、开展活动的空间和充分表现的空间。

（2）培养学生总结归纳的习惯和能力。首先，一定要学生自己归纳，尽力用自己的学识角度去解释延伸，而不是简单地把书本上的知识进行罗列，学生自己动手归纳的过程就是逐渐形成体会的过程。其次，一定要注意"输出"，深度学习是提高成绩、获得能力的最为主要的手段之一，而深度学习最主要的方式就是注重新旧知识融合，转化为自己的知识。最后，一定要经常性归纳。归纳也不是只做一次，要经常反复归纳，这是复习中的非常重要的环节。

积极采用"三先三后两小结"学习法。"三先三后"是指先预学后上课，先思考后回答，先练习后总结；"两小结"是每周利用双休日对一周所学内容进行清理；每学完一个单元作一次书面整理小结，做到堂堂清、课课清、段段清。

（3）对学生进行高效的"强化训练"。"强化训练"是指为了提高绩效而刻意设计出来的练习，它要求一个人离开自己的熟练和舒适区域，不断地依据方法去练习和提高。教学中常存在的现象：教师自认为向学生教了、讲了，也做了，但是学生还不会、做不对、做不好。为什么？关键在掌握，真正的掌握是听得懂、会做题、能做对、做得好。心理学家研究发现：决定伟大水平和一般水平的关键因素，既不是天赋，也不是经验，是"强化训练"程度，我们始终坚信顶尖高手都是"练出来"的。

① 如何进行有效的强化训练。有效强化训练三要素：挑战自己（走出自己的舒适区）、刻意设计练习的内容（高度针对性）、依据方法不断重复练习（强度＋持续时间）。有效强化训练的五步骤：第一步，观察模仿"言传"与"身教"——教师讲解、演绎、示范。第二步，分解练习，有效进步的关键，在于找到一系列难度递进的小任务让受训者按顺序完成，并重复训练。这些小任务必须是受训者不会做，但是又有能力通过学习掌握的。便于学生对技能知识的理解，有效降低学习的难度——简单、可复制。第三步，完整试做。第四步，反馈纠正，看不到反馈的练习等于没有练习；在某种程度上，刻意练习是以纠错为中心的练习，有练必批，有批必改。考试后及时反馈——当堂训练反馈效果好。第五步，刻意地专项练习并有意重复练习和"实战"最大的不同，就在于对专项能力重复性训练的程度。在"实战"中，我们是用到所有的能力来完成一项任务。强化练习往往是在一段时间内集中训练少数能力，而单纯的实战其实并不能持续地提高一个人的能力。

② "一对一"辅导。第一，给每一个学生建立了个人跟踪管理档案，记录他们学习、生活、家庭、心理、个性特点，以及每次考试的成绩。掌握他们的学习情况、心理变化、成绩的变化，及时激励，充分调动他们的学习积极性。特别是每次考试的分析和存档保留，组织尖子生分析成功之处和不足，总结经验教训，调整学习方法，积极投入学习。第二，对学生定期"会诊"。

各学科教师（家长）交流情况；全面分析学生优缺点（心理、思想等）；制定出"强科更强、弱科不弱"策略；适时调整各学科学习节奏和策略。

③ 狠抓细节，找到"增分点"。重在平时，重在细节，重在积累。强化"多拿一分、多对一题"意识，从多拿一分做起，对历次考试试卷对比分析，深挖问题背后的原因。对优生的解题答案进行多角度分析。最不该丢的"5~10 分"是最有希望获得的，找出来很有必要。

（4）对教师高要求。

① 学科教学。实验班独立校本作业、训练、检测；先学后教、先做后讲；更严格的要求和更细致的应考指导；作业考试化；试卷讲评以点拨和展示优秀答卷、典型错误为主。

② 个性化教学。建立学生学习档案；作业批改给分制、二次面批；制定个性化练习。

③ 学科教研。研究高考（考、阅、析）；系统的教学计划；一课一研；加强"自主招生"学习和研究；跨年级教研。

④ 教学组协作。对学生基本情况、学习成绩了如指掌；每周一次教学组分析会；实行"导师制"培养。

⑤ 自主（强基）招生。高一、高二完成所有选修模块课程的学习；每周每科组织 1~3 节自招（强基）培训；邀请名师、专家针对性讲座；利用假期组织学生集中培训；高考后组织具有清华、北大自主招生（强基）资格学生统一培训和考试；统筹学生三年学习成绩、综合素质，参加清华、北大自主招生报名。

⑥ 理想激励。营造氛围；每天带给学生信心和正能量；每月组织一次清华、北大希望生座谈会，了解需求，激励斗志；邀请知名大学的教授、学生来校讲座或报告。

⑦ 奥赛指导。对数学、物理、化学、生物、信息学奥赛具有浓厚兴趣且具备学科潜质的学生，创造学习机会、提供学习资源，进行重点培养。

⑧ 创新课程。培训专业教师，保护教师积极性；开设机器人设计、数学建模、结构设计、数据挖掘、创新作文等创新类课程；做好比赛的报名和准备工作。

四、服务保障高效有序

（一）健全管理制度

1. 学校后勤管理的主要工作

学校后勤部门的工作涉及人、财、物等方面，面广量大。学校后勤管理主要包括：财务、校产、校园环境、生活、基本建设、队伍建设等。

2. 制定系列和规范管理制度

如班级财产管理制度、保管室管理制度、财产管理制度、财务管理工作制度、报销和结算制度、现金管理制度、教师公寓实施管理办法、文印室管理制度、食堂安全管理工作方案、校舍设施维修管理制度、基建管理暂行办法、安全节约用电与用水管理规定、财产报废制度、财产赔偿管理制度、采购管理制度、低值易耗物品管理制度、房产管理制度、合同管理制度、食堂管理制度、小额工程建设监督管理规定、小额工程项目内部管理规定、小额物品采购管理制度、校舍管理制度、校园绿化管理办法、校园施工管理规定、设备维修保养制度，等等。

（二）后勤管理原则

（1）方向性原则。教育教学是学校的中心工作，后勤要服务育人、管理育人。后勤的服务宗旨是为教育教学服务、为师生员工的学习和生活服务。

（2）整体性原则。从学校整体发展角度把握后勤管理的人、财、物、时间、信息等各个要素，从整体上处理后勤管理与学校管理的关系。

（3）效益性原则。坚持经济效益和社会效益统一的原则，以社会效益为主要考核指标，优化后勤服务工作，提高后勤管理的综合效益。

（4）权变性原则。后勤管理过程中，根据管理对象和管理环境的变化，实施不同管理策略和方法，综合运用经济方法、行政方法、法律方法、思想激励方法等管理，提高后勤管理效能。

（三）后勤管理要诀

（1）两个核心标准。为教学服务（学校的财力、物力重点放在教学工作上，教学设施设备、办公用品等），为师生服务（为教师和学生提供良好的学习、工作、生活条件）。

（2）三个操作性指标。经济上的高效益（科学管理、科学理财、开源节流、勤俭节约），服务上的高质量（超前服务、保证供应、保障教学、师生满意），工作上的高效率（核心是"快"，事无巨细，都要在第一时间做好，要又快又好）。

（四）后勤工作要领

（1）细。后勤服务人员要做到主动、热情、周到、细致。后勤工作善于抓小事、抓细节，认真细致对待每个细节，在细节上下功夫。广开言路，认真倾听师生的建议，有利于学校发展的建议尽量采纳。从细微处入手，细致思考、细微关怀，从小处找眼，厉行节约，杜绝铺张浪费行为，细心做好每件事。

（2）实。制定清晰明了的工作流程和实施细则，作为督促、检查、评价提供依据和标准。树立服务育人的理念，承担起为教育教学保驾护航的责任。管理严格，及时检查、考核、奖惩，将后勤工作做实。对后勤基础资料的保管，如建筑物的各种设计图、平面图，维修资料、物品清单等做到心中有数。

（3）勤。平时多巡查、多检查设施、设备，发现问题，及时维修。建立台账制度，对师生保修的物品，及时落实。校园校舍，每日巡查，每周反馈。

放假期间，做好校舍、校园的维修工作；开学初，做好各类物质保障工作；学期结束时，做好物品的清点、移交工作。勤思考，不断改进工作方法，提高效率；勤沟通，不断了解师生的需求，提高工作实效；勤检查，及时发现问题，及时解决问题；勤研讨，针对工作中遇到的问题，深入调研，提升管理水平。

（五）信息化管理

建设厦门实验中学智慧校园大数据综合平台，已实现一站式服务、标准化、开放性需求，做到统一平台上、统一管理的信息化环境，为学校各项工作正常运行起到了重要作用。

平台具有基于各类大数据引擎能力，组件式开发、应用的模块式开发等能力，可增强系统的可拓展性、易用性等，贴合学校适时的发展需求，减少系统建设成本。目前已建设校园办公 OA 系统、后勤管理系统、教务系统、德育系统、学校可视化等模块，涵盖 23 项应用。

第四章 精新教育的发展之路

第一节 文明校园的创建

申报厦门市文明校园，是学校获得参加省一级达标高中评估"入场券"的第一步。为了顺利申报，以此推进学校教育改革和发展，学校严格按照厦门市文明校园创建要求，逐步建立了文明校园创建工作机制。经过几年的努力，学校成功创建厦门市文明校园并确定为省文明校园培育对象。

一、落实创建责任，营造浓厚创建氛围

学校成立由党委书记肖学平任组长，党委副书记李丽芬、副校长邹标、副校长方荣报、纪委书记吕武艺、副校长陈福光任副组长，各部门负责人任小组成员的精神文明建设领导小组，把创建文明单位纳入学校发展的总体规划，统一部署、统一落实、统一检查、统一考核。认真落实创建工作责任制，充分发挥全校教职工的主人翁精神，为创建文明单位贡献自己的力量。

按照"一把手负总责、谁主管谁负责、分级负责"的原则，实行明确分工，分层考核，责任到人。学校党委负责组织教职工学习、宣传有关精神文明建设的文件及法律法规，检查学校工作制度的执行情况，宣传学校文明创建活

动开展的情况；工会协助各支部负责宣传和贯彻执行教师《职业道德规范》，加强对教职工的职业道德、社会公德、家庭美德教育，对教职工进行行为习惯和礼仪礼貌方面的教育，对教职工的师表言行进行引导和规范；教务科负责检查考核教师在教学过程中执行《教师职业道德规范》的情况；总务科负责校园财产和安全设施的管理、维修和添置，做好后勤保障；德育科负责指导班主任做好学生的品德教育和行为习惯的养成；保卫科负责对学校安全的管理，加强对学生的安全教育，增强学生的安全防范意识和自我保护意识。

每学年，学校安排一定数量的建设经费用于学校文化基础设施建设，并明确规定专款专用，不得挪作他用。并积极与周边单位开展文化共建活动，争取适当的经费和物质支持，实现文化资源共享。同时，加强校园文化建设专项经费的管理与监督，建立健全工作制度，不断提高资金使用效益。

学校每学期对文明校园创建执行情况进行考核评比。领导班子成员对重要工作活动及时检查、抽查，确保各项工作落到实处取得成效，并对文明校园创建进行督导、督查、督办。学校各职能部门负责在日常学习中对文明建设的各项工作进行监督检查，并负责将相关信息及时向文明校园创建领导小组进行反馈。学校按年度文明校园创建目标管理责任制考核评比结果，对成绩突出的部门和个人按学校有关规定给予奖励；对于考核评比不达标的部门或个人，取消当年评优评先的资格。

二、强化科学管理，确保多项制度落地

学校不断强化管理，严格执行各项规章制度、落实校务会议等多项管理制度。

（一）实行党组织领导的校长负责制

学校重大改革措施及规章制度的出台，均广泛征询教职工的意见，经党

政工联席会议研究，后由学校教职工代表大会讨论通过。学校严格执行《党政领导干部选拔任用工作条例》的相关规定，选拔任用干部。学校所有的重要人事任免均按照"三重一大"制度执行，严格按照集体讨论、民主决策、纪委监督的程序进行。

学校重大改革措施或新的制度出台后，学校党委负责做好宣传发动和教职工思想工作，尽快让教职工接受和适应新的改革措施和制度，确保政令畅通。党委、行政一起努力贯彻执行党的教育方针和上级教育行政部门的指示与要求。

学校党委重视自身建设。首先，加强党委班子成员的学习，提高领导素质，切实发挥党委的政治核心作用；其次，加强党员队伍建设，通过党员大会加强培训，增强党员党性，调动党员积极性，促使他们在工作岗位上起到党员应有的模范带头作用。

校长负责学校教育教学工作，主抓教育教学质量，充分调动教师工作积极性，切实提高教师教育教学能力，提升学校办学效益。校长领导和协调学校各部门工作，严格要求，促进学校各职能部门围绕学校的总目标、总要求来开展工作，努力提高工作效率。

（二）落实校务会议等制度

学校党委负责监督学校各项重大事务的执行情况，组织党员履行义务，发挥党员的先锋模范作用和党组织的战斗堡垒作用，充分发挥工会、共青团、少先队、民主党派等组织的作用。

行政办公会议每周五上午召开，重大问题都通过集体讨论，征询各方面意见，然后再做决定。

学校每学期召开一次教职工代表大会。教职工代表大会召开前告知全体教职工，组织讨论和征求提案，对涉及教职工切身利益的都能征询教职工代表大会的意见。

全体教工会是学校管理体制的重要组成部分，也是教职工依法行使民主权利，参与民主管理和民主监督的基本制度和形式。学校通过全体教工会向全体教工传达重要会议精神，布置学校工作。

（三）强化上与下间的沟通联系

为了拓宽学校领导和一线教师、学生及家长的联系，学校设有校长信箱。校长信箱的设置形式为网络电子信箱和实体信箱，受理全校师生、外界投送的信息。实体信箱设在学校大门门卫室右侧，并张贴电子邮箱及咨询投诉电话。党政办公室定期对信箱来信进行整理、汇总，呈报校长阅示，根据校长批示，将需解决的问题转至相关领导及部门处理。相关部门开展调研、提出处理意见，及时解决问题。对于涉及多个部门协调解决的问题，由牵头部门负责协调解决，并及时反馈到党政办公室，由党政办公室统一答复。校长信箱的设立，加强了学校领导与师生、员工及家长的联系和沟通，更好地发扬民主，畅通言路。

为保障学生和教职工在校集中用餐的食品安全与营养健康问题，健全学校食品安全风险防患体系，落实校园食品安全责任，学校安排校级领导、中层干部及教师代表轮流陪餐，并有计划安排学生家长陪餐，学生与校领导一同就餐。制度实行以来，校级领导及时关心学生饮食和生活，了解学生的实际需要，帮助学生解决学习和生活中的问题，同时督查食堂食品卫生与营养、操作等问题。食堂针对存在的问题进行整改，保证学生饮食安全、健康。

（四）认真贯彻落实谈心谈话制度

学校谈话采用集体谈话与个别谈话相结合的方法。谈话一般每月不少于一次。学校领导巡视校园期间随时与教职工谈心，主动了解谈话对象的思想、工作情况并征求意见。党员干部可以主动向学校领导反映情况，汇报思想。中心组成员之间、党员教师之间定期互相谈心，沟通思想，融洽关系，形成团结实干的良好氛围。谈心谈话制度的设立，进一步加强了教师的思想政治工作，有利于学校及时掌握教职工的思想、工作动态，切实做到关心人、理解人和爱护人，调动了师生的积极性，增强了学校的凝聚力、战斗力。

三、成立工作领导小组，精心组织申报

学校召开文明学校创建活动的动员大会，组织教师认真学习文明学校创建的有关文件精神，统一思想，提高认识。深刻认识文明学校创建活动的重要意义，提高文明学校创建的自觉性，形成创建文明学校，人人有责，人人参与的局面。积极组织全体师生学习《厦门经济特区促进社会文明若干规定》，开展全国文明城市创建常识教育，促使师生自觉把基本道德规范、公民行为准则转化为具体实践，认真学法、懂法、守法，做推动厦门社会和校园文明进步的践行者。同时，对照文明学校的要求，按照工作计划具体实施。文明学校创建领导小组，积极组织开展创建文明学校活动，加强指导，及时解决创建活动中出现的新情况、新问题，促进各项工作的落实。

四、师德师风建设

学校以党的十九大精神为指导，以"惟精惟新"办学理念为主线，以教师理想信念、职业道德、形势政策、教育法规和心理健康教育为目标，每学年都制订详细的学习、宣传计划，并不间断进行反思总结，主要做法包括以下八点。

（一）加强对教职员工的理想信念教育

组织教职员工重点学习习近平总书记系列讲话和党的十九大精神，并通过多种形式加强理想信念教育，如组织教职员工实地参观党风廉政建设基地、

参观纪念中国工农红军长征胜利 80 周年主题展，通过开展"两学一做"学习教育、写反思心得等活动，多形式提高思想觉悟，坚定教职员工政治立场。

（二）提高教师职业道德和教育法规学习水平

学校要求全体教师严格执行师德规范，恪守职业道德，关心爱护学生。多场合、多渠道地组织教师认真学习《中小学教师职业道德规范》《厦门市中小学教师师德规范十不准》《新时代中小学教师职业行为十项准则》《中小学教师违反职业道德行为处理办法》等重要文件，明确师德建设目标，同时把师德教育工作作为教师继续教育的重要内容，组织教师签订师德承诺书、进行定期考核，努力提升教师素质，使教师队伍具备优秀的道德品质、良好的心理素质和规范的职业素养。同时，引导和鼓励教师之间相互学习、探讨、交流和借鉴，大力宣传教师中的先进典型，用榜样人物的先进事迹、高尚情操、模范行为引领广大教师，把抽象的道德观念、行为规范等形象化、具体化，以先进模范的行为激励教师，增强师德修养的自觉性。

（三）加强对教职员工的形势政策教育

学校通过购买书籍、网络宣传、"两学一做"学习教育、"一支部一品牌"、党的十九大精神学习、习近平新时代中国特色社会主义思想学习、"大学习大宣讲"等活动加强教师形势政策教育，着力增强教师的政治意识、大局意识、核心意识和看齐意识。

（四）强化对教师的心理健康引导与教育

学校深入了解教师实际需要，针对教师不同需要，开展丰富多彩的工会活动，提高教师心理满意度和幸福感，使他们始终保持良好心态；帮助教师确立合适的个人目标，不断提高教师的心理承受能力，使教师保持心理平衡，同时在教师成功或失败时引导正确归因；优化校园人际关系，营造一个融洽、和谐的工作环境；建立心理健康咨询室，定期组织教师进行有关心理健康知识的学习和讨论；请专家或本校心理学专业教师举办讲座，为教师提供心理咨询和辅导；为教师购买心理图书资料、音像资料等。

（五）定期组织师德教育等专题培训

学校制订新教师入职培训方案。每学年开学初，为了让新教师更好更快地了解学校的各项规章制度，熟悉校情学情，理解办学理念，认同学校管理文化，迅速融入学校，适应学校的教育教学工作，学校都会举行新教师岗前培训。培训内容包括：学校育人理念、育人目标、校风、校训、师德教育、校园环境、教学常规、德育常规、一体机的使用等。开展岗前培训，有利于新教师在新的工作岗位上更好地开展教育教学工作。

组织新教师学习《新时代中小学教师职业行为十项准则》，引导广大教师努力成为有理想信念、有道德情操、有扎实学识、有仁爱之心的好教师。组织新教师培训《福建省中小学教师师德师风建设二十条不准》，使广大新入职教师明确师德考核内容，严守师德底线。组织新教师培训《厦门实验中学教职工考勤制度》，使广大新入职教师严肃工作纪律，确保学校正常的教育教学秩序。组织新教师培训《中国共产党廉洁自律准则》与《中国共产党纪律处分条例》，使广大新入职的党员教师进一步明确了准则与条例的具体内容，更深刻地理解了准则与条例的核心要义，进一步清醒地认识到党员同志必须始终绷紧廉洁自律这根弦，知敬畏、存戒惧、守底线，使铁的纪律转化为日常习惯和自觉遵守。

（六）组织教师学习先进人物事迹

学校通过主题党日活动、教职工大会、国旗下讲话、微信公众号、校园官网、宣传栏、公告栏等多种形式积极组织全体教职员工学习道德模范、时代楷模、最美教师、优秀党员等先进人物事迹。

为深入开展精神文明创建活动，充分发挥道德模范示范引领作用，学校组织开展了不同形式的学习宣传道德模范、时代楷模活动。同时，利用电子显示屏等工具播放道德模范先进事迹，营造学习道德模范的良好氛围。

学校党委在微信群、QQ 群、微信公众号积极组织教师学习优秀共产党员张桂梅的先进事迹，在教职工大会上组织全体教职工学习"两弹一星"精神，引导全体教职员工不忘初心，坚定理想，爱岗敬业，把书教好，敢于担当，勇于作为，促进学校教育教学事业优质、快速发展。福建省首届"最美教师"代表来厦门巡回报告期间，学校选派专人前往参会学习，返校后进行全校宣讲，掀起学习"最美教师"的高潮。

（七）开展师德典型选表彰活动

为充分调动教师教书育人的积极性，加快推进学校发展，学校积极发掘树立身边优秀教师榜样，每学年在教师节期间评选表扬一批优秀教师。如2019 年，经各支部、各部门、各学段、各教研组推荐，校务会研究，学校评定 51 名同志年度考核"优秀"，授予 7 名同志"优秀共产党员"光荣称号，3 名同志"优秀党务工作者"光荣称号，59 名同志"优秀教师"光荣称号，12 名同志"优秀教育工作者"光荣称号，5 名同志"优秀班主任"光荣称号。2019 年，学校开展首届"最美教工"评选活动，经组织策划，各支部、各部门、各学段、各教研组民主推荐，校务会研究决定，授予 5 名教师厦门实验中学首届"最美教工"称号。通过开展"最美教工"评选活动，树立、宣传和表彰一批学校师德高尚、业务精湛、群众公认、学生爱戴的先进典型，对他们奉献教育的情怀给予褒扬和鼓励，为广大教师树立起身边的榜样，努力建设"才高、品端、人和、德美"的教师队伍，在全校进一步掀起尊师重教的热潮。

（八）坚决贯彻落实师德"一票否决"制

学校在学习教育、查摆整改的基础上，进一步建立健全教师队伍管理的规章制度，建立健全师德检查监督长效机制，并以此作为今后教师职称评聘、评先评优、提拔晋升、职务调整的必备条件。

坚持师德建设工作常态化，学校每学期结合教师绩效考核工作，组织教职工进行一次师德考评活动，使师德考评制度得到有效落实。学校师德考核坚持公平、公正、公开原则，采取教师个人自评、家长和学生参与测评、考核工作小组综合评定等多种方式进行。

为有效地遏制不良师德现象的发生，对师德师风实行长期有效监督，学校设立师德投诉电话，广泛听取学生、家长、社会对学校、教师师德情况的反映，主动接受社会群众对师德不良行为的投诉举报。师德考核不合格者年度考核评定为不合格，全校通报，责令其反思和整改，形成书面检查材料，并在教师资格定期注册、职务（职称）评审、岗位聘用、评优奖励等环节实行"一票否决"制。

同时，学校还注重突出师德激励，完善师德表彰奖励制度，促进形成重德养德良好风气。学校将师德表彰奖励纳入教师和教育工作者奖励范围，把师德表现作为评选教书育人楷模、模范教师、优秀教师、优秀教育工作者、优秀班主任、德育先进工作者等表彰奖励的必要条件。在同等条件下，师德表现突出的，优先晋升教师职务（职称）、推荐学科带头人和骨干教师等。

第二节　达标校园的创建

厦门实验中学在创办初期，即充分认识到：创建福建省一级达标高中，是打造教育品牌的有力助推器，是迈向名校的基础，是优质教育资源的象征，是解决生源问题的关键，是培养管理干部、促进教师专业成长的机会，同时也是获得社会认可的标志。厦门实验中学要在厦门名校的夹缝中求得生存和发展，必须未雨绸缪，实行"弯道超车"，尽早通过省一级达标高中评估。为此，学校围绕长远规划，结合自身优势，将申报省一级达标高中作为学校建设发展的第一阶段目标（2015—2020 年）。以省一级达标高中评估标准作为所有工作的出发点和落脚点，严格依照《福建省达标高中评估办法（试行）》和《福建省达标高中评估标准（试行）》的通知（闽教基〔2007〕42 号），有条不紊地组织和开展各项创建准备工作。

在未来发展愿景的感召和凝聚下，学校上下，思想认识高度统一，发展势头喜人，于 2017 年底通过省级评估，被确认为"福建省二级达标高中"；又于 2018 年入选"福建省高中课改基地校"。为确保省一级达标高中评估顺利通过，学校在确认为"省二级达标高中"后，即组织中层干部、一线教师，再次认真研读《福建省达标高中评估办法（修订）》《福建省达标高中评估标准（修订）·一级》和《福建省达标高中评估指标说明》，根据省专家组在二级达标高中评估过程中指出的问题和提出的建议，进行全校范围的整改和完善。在准备申报省一级达标高中和省课改基地校的这一年里，学校以习近平新时代中国特色社会主义思想统领创建工作，狠抓管理，制订计划，以研促教，努力探索和开发新亮点，积极选派人员外出学习借鉴申报经验，及时排查存在不足，逐一落实整改工作，全力筹划申报工作。

在一级达标高中目标的指引下，学校无论是办学理念、硬件设施、管理水平，还是师资队伍建设、育人水平、办学特色、教育质量，都经历了由无到有、由有至优、由点及面、由面变体的华丽蜕变。

一、"精新"育人，理念先行

"惟精惟新"是厦门实验中学建校以来一贯秉持的办学理念。高起点的办学条件、高水准的教学质量和高远的宏伟目标，迫切需要精益求精的工作态度和勇于创新的开拓精神。"精""新"二字，是学校成长壮大的必由之路。所谓"精"，是指教书育人精益求精、日臻完善，努力汲取中西传统和现当代文化之精华，涵养师生智慧与修为；所谓"新"，是指育人模式、教学策略与时俱进、开拓创新，在创新中求发展，在创新中树品牌，在创新中显特色。在"精新教育"的指导下，学校形成了"惟精惟新"的校风、"善学善教"的教风，和"惟志惟勤"的学风。经过几年的探索实践，原本单薄抽象的"惟精惟新"，已日渐丰富发展为立体饱满的"精新教育"体系，包括："三维五步教学法""五步学习法"、导学课堂教学模式、考试工作十二条、质量管理"六个五"、家教式辅导、考点教学法、考试质量基本分析法、"五个四"校本作业体系、智力课程、京剧文化、实验创新、从严治校等。此外，我们鼓励教师在"精"方面，积极开设精品课程，打造精致课堂，撰写精品教材，汇编精备教案，开展精彩活动，实行精细化管理；在"新"方面，则力求做到教育理念创新、课程设置创新、课堂组织创新、教学策略创新、实验方法创新、社会活动创新，将"精""新"思想渗透教师日常教学的方方面面。

二、硬件精良，数字校园

厦门实验中学属新办校，在校园建设方面存在很大的可塑性。校园设施的建设与完善，重点围绕如下五大项目：

（1）基础教学设施类。如课桌椅、体育器材、多媒体设备等。

（2）后勤服务保障类。如办公家具器材、食堂设施设备、校园二次供水系统改造等。

（3）校园安全管理类。如智能逃生系统、校园监控系统、网络及数据安全系统等。

（4）数字化校园建设类。如数字化班建设、教学资源平台、学生生涯规划平台等。

（5）校园文化建设类。如中国精神、传统文化、红色文化进校园文化建设、以能源为主题的文化长廊建设等。

经过几年不断加大投资力度，学校各项设施齐备，逐渐达到一级达标高中评估标准：

（1）实验装备齐全。开辟有生物园、地理园，以及理化生实验室、探究实验室共计 18 间，所用实验器材均按Ⅰ类标准配备，可提供上述学科的全部演示实验和学生实验。

（2）多媒体设施完善。设有现代化信息技术教室、数字化教室、多媒体阶梯教室、多媒体教室等，所有班级教室均配备可触屏多媒体一体机、视屏展台等多媒体设备，教师每人配有电脑，实现办公、教学智能化。

（3）图书馆藏书丰富。现有纸质和电子书籍 132.45 万册，学生人均 60.3 册，报刊共计 8058 种，各类工具书达 168 种，由四名图书管理员负责管理，辅以先进的图书管理软件，全面实现藏书的现代化管理。

（4）体育艺术设施健全。有 400 米和 200 米塑胶跑道的田径场各 1 个、篮球场 7 个、体育馆和大礼堂各 1 个。

（5）生活设施齐全。三幢公寓式学生宿舍可容纳 2000 多人住宿，每间寝室安排 6 名学生，内设有独立卫生间及浴室，配备空调，全天 24 小时热水不间断供应；食堂可容纳 3000 余人同时就餐，另有医务室、校园超市等配套设施，为满足师生基本生活需求提供必要的保障和便利。

三、校园管理，民主高效

学校领导班子老中青结合，涵盖文理学科，专业结构合理，学历层次高。领导班子在"惟精惟新"办学思想的指导下，凝聚发展共识，深入教师教学一线，将教科研建设、校园文化建设与一级达标高中创建工作紧密联系，不断健全决策、执行和监督体系，全面实施民主科学治理。创办初期，学校采用工作领导小组形式，处理各类行政事务。后伴随条件的成熟，办公室、教务科、德育科、教研室、总务科、保卫科、生管科、工会、团委等科室部门逐渐设置健全。各科室的工作内容涵盖行政服务的方方面面，处处凸显"精"字精神，从教学管理到教学服务，从学生宿舍到食堂膳食，从师生品行到习惯养成，从导向激励到依章惩处，从公物管理、环境卫生到安全保卫，无不落实到位，全力为全体师生营造一个和谐温馨的工作学习环境。

四、师资队伍，快速成长

学校教师素以"高学历""年轻且富有朝气"著称。青春荡漾的脸颊，焕发着对人民教育事业的热忱与执着。办学以来，学校教研氛围活跃浓厚，积极为教师搭建成长发展平台。教师共出版著述 15 部，在省市区级刊物或学术会议上发表、交流论文 182 篇，其中 CN 论文 118 篇。成功申报国家级课题 3 项，省级课题 7 项，市级课题 13 项，区级课题 11 项；教师参加教育部举办的"一师一优课，一课一名师"晒课活动，每年晒课多达百余节，其中获省级优课 13 人次，市级优课 16 人次。教师参加省市教学技能大赛，大显身手，共 21 人次获奖。

学校高度重视师德师风建设，要求全体教师严格执行师德规范，恪守职业道德，关心爱护学生。曾多场合、多渠道地组织教师认真学习《中小学教师职业道德规范》《厦门市中小学教师师德规范十不准》《新时代中小学教师职业行为十项准则》《中小学教师违反职业道德行为处理办法》等重要文件，大力弘扬爱岗敬业、无私奉献精神，努力营造教师队伍风清气正的工作作风。

五、德育工作，常抓不懈

德育工作是学校教育的灵魂，是学生健康成长和学校工作的保障。学校全面贯彻党的教育方针和习近平的教育观，按照"育人为本，德育为先"基本原则，以立德树人、行为规范、生活规范、学习规范为重点，对学生实行全员家访，围绕社会主义核心价值观，积极开展德育工作，重点围绕学生习惯养成、心理健康教育、三条德育主线、学生社团活动四个方面展开。

（一）学生习惯养成

学校高度重视学生的习惯养成教育，注重敦促学生在校期间养成良好的生活、学习、运动、阅读等习惯。在学习上，大力推行"五步学习法"，根据学习规律帮助学生快速有效提升学业成绩；在生活上，要求学生养成良好的作息习惯，确保课堂学习效率；在身体素质方面，鼓励学生养成健身锻炼的良好习惯，以强健的体魄迎接每天忙碌而充实的生活；课下，开列经典名著书目，号召学生利用大好青春，开展涉及不同学科的广泛阅读活动，同时引导学生养成正确使用手机（电脑）的良好习惯。

（二）心理健康教育

学校配有 5 名专职心理教师，设有辅导室、团体活动室、心理测量室、心理放松室、心理宣泄室等功能区域。心理咨询实行预约制度、建档制度和定期回访制度，针对每一个学生、家长、教师的咨询个案进行记录整理，定期督导。每年 11 月，组织面向全校学生、教师和家长的心理健康教育月活动，活动形式有专题讲座、主题班会、黑板报、心理委员培训、心理漫画比赛、心理情景剧比赛等。通过组织心理活动，旨在培育学生积极乐观、健康向上的阳光品质，增强学生心理素质，促进学生身心和谐，以更好地适应学校生活和社会公共生活，为他们快乐学习、健康成长和未来的幸福生活奠定坚实的心理基础。

（三）三条德育主线

通过对德育工作不断进行总结和反思，学校德育工作从三条主线切入：

一是以教师为主体的德育主线，由学校德育科、年段德育指导小组、班级德育工作小组三级构成，三者职责分明，一级对一级负责，确保各项德育工作的贯彻落实，形成学校、年段、班级德育工作环环相扣、全体教师共同参与的强大德育教育网络；二是以学生干部为主体的德育主线，由学校团委、学生会、少先队，年级团总支、学生分会，班级团支部、班委会三级构成，主要任务是根据学校、年段安排，结合学生年龄特点，发动学生开展各种德育活动，充分发挥学生在德育中的主体作用，寓德育于校园活动中；三是学校、家庭、社会、自身"四位一体"的教育主线，办好家长学校，表彰优秀家长，交流家教经验，争取家长支持，聘请潘涂派出所领导担任综治副校长，形成"校内校外处处有人教，在校在家时时有人育"的德育特色。

（四）学生社团活动

学校大力发展学生社团，打造精品社团文化，以健康积极的社团活动，丰富学生的课余生活。现有忆蜀文学社、辩论社、心理社、朗诵社、京剧社、美食社、杂志社等 17 个社团组织。社团每年参与学校艺术节、元旦文艺会演，在学校各类比赛和展演活动中均有精彩表现。社团关注学生的多元兴趣需求，强调文化的内涵发展，以"惟精惟新"为信念，追求更高层次、更具特色、更多元化的社团活动。蓬勃发展的社团文化，丰富了学校文化氛围，提升了校园文化品位，滋养了日渐丰厚的人文底蕴和科学素养。在团委教师和京剧专家教师的指导下，京剧社团于 2017 年被授予"全国优秀中学生国学社团"荣誉称号。

六、狠抓管理，提升质量

学校教学工作从"精"从"新"从"实"，致力于创新课堂教学既有模式、搭建智慧课程教学体系和探索解决当下教育教学新问题。经过五年发展，"三维五步教学""数字化实验班""初高中走班制""2+4 学制"等课改新举措，日渐成熟和规范。

（一）落实日常教学常规

制定《厦门实验中学教学常规管理制度》，对专任教师的备课、课堂教学、作业布置与批改、教学辅导、信息技术应用、模块考核、学分认定、教学质量分析、调代课、教师教研等常规环节提出明确要求，从源头上对教学各个环节加以规范和管理；以抓好教师备课、上课、作业、辅导、检测和反思六个环节为突破口，强化集体备课环节，发挥集体备课优势，确保课堂教学质量；每学期两次不定期的教案、作业批改抽查和随机推门听课，及时将发现情况反馈至教研组和年段；考试工作做好周密计划，认真贯彻落实"考试工作十二条"。课程设置安排合理，各类必修、选修课程开足开齐，有效保障综合实践活动、研究性学习、技术、体育和艺术等课程的实施。

（二）打造校本作业体系

学校充分利用现有师资优势，组织高中部全体教师自行开发编写教辅材料。此举一来可使学生课下的巩固环节更具针对性；二来也通过教辅的编写，客观上促进教师的成长与发展。教辅材料涵盖学案、作业（课后练）、课练（限时训练）、周练四项内容，需要各备课组结合学科特点和课堂重难点，依照学校统一排版模式自行命题，力争做到简单、易操作和有实效。围绕四案的习题，教师不断筛选和打磨，力争做到四"精"（"精选""精练""精讲""精评"）、四"必"（"必发""必收""必改""必评"）和四"结合"（与作业八个"要"结合、与"五步学习法"相结合、与考点教学法结合、与家教式辅导结合）。在开发校本作业过程中，教务科和教研室负责落实四"查"（查四案质量、查校本作业批改情况、查存在问题、查四案实际效益）。

（三）校本课程寓教于学

为满足学生多样化的学习需求与兴趣，开拓学生视野，学校精心开设丰富多彩、趣味盎然的校本课程。在校本课程建设方面，依据《厦门实验中学校本课程实施与管理方案》，鼓励教师结合专业领域和特长爱好开设校本课程。经共同努力，学校校本课程体系日渐充实完善，集中表现为：主动要求开设校本课程教师人数增多，2014—2015 学年第一学期，开设校本课程仅为 36 门，自 2015—2016 学年始，校本课程数量迅猛增至 70 门左右；伴随课程数量的增加，课程内容得到进一步地丰富，由最初的竞技类、知识类，拓展为"语言与文学""数学与科学""人文与社会""艺术与审美""体育与健康""信息与技术"六大核心板块。其中，包括太极、桥牌、国学、拉丁舞、影视鉴赏、机器人制作、趣味数学、实验水墨、批判性思维与写作等校本课程，授课内容生动有趣，贴合现实生活，深受学生的欢迎和喜爱。

（四）培育学生探索精神

为与新课改理念适应，化纯粹知识传授为培养学生核心素养，培育学生发现问题、分析问题、解决问题的综合能力，学校将研究性学习视为课堂学习内容的横向拓展和纵深发展，是落实素质教育的具体表现之一，在师生群体中大力推广，规定每位教师每学年至少带领学生开展两个研究性学习。通过研究性学习，学生的兴趣特长，不再停留于表面，而是得到了充分的开发和培养；而研究性学习的课题也不再局限于课堂知识，学生们的观察研究视野触及社会生活的方方面面，例如"高中生追求名牌状况研究""闽南语在厦门发展趋势调查研究""银行储蓄利息利税的调查""概率论在保险中的应用""商标名称的英文与汉译""转基因食品安全吗？"等。

（五）音体美活动促全面发展

为全面提升学生身体素质，学校积极响应教育部"阳光体育运动"号召，在课时安排上，确保学生每天一个小时的运动健身时间，活动形式有田径、武术、足球、棒球、篮球、排球、羽毛球、手球、健美操等，通过满足学生多样化的运动爱好，切实将体育锻炼落到实处。每学年举办春秋两季运动会，竞技内容在田径、实心球、跳高、跳远等传统项目的基础上，新增围棋、桥牌、国际象棋等益智类体育项目。此外，学校还在全校范围内开设"两棋一牌"校本课程，号召鼓励学生在校期间发展一至两项能长期坚持的体育运动。在培养学生艺术素养方面，学校以京剧文化艺术为载体，通过教授学生"唱练做打"，带领学生"识脸谱、绘脸谱"，让学生在接触了解和真切感知国粹艺术的同时，提升审美能力和品位。

通过狠抓教学常规、改革创新传统教学模式，学校育人成果不断涌现，各类学科竞赛考试捷报频传，共获国家奖 1 人次，省级奖 55 人次，市级奖285 人次，其中陈倞同学参加第十八届全国中小学生电脑制作活动电脑机器人竞赛获全国三等奖，刘布同学参加 2018 全国青少年信息学奥林匹克联赛（普及组）获省一等奖；2016—2018 届高三毕业生本科上线率均达 98% 以上，60% 以上的应届考生超本一线，高中教学教育质量一年比一年好；2014 年至今，学生在各级各类体育竞技比赛中，获国家级奖项 20 人次，省级奖项11 人次，市级奖项 59 人次，如参加 2017 年全国中小学生手球锦标赛，荣获三等奖，为福建省历史最好成绩，参加 2018 年"和平·万科杯"全国国际象棋学校锦标赛，获团体总分二等奖、男子团体二等奖、女子团体二等奖，参加 2018 年全国中学生桥牌锦标赛暨中国体育彩票全国青少年桥牌夏令营活动获优秀奖；学生近三年参加各级各类艺术比赛，成绩令人瞩目。

七、京剧文化，特色鲜明

（一）响应号召，弘扬国粹艺术

在"惟精惟新"精神的引领下，厦门实验中学在探索自身办学特色方面，也走出了一条不平凡的道路。2015 年，适逢国务院办公厅新近印发《关于支持戏曲传承发展若干政策的通知》，习近平总书记在不同重大场合多次强调中华优秀传统文化之于国家、民族和国民的重要性，学校意识到以戏曲艺术为文化载体，通过戏曲形式讲述中国传统故事，弘扬"忠""孝""仁""义"等传统美德，培育学生审美情趣，提升学生审美品位，不失为打造厦实校园文化名片、创新传统德育、美育工作的可行之路。在上级部门的正确领导、关心支持和牵线引荐下，厦门实验中学于2015年9月，和中国戏曲学院签署"京剧特色发展合作"协议，正式将京剧文化艺术引入校园，并面向全市招收福建省第一个京剧艺术特长班。这是继厦门市教育局与中国教育科学研究院合作办学的又一重大事件，标志着厦门实验中学在探索自身办学特色、丰富校园文化内容的道路上又迈出了重要的一步。

（二）全面打造京剧校园文化

在师资力量保障方面，厦门实验中学充分借鉴前期试点单位的经验与教训，依托戏曲学院强大资源优势，聘请五名专业京剧演员长期驻校，担任专职教师，其中两名为国家一级演员。他们功底扎实，言传身教，长期驻校，为确保京剧课程的授课质量，打下坚实的基础。对京剧教师的考核力求规范到位。五名京剧专职教师，享受与学校在编教师一样的福利待遇。有关他们的考核工作，则委托戏曲学院完成。每学期期中、期末，戏曲学院安排专家专程对京剧授课教师进行考核。在此基础上，为进一步规范课堂教学行为，确保京剧艺术课堂更富针对性和效率，教务科对五名京剧教师做了额外规定，要求他们和学校其他任课教师一样，课前结合学情，设置教学目标，认真撰写教案，课后还要及时进行教学反思。

在文化氛围营造方面，为让更多学生了解国粹艺术，促进京剧文化艺术的校内传播，学校以改善校容校貌为切入口，着力营造以京剧文化艺术为主线的校园文化环境。如今，京剧元素遍布学校每一个角落：散落在草丛中、绘有卡通京剧人物的石块、宣传普及京剧知识的文化长廊、介绍京剧五大行当和特有乐器的碑石、陈列有京剧戏服和表演道具的橱窗、京剧大师园，以及根据京剧剧目《贵妃醉酒》设计的人物雕塑，等等。周末，京剧班学生在露天小戏台,为全校师生表演京剧小节目,工会组织全体教师周末学唱京剧名段;暑假,学校为同学们举办趣味盎然的京剧艺术夏令营,安排学生与京剧名角面对面交流。

在课程设置方面,京剧班学生除保质保量完成省办课程外,每周还须固定接受十余节专业京剧课训练,内容涵盖形体训练、声腔唱法、戏曲文化知识等;非京剧班学生,则可选修戏曲文化课或参加社团活动,使用专家为他们量身编写的京剧入门校本教程,过一把戏瘾。

在京剧文化的浸润下,学校连续两年获"国戏杯学生戏曲比赛"优秀组织奖,京剧班学生连续三年参加"国戏杯"全国戏曲大赛,均获中学组一等奖;并应邀登台亮相"新年戏曲晚会",参与表演节目《新的长征在路上》《盛世新蕾》,现场好评如潮。

(三)办学特色效果初步显现

京剧艺术,有效地促进了学生的全面发展。学校育人硕果累累,得到社会各界的充分肯定。2016年,肖学平校长应邀参加首届"中华优秀传统文化与校园文化建设论坛",并做"以传统文化进校园为抓手,创新培养学生的核心素养"的主题发言,受到与会专家的广泛认同和赞誉。2017年,学校成功举办"京剧文化进校园"开放周活动。各级领导出席开放周开幕仪式。他们在肯定、盛赞厦门实验中学"京剧文化进校园"活动显著成效的同时,均强调了传统文化之于国家、之于民族的重要意义,强调传统戏曲艺术之于加强、改进和创新德育美育工作的实践价值。开放周活动期间,"人民网""中央电视台""光明日报""中国文化报""厦门日报"等多家媒体广泛报道。2018年5月,学校《京剧文化进校园实践研究》教育教学成果,荣获福建省基础教育成果二等奖;2018年12月,京剧《霸王别姬》获省戏剧展演二等奖。

2019年,学校高分通过省一级达标高中评估,并获得参评省示范高中资格，在一级达标校评估中，专家组为我们做了高度概括：有团结敬业、充满智慧的好班子；有年轻自信、学历层次高的好队伍；有上级支持、办学特色鲜明的好机制；有科学先进、"精新"育人的好理念；有目标明确、立意高远的好规划；有依法办校、文化助力的好制度；有风景优美、功能完善的好校园；有质量立校、初显锋芒的好前景；有一群勤奋刻苦，志向高远、绽放青春的好学生；有精明勤奋、善学善教和惟志惟勤的好校风等。未来，学校将继续发扬"精新"精神，凝心聚力，推进实现新的跨越式发展。

附录：厦门实验中学省一级达标高中评估验收现场汇报发言稿

厦门实验中学于 2014 年开办，是一所集小学、初中、高中一体的市直属公办学校。现有学生 3338 人，教职工 253 人。合作伙伴为素有"国家教育智慧库"之称的中国教育科学研究院，和有"艺术家摇篮"美誉的中国戏曲学院。学校旨在建设发展为厦门一流的现代化、实验性、示范性、国际化的一流学校。

学校地处厦门最具活力的环东海域，总占地面积为 160 余亩。校舍以闽南红为主色调，间以白墙，延续了闽南一带的传统建筑审美风格。校园绿树成荫，花草争相辉映，生物园自然和谐，地理园科学生动。校园以社会主义核心价值观为导引，以王羲之字体、京剧文化艺术元素为主线，以富教育性与实用性的能源文化长廊联结教学场所，以围棋、桥牌、国际象棋等为智力延展素材，校园文化氛围独特而浓厚。硬件设施器材按福建省一级达标高中标准配置，互联网信息技术为载体应用遍布校园每个角落，基本具备智慧校园规模。

教师颜值佳、学历高，内外兼修。教育队伍潜能无限，教研能力强，焕发出蓬勃的课改活力。其中，研究生学历教师132人，博士5名，大多来自复旦、北师大、华东师大等名牌重点学校。也有一大批特级、省级名师和骨干教师。经过五年的磨砺，现已发展成为一支凝聚力、战斗力、执行力强，能干事、干好事的教育团队。这支队伍屡次指导学生在"国戏杯"、科技创新、学科竞赛、棋牌大赛，以及各类球赛中获奖；在教学技能大赛、省市优课中多次大显身手。

学校秉持"惟精惟新"办学思想，以"精明勤奋"为校训，以"惟志惟勤"为学风，以"善学善教"为教风。"精""新"二字，是学校快速成长发展的重要法宝。所谓"精"，是指教学育人精益求精、日臻完善，努力汲取中西传统兼现当代文化之精华，涵养师生智慧与修为；所谓"新"，是指育人模式、教学策略与时俱进、开拓创新，在创新中求发展，在创新中树品牌，在创新中显特色。今天，单薄抽象的"惟精惟新"，已丰富发展为立体饱满的"精新教育"体系，内含："三维五步教学法"、"五步学习法"、导学课堂教学模式、"五三三"基本教学模式、考试工作十二条、质量管理六个"五"、家教式辅导、考点教学法、考试质量基本分析法、五个"四"校本作业体系、"两棋一牌"等，全面涵盖教育教学的各个环节和方方面面。

学校坚持全面贯彻党的教育方针和习近平的教育观，以党和国家的法律法规为根本，以教师有"好心态、好状态、好业绩"，学生有"好习惯、好伙伴、好环境"为出发点，制定执行上级制度与规定的实施细则，以及解决学校问题的规章制度，构建了工作职责、奖惩规定、督查机制等学校治理体系。如绩效工资发放方案、教研活动一周一次300字体会和读书阅读笔记、"2+4"实验方案、教职工请客在校内不超过两桌，互不收礼等规定。在校园管理上，处处凸显"精"字精神，各科室的工作内容涵盖行政服务的方方面面，从教学管理到教学服务，从学生宿舍到食堂膳食，从师生品行到习惯，从导向激励到依章惩处，从公物管理、环境卫生到安全保卫，无不落实到位，全力为全体师生营造一个和谐温馨的工作学习环境。

学校以探索未来学校为任，开设京剧艺术特长班、研究"艺术促进人成长"的问题；开设数字化实验班，研究互联网时代的教与学；实验"2+4学制"，研究中学阶段的人才成长规律；推行"两棋一牌"，批判性思维等智力课程，研究培养"聪明人"；试行"走班制"教学，让教学更贴近学情；开展研究性学习，将学生的观察研究视野延展到社会生活的方方面面；提前研讨新高考的教学方式，以课题形式推动学校的发展；自主研发校本作业，积极构建五个"四"校本作业体系。

通过全校师生的共同努力，学校实现跨越式发展，取得了令人瞩目的成绩：仅用三年的时间，越级晋升为省二级达标高中；在"国戏杯"大赛中连获一等奖，学生应邀参加"新年戏曲晚会"；国际象棋获全国二等奖；手球队获全国三等奖，为福建省历史最好成绩；科技创新大赛多个项目获省一等奖；中考成绩名列全市第一，高考三分之一的学生考上一类本科，本科上线率达90%以上。

尽管学校创办不久，但在办学思想、教育团队、管理水平、实验创新、育人成果等方面已有不少亮点，生源一届比一届好，质量逐年提高，我们有信心把学校办得更好，为厦门教育添砖加瓦。

谢谢大家！

第三节　平安校园的创建

在"一体两翼"现代化高效治理体系的引领下，学校安全工作扎实有效，连续六年被评为"厦门市学校综治安全目标管理先进单位"，并在2019年市教育局直属中小学综治安全目标管理责任考评中取得第一名的好成绩。在平安校园的创建过程中，学校的主要做法和经验有如下四点。

一、党性如磐，确保学校安全工作落实

学校在安全工作中坚持党建引领，积极发挥党总揽全局、协调各方的领导核心作用，发挥党支部战斗堡垒和党员先锋模范作用。我本人亲自抓安全工作，党委组织委员、副校长方荣报分管安全工作，保卫科正副科长均由党员担任。在学校党委的高度重视和正确领导下，学校安全工作做精做实包括制度健全、宣教到位、措施有力、联动高效、排查到位、整治及时六大环节。安全隐患排查和急难险重问题的处理除保卫部门等专业力量之外，还有奋勇争先的党员应急小分队和党员志愿者服务队，鲜艳的党旗在学校安全保卫工作中高高飘扬。以 2020 年抗击新冠肺炎疫情为例，学校党委领导及学校 76 名党员志愿者积极关心、服务社区防疫工作，党员志愿者主动承担为高三、初三同学检测体温的任务，急学校之所急，为学校疫情防控及安全稳定贡献力量。

二、三维五步，推动学校安全工作落细

学校在认真总结、梳理学校安全工作的基础上，归纳、创设"三维五步"学校安全工作模式。"五步"即学校安全工作中五个重要的方面，分别是落实落细、联防联控、排查排解、筛查筛选、教育教导。每个方面再从三个维度具体展开相关工作。

第一步：落实落细抓三维——时间、空间、人员。"一分部署，九分落实"，学校安全工作必须"细之又细，实之又实"，这就要求我们在布置工作的时候做到指令清晰、要求具体、标准明确。为此，学校安全工作的布置和落实都明确指出具体时间、具体人员、具体地点、具体事情，怎么完成、什么要求、由谁督查，从而实现人人有事做，事事有人做，处处抓落实，件

件有成效。以本次疫情防控为例，学校按照"时、空、人"三维抓落实，实现做实人员排查、做细各项制度、做好联防联控、做精教学教研、做强宿舍管理、做深食堂管控、做足物资保障、做细家校配合、做专心理安抚、做顺各项协调，获得省厅和市局领导的高度赞许。

第二步：联防联控抓三维——社会、家庭、学校。学校注重加强校园与周边综合治理，聘请潘涂边防派出所洪亚明教导员为综治副校长，定期到校例行检查并指导工作。与西柯交警中队联动解决学校周边道路交通情况，落实好斑马线、缓速带、禁停标志等安全设施的设立，切实提升学校周围道路交通安全系数。此外，学校还与西柯派出所、潘涂消防中队、厦门第三医院、丙洲社区、东海社区等单位签订共建协议，完善联防联控机制，不断强化学校校园及周边综治安全工作。平时及重要节假日，学校通过致家长一封信、家访、电话、网络、微信公众号等方式，让家长共同参与安全教育，从而构建"社会、家庭、学校"三位一体安全工作网络。

第三步：排查排解抓三维——"天上""地面""地下"。"安全无小事，隐患即事故"。学校坚持"源头遏制"，从"天上""地面""地下"做实做细安全隐患排查，将隐患消除在萌芽状态。"天上"主要排查校舍、天花板、吊顶、水电等设施安全，以及论坛、网站、微信群等网络安全；地面则主要排查地砖、道路、行车等交通安全；地下则主要排查污水井、水电网、燃气管道等管网安全，以及大海、河塘、泳池等防溺水安全，共同构建"海陆空"全覆盖的隐患排查排解体系。

第四步：筛查筛选抓三维——表象、心理、趋势。学校对重点对象和特殊群体，如心理和行为偏差的学生等的筛查、教育，采取由平时的表现、表面现象去探求学生的内心并推测未来的发展趋势，及时采取有效的干预措施，做好各类台账，建立"一生一档"，避免极端事件的发生。学校以"学生—班级—年级—学校"四级联动模式开展个体筛查和全面摸排，以线上心理健康量表筛查、自行设计问卷调查结果、日常观察反映情况及学生自述为重要依据，区分出需要干预的不同对象，启动不同等级的应对方式，通过家访、个别心理辅导等方式对需要关注的学生实施定期追踪。建立《厦门实验中学学生心理档案》，做实"一生一策"；针对重点对象，做精《厦门实验中学重点群体心理干预和帮扶对策》，并采取"挂钩包干"方式，逐一开展有效帮扶。

第五步：教育教导抓三维——室内、室外、周边。学校高度重视安全教育在安全工作中的作用，构建"室内、室外、周边"全领域教育体系，织密安全教育网络。室内安全教育形式主要有开展主题班会、校本课程、安全教育第一课、放学三分钟安全教育等；室外安全教育形式除利用宣传栏、LED显示屏等各类媒介加大安全知识教育力度之外，还积极探索"交通安全夏令营"等互动式、探究式、体验式实操演练等安全教育活动，让学生在切身体验中提高安全防范意识，提升安全保卫能力；周边安全教育则重视与共建单位、社区、家庭的合作，组织学生到交警队、派出所、社区实地了解案例，实物体验感受，增强安全教育感染力和实效性。

三、惟精惟新，促进学校安全工作提升

学校秉持"惟精惟新"的办学理念。在"精新"育人理念的指引下，学校在安全工作方面也大胆探索，锐意创新，进行了一些有益的尝试。

（一）无告知无准备无预警的应急测试

常态化的反恐、消防演练等都是事先制订预案，然后按部就班进行，"演"的成分较多，"练"的作用不足。为切实检验并提高学校各部门应急处置能力，学校创设"无告知无准备无预警的应急测试"，联合所在地潘涂派出所开展"不打招呼"的"暴恐分子"翻越围栏进入校园、住宿生"失踪"等实战演练。该演练除分管安全的副校长和极个别保卫人员外，其他人员一概不知情，学校各部门在"真刀真枪"的演练中有效地提升联防联控和处理突发事件的能力。

（二）常态化系列化专业化的安全教育

学校除根据时间节点利用主题班会、安全教育平台、宣传栏等多种途径开展专题安全教育外，还组织专业力量结合本校学生特点编写涵盖交通、饮食、网络、消防、心理等在内的安全教育读本，开设安全教育校本课程，弥补传统安全教育碎片、浅薄、重复的不足，为学生提供常态化系列化专业化的安全教育知识，有效提升学生安全防范意识和安全处置能力。

（三）更明晰更高效更和谐的工作机制

为了提高应急响应能力，学校除建立完善的联防联动机制之外，还在实地巡查的基础上，精心绘制"厦门实验中学重点安全部位一览表"并制作大型彩图悬挂在保卫科，明确标注重点安全部位和防范注意事项，便于开展日常工作和应急处理。同时，学校为所有保安人员配置"和对讲"装置，分管安全的副校长、保卫科在手机上就能第一时间对全校保安点对点或点对面发布指令，有效提升了学校保卫力量应急响应能力，学校安全工作更明晰、更高效、更和谐。

四、措施得力，助推学校快速优质发展

得益于学校领导高度重视安全工作，把安全工作列入学校年度工作计划和行政议事日程，把安全工作成效和年终追加绩效（综治）挂钩，做到与其他工作同计划、同部署、同评比、同总结。

得益于学校建立并完善各项安全规章制度，编印《厦门实验中学安全工作指南与安全管理制度汇编》，内含《厦门实验中学安全管理制度》《厦门实验中学门卫工作制度》《厦门实验中学出入校门管理规定》等。

得益于学校倡导并践行"管业务必须管安全，管教学必须管安全"的理念，落实落细教育部《中小学学校岗位安全工作指南》，层层签订安全责任状，严格落实"一岗双责"。

办学以来，学校安全保卫工作取得不俗的成绩，为学校快速优质发展提供了安全稳定的环境。

附录1　避免校园欺凌事件　使学生健康快乐成长

摘要：主要针对近期国内频繁出现的校园欺凌事件，列举其主要表现形式及危害，并从家庭、学校、心理和社会四个层面分析校园欺凌事件发生的原因，由此提出相应的预防及解决措施。

关键词：校园欺凌；表现形式；危害；主要原因；对策措施

近期，校园未成年人欺凌恶性事件接连曝光，引起国内社会各界的广泛关注和高度重视。

"校园欺凌"，是指同学间欺负弱小的行为，多发生在中小学校。具体而言，为施暴学生通过肢体、言语、网络等方式，蓄意或恶意对弱势学生实施打推欺负、孤立嘲笑、侮辱勒索等粗暴行为，由此对受害学生造成生理、心理的极大伤害，使其在学校求学期间产生生存的恐惧感、焦虑感乃至危机感，严重影响到学生身心的健康成长与发展。

学校是学生学习生活的重要场所。当孩子的身心遭受创伤，如何构建和谐校园，有效避免发生校园欺凌现象，势必成为学校、家长乃至全社会共同关注的热点问题。

一、校园欺凌事件的表现形式及其危害

（一）校园欺凌的主要表现形式

要判定某一行为是否属于校园欺凌，首先应判断欺凌者是否具有实施欺凌的主观性，即属有意还是无意；此外，还应考察这种加害于弱势学生的行为是否具有暴力性、重复性和持续性，是否给受害方带来躯体或者心灵的伤害。那种认为一定要将人打伤、打残甚至打死才可称为暴力的观点，其实是非常粗浅的。具体欺凌行为与表现见表4-1。

表 4-1　校园欺凌主要行为及具体表现形式

行为	行为解释	具体表现形式
骂	辱骂、中伤、讽刺、贬抑受害者	在学校或其他公共场所给同学取侮辱性绰号，当众侮辱同学的人格、尊严
打	打架、斗殴、围攻等行为	学生（或校外人员）单独或集体为寻求刺激使用暴力，无故、多次殴打弱小学生，令其在心灵及肉体上遭受痛苦
毁	损坏受害者的书本、衣物等个人财物	通过"扒衣服"、未经同意查看同学书信、公开同学秘密等侵犯他人隐私，造成受害学生的生活存在困扰；拉帮结派、搞小团体，故意孤立、排挤同学
吓	恐吓、威胁、逼迫受害者	通过暴力、威胁等手段，敲诈同学财物；逼迫受害同学做他不愿意做的事情
传	在网上散布诽谤或侮辱同学的有关言论，对其进行人身攻击	在公众平台或社交网络上，肆意公开同学的隐私或让人难堪的消息

（二）校园欺凌的危害

校园欺凌作为一种恶性事件，无论是对受害者，还是施暴者，均带来诸多负面影响。对受害者而言，其身心受到巨大创伤，需要长期的治疗和辅导才能逐渐恢复。对施暴者而言，倘若其欺凌行为没有得到及时纠正，未来很可能走向违法犯罪的深渊；其暴力行为也对旁观者造成不良的影响，严重影响学校正常的教学秩序。

1. 对受欺凌者的危害

（1）身躯受损，承受痛苦。由于未成年学生身体尚处在生长发育阶段，各器官和机能均未成熟，校园欺凌行为容易使受害学生身体受到伤害，有可能造成身体残疾或智力障碍。

2016 年 6 月 8 日，福建省永泰县东洋中学初三学生黄某无故遭同班三名同学围殴。黄某忍痛 2 天终被送医检查，经医院确诊为脾脏严重出血，于 6 月 11 日晚实施紧急抢救，手术切除脾脏，结果成为终身残疾。

（2）精神压抑，自卑封闭。受害学生被欺凌后，性格容易发生变化，如变得胆小怕事、自卑封闭，无法与同学正常沟通交流，最终阻碍正常人格的形成和发展。

2014 年，英国儿童发展研究专家通过对 7000 多名曾遭受过欺凌的学生长达 50 年的跟踪调查，发现那些经常被欺负的孩子在 45 岁时会有明显的抑郁、焦虑和自杀倾向。由此可见，校园欺凌行为对青少年健全人格的培育有着严重的消极作用。

（3）影响学习，发生自残。受害学生在遭遇校园欺凌侵害后，学习时无法集中注意力学习，出现学习兴趣减弱、学习效率低下、学习成绩下降等现象。如不能及时接受必要的心理干预，可能还会出现自残事件。

（4）长期自卑，缺乏自我。学校就是一个微型社会。在学校学习生活的孩子，其对自己的看法，很大一部分源于同学对自己的态度和评价。对于一个在校园频繁遭受同学欺负凌辱的孩子，其心理容易出现自卑倾向：觉得自己低人一等，不配爱，也不配得到爱，是一个没有价值的人。这种自我缺失的想法，容易让受害学生丧失自我和自我价值。

（5）性格扭曲，走向极端。受害学生受到欺凌后，不仅身体健康受到严重影响，更严重的是在心理上留下巨大、长期的损害，导致性格缺陷甚至扭曲，对其成年后的行为产生了许多负面影响，严重的还会做出违背法律、背离人性之事。

2. 对欺凌者的危害

（1）建立错误的世界观、人生观和价值观。实施欺凌行为的学生，丝毫没有意识其对他人所构成的伤害，错误地认为自己的施暴行为很威风，能引起其他同学的注意和追捧，在同学中树立威信，这种思想对学生成长带来了错误的引导作用。

（2）实施校园欺凌行为的学生，缺乏法律和规矩意识，势必会受到学校纪律处分，甚至受到司法机关的处罚，给学生的成长履历烙上污点。

（3）如果欺凌者的暴力行为没能得到及时地纠正，其性格会变得更加冲动暴戾，以自我为中心，在解决问题时更倾向用暴力欺压他人。

3.对旁观者的危害

对于旁观者而言，不但会因为帮不到受害者而感到内疚，当面对欺凌他人者，也会产生不安、恐惧等诸多心理不适。旁观者还可能有样学样，在是非善恶之间产生迷惘，存在成为下一个欺凌者或被欺凌者的潜在危险性。

4.对学校的危害

校园欺凌事件的发生，直接影响学校的社会声誉和学习风气。一个集体中，一旦发生欺凌事件，就会产生一种氛围，即欺凌的风气。当所有的人在欺凌一个人的时候，你不参与，就会被视为异类，成为大家的对立面，也有可能沦为被欺凌的对象。所以，当欺凌行为发生时，处于集体中的每一个人为了尽可能使自己与集体步调保持一致，容易形成群体欺凌现象。这种风气或环境，一旦形成，势必会愈演愈烈，就算单纯良善的人，也无法摆脱其影响。

二、校园欺凌事件发生的原因分析

（一）家庭层面的分析

1.家庭关爱教育缺失

在孩子成长问题上，有些家长关心的只是考试成绩，唯分数论，不重视营造温馨的家庭氛围，不关注孩子品格的塑造。个别家长还沿用"棍棒底下出孝子"的粗暴方式教育孩子，这些无疑会对学生解决处理问题的方式产生影响。

2.家庭关系不和谐

有些学生家庭不融洽，或来自单亲家庭，父母关系不和谐，经常吵架、打骂，或者是父母有不良嗜好，比如赌博、酗酒等。孩子长期生活在这样的环境，难免会影响他们身心的健康发展，由此导致更多的被欺凌或欺凌现象的发生。

（二）学校层面的分析

校园氛围在学生欺凌现象中，也起着举足轻重的作用。任科教师是否处处关心学生，师生关系相处是否和谐；学校是否提供丰富多彩的课外活动，课堂气氛是否轻松愉快；学校是否制定校园安全管理制度、防欺凌措施预案、德育工作是否落实；这些都有可能成为发生校园欺凌的因素。另外，校园拥挤，无法给学生提供宽敞明亮的学习环境，教学设施设备不足，也会诱发校园欺凌事件。

有些学校片面追求升学率，对校园欺凌现象没能给予足够的重视、学生德育工作和校园欺凌措施没有落实到位。对于问题学生，有些教师也缺乏主动亲近关爱他们的意识，习惯用简单生硬的办法压服他们，或歧视孤立他们。表面看来，这样似乎很有效果，实则学生口服心不服，在经历了一系列由恐惧、压抑过渡到对抗的心理变化后，最终导致发生暴力事件。

（三）心理学层面的分析

欺凌事件发生与学生的社交心理紧密相关。影响孩子社交心理的主要因素有：学生的生活是否愉悦，情绪是否经常波动，与身边的家人、朋友和教师相处是否愉快，父母如何对待孩子及如何看待孩子在学校的学业成绩等。

通常情况下，学生的社交心理越正面，即在日常生活中开朗乐观，情绪较稳定，在校内有很多朋友，受到同学们的欢迎，对自己的学业成绩感到满意，与校内的教师有较为良好的关系并且和家人相处融洽，父母很少使用打骂方式管教自己，也不曾受到兄弟姐妹的欺负，拥有这种社交心理的学生欺凌他人或者被欺凌的潜在可能性就越低。相反，社交心理情况越负面，欺凌别人或被欺凌的潜在可能性就越高。

（四）社会方面分析

1.影视、网络、游戏中的暴力行为诱发欺凌事件发生

欺凌事件与当下学生频繁地接触暴力影像有十分密切的联系。孩子因为缺乏是非正误的判别能力，如果长期阅读暴力书籍，观看暴力影片或玩暴力游戏，势必会接受以暴制暴的观点，在不知不觉中模仿书中、电影中或游戏中欺凌暴力的行为。

研究表明，欺凌者强烈渴望支配和控制他人，而这种欲望的根源来自一些媒体对于欺凌行为的负面宣传。学生越少接触暴力漫画书籍、暴力影片，欺凌他人的反常行为就越不容易发生；相反，接触暴力媒介越多的学生，越有可能出现欺凌行为。

2.对欺凌事件处置不多，对责任人追究不力

当下，初期的欺凌事件很容易被误判为是小孩间嬉戏打闹，忽视了施害者的主观故意和受害者的受创心理，常常错失了欺凌事件萌发时处置的最佳时机。

欺凌事件发生后很难对过错方进行追究。成人之间的伤害尚有国家的法律（如刑法）对责任人进行处罚，但对于校园欺凌事件，我们无法对未成年人套用诸如刑法之类的法律，且目前国内也没有出台一套公正、规范、有威慑力的罚则。学校的批评教育仅仅停留在口头，难以对欺凌学生起到震慑作用，这就使得欺凌事件成为学校、社会束手无策的"顽疾"。

3.不良社会风气助长欺凌事件

现代社会竞争激烈，部分家长认为"好汉不吃眼前亏"，正所谓"胜者为王，败者为寇"，只有处处占上风，才能更好地立足于社会。这在主观上也对子女在校期间的欺凌行为起了默许和怂恿的作用，从而间接导致欺凌现象的增多。

三、避免校园欺凌事件的主要方式

（一）教会学生正确应对校园欺凌事件

一项调查结果数据表明：当遭遇校园欺凌时，64%的学生选择沉默。这显然是不明智的。为此，应该让学生明白如果遇到校园欺凌，不应该沉默顺从，而应该拒绝被欺凌，必要时要向家长、教师求助。例如，在受到欺凌时首先可以大声警告对方："你们的所作所为是违法违纪的，会受到国家法律和学校纪律的制裁，会为此付出应有的代价。"如果对方还是继续欺凌行为的话，应适当自卫，并第一时间主动向教师、家长或周边的人寻求帮助。接到报告的教师应立刻处理，尽可能降低欺凌事件对受害学生的伤害。

（二）加强学生的品格教育

（1）家长和学校要对有欺凌行为苗头的学生进行思想教育，矫正这些学生的认知误区，引导和强化其敬畏生命、同情弱者、遵章守纪和以理服人等的正面品格。

（2）家长、学校、社区要强化学生尊重他人权利的教育，让学生明白，每个人生而平等。有些孩子虽然比较胆小内向，但没有一个人被赋予权利可以侵犯他和伤害他。

（三）构建和谐快乐校园

1.加强社会主义核心价值观教育

学校定期召开家长会、班主任会、教职工大会，号召家长、教师以身作则，用自己的日常言行诠释社会主义核心价值观，争做孩子的榜样，努力为学生营造一个健康、积极、向上的成长环境。

2.强化法律规矩教育

"无知者无畏"，不懂法、不遵法、不守法、不用法，是校园暴力行为发生的催化剂。学校要充分利用主题班会、黑板报、广播网络等，聘请法制专家召开讲座等形式进行相关法律、法规的宣传和学习，增强学生法治意识，学会用法律规范自己的言行，保护自己。

3. 加强管理，落实防欺凌措施

加强学校门岗管理，严格外来人员、车辆管理和登记手续，对于强行闯入校园的行为，门岗保安人员应及时进行制止并视情况及时报告学校保卫部门和属地公安机关。在学校校园显著位置公布防范欺凌现场的联系电话和设置学生举报信箱。

4. 开展丰富多彩的校园活动，培养学生兴趣，陶冶情操

学校应积极组织丰富多彩的校园文娱、体育活动，帮助学生养成踊跃参加集体活动的良好习惯。培养学生一项或多项终身兴趣爱好，提升学生的生活品位，诸如学习国际象棋、围棋、桥牌、京剧、音乐欣赏等。

5. 关爱弱者，重点帮扶

学校为行为表现偏差的学生建立专门的档案，并由学生德育科和保卫科两个部门及时介入进行教育、引导。对欺凌及被欺凌的学生要配有专门的心理辅导教师，以对其进行心理帮扶、疏导和治疗。

关爱弱者，对弱者实施暗中保护措施，各班级设立防欺凌情报员，学校组建防欺凌志愿者队伍，发现异常情况第一时间报告教师和学校领导。

（四）社会各界共同预防校园欺凌

（1）学校加强与属地公安、司法、社区的互动，形成合力，共建和谐校园与周边环境，积极开展校园法制宣传，加强学校及周边治安巡逻，依法惩处对同学实施暴力侵害行为的学生。

（2）通过广播、电视和网络广泛宣传"拒绝欺凌、构建平安校园"，相关部门减少包含暴力、欺凌行为的电视、电影和书本的发行和传播。

（3）倡议成立防欺凌志愿者协会或相关公益组织。成立民间及社会反欺凌协会组织，对于预防、解决校园欺凌问题，不失为一项有效的措施。

从国外实施情况看，这种依靠民间力量救治的方式有重要作用，对于预防处理欺凌事件有一定效果，诸如在英美国家均成立的反对欺凌车队协会（Bikesagainst Bullies）等。

（4）国家立法机关应尽早研究制定校园欺凌认定的标准及处罚依据，明确欺凌者应负的法律责任和赔偿主体。校园欺凌事件作为一个世界难题，各国也在立法方面不断完善，处罚力度呈加重趋势发展。2015年3月，美国南加州一名中国高中留学生带领数名女孩，将另一位留学生骗至公园进行了长达5个小时的围殴欺凌，包括扒光受害者的衣服、用烟头烫其身体、用打火机烧头发、用高跟鞋踢头部、强迫吃沙子等，后施暴者受到当地检方重罪指控，三名恶劣施暴者分别获刑6~13年，服刑期满后还将被驱逐出境。除美国外，英国、澳大利亚、日本和挪威等国根据本国实际情况，也制定了较为严厉的校园欺凌法律条规。

针对日益严重的校园欺凌事件，2016年4月国务院教育督导委员会办公室向各地印发《关于开展校园欺凌专项治理的通知》，2016年11月出台《中小学（幼儿园）安全专项督导暂行办法》。重点整顿治理校园暴力欺凌行为及侵害学生身心健康事件，促进学生身心健康。各省市教育部门及各中小学校也应制定、完善有关预防校园欺凌的制度、措施、预案和方案，全面落实"一岗双责"。对严重校园欺凌事件，公安、司法机关应及时介入调查处置，绝不姑息纵容校园欺凌恶性事件。

（5）对有严重欺凌行为并已不适合在学校继续上学的学生要建立相符合的教管和教养场所。

四、构建家校和谐关系的措施与方法

和谐的家校关系，不只是家长对学校的看法，也包括学校对家长的态度。在家校联系过程中，有时由于家长和教师在认识上存在偏差，或一方偏离了平等、互尊、配合的原则，使家校双方产生摩擦、分歧、矛盾和对立等

情况。而家长和学校之间的矛盾是在目的和利益一致基础上的矛盾，双方都是为了促进孩子健康快乐成长。所以，基于这一前提，家校之间的所谓"矛盾"是可以有效避免和化解的。当然，这要求学校把学生工作做得更加细致化、人性化，同时也需要家长能更加理解、支持教育事业。为整合家校资源，最大限度地发挥家校共同教育的作用，避免校园欺凌事件的发生，促进学生健康苗壮地成长，学校和家长都应有深化家校合作的自觉意识，主动加强沟通交流。在构建和谐家校关系过程中，教师是直接参与者与执行者，起着重要的桥梁与纽带作用。那么，教师应该如何与家长沟通，与家长共同构建良好的家校关系呢？

第一，了解家庭、了解学生。"知之深，爱之切"。作为教师，只有了解学生，了解学生的家庭，才能真正做到因材施教，才能与家长更好地沟通与交流，使家校双方知道学生缺少什么，需要什么，从而更有效地共同教育孩子和解决孩子存在的问题。

第二，摆正位置，平等相待。学校教师与家长之间的关系不是居高临下，而是平等互助的。无论是教师对待家长，还是家长对待教师，均不能以"领导、上级"自居。家长对学校校规、校纪及相关要求、做法应给予必要的理解、配合和支持。

第三，用真情赢得家长信任。真情地对待自己的学生及其家长，真情地与家长沟通与交流，真情地付出自己对学生的爱，由此赢得家长的信任，使家长真正理解、支持及更好地配合学校教师做好家校工作。

第四，站在学生的立场考虑。在做学生思想工作时，教师若能把学生当自己的孩子，真切地体会孩子的感受，更多地从学生的角度为孩子考虑，那么就能有效规避与学生、与家长沟通时产生的障碍。

第五，利用好家长会平台沟通。利用好家长会这个平台，与家长面对面地沟通交流，虚心接受家长提出的合理建议。同时也尽量让家长充分意识到，学生虽然在学校学习，但并不是一切都由学校包办，家长始终是学生的第一监护人，理应依法履行孩子家庭监管的责任。家庭教育是学校教育的前提，也是学生可持续发展的保证。只有学校和家庭共同携手、形成合力、才能营造出积极和谐的家校关系，使学生健康快乐成长。

（本篇论文曾发表于《福建基础教育研究》，2017年第2期，作者为肖学平、林日红）

参考文献：

［1］李琼，姜洋.校园欺凌现象及其防治策略［J］.甘肃教育，2009（3）.

［2］刘天娥，龚伦军.当前校园欺凌行为的特征、成因与对策［J］.山东省青年管理干部学院学报，2009（7）.

［3］刘红禄.构建文明校园，杜绝校园欺凌［J］.新教育，2016（8）.

附录2　防范校园电信诈骗　构建安全和谐校园

摘要：列举校园电信诈骗典型案例及危害，常见手段及套路，从学生群体、发生时间特点、网络信息特点、信息保护等方面分析校园诈骗事件发生的原因，由此提出相应的防范及解决措施。

关键词：校园诈骗；案例；危害；手段套路；成因；对策措施

一、校园电信诈骗典型案例及危害

近年来，我国连续发生的多起学生被骗引发悲剧事件引起了全国公众关注，诈骗分子不断将魔爪伸向在校学生甚至教师、家长，电信诈骗愈演愈烈，学校已成为"重灾区"，严重危害学校安全。

（一）对学生的危害

（1）钱财受损。据统计，学生被电信诈骗损失少则数十元，多则几千上万元，这些钱是学生的生活费和学费，有些家庭本来就不富裕，因为被骗使家庭经济情况雪上加霜，有的学生因此辍学。

（2）影响学生的身心健康。电信诈骗对学生的心理造成沉重的负担，他们的心里对家长一直有愧疚感，在同学面前表现自卑，长此以往不但影响学习成绩，情况严重的学生还会导致抑郁、自残甚至自杀，酿成人间悲剧。

（3）影响学生的性格养成。有的学生因为受骗，对社会产生对立情绪，甚至仿效诈骗分子报复社会，对他人实施诈骗活动，歪曲了人生观、世界观、价值观。

（二）对学校的危害

（1）发生校园电信诈骗案件后，因为学生的好奇心，使得事件会在同学间快速传播，造成学生上课注意力不集中，下课后聚集讨论，影响正常的教育、教学秩序。

（2）因骗子假借学校名义诈骗学生家长，影响家长心态，对待孩子粗暴无理，对家庭教育造成负面影响。同时易对学校产生误解，影响家校和谐关系。

（3）教师被骗，会产生不良情绪，甚至在课堂上表现出来，影响正常的教育、教学工作。

二、校园电信诈骗的成因分析

（一）学生群体自身方面

（1）学生群体的社会经验少，认知能力，辨别能力较弱，容易上当受骗。

（2）思想单纯，社会常识不足，容易受到外界的诱惑、鼓动。

（3）法律常识缺失，不了解公检法基本的办案流程，如法律文书的使用、送达，打电话的内容、告知的权利义务属性等。

（4）大量学生个人信息保护缺失，犯罪分子较为容易地获取到学生个人信息。

（5）贪心是受骗者最大的心理弱点，一些同学往往为诈骗分子所美言的"好处""利益"所吸引，不加深入分析，不作核实调查，自认为是用最小的代价获取最大的利益，结果"鸡飞蛋打"或"捡了芝麻，丢了西瓜"。

（二）校园诈骗发生时间的特点

开学季节是诈骗活动的高发期，其主要包括不法学校虚假招生诈骗和发送交费领取奖学金等虚假信息，冒充教育机构、学校教师、领导等较为常见的诈骗形式。

（三）高科技手段被不法分子的歪曲使用

电信诈骗高发的诱因是信息化过程中出现的高科技手段应用越来越精准、广泛。犯罪分子能够通过改号软件、伪基站、病毒应用程序等手段收集信息或者发送虚假信息进行诈骗，让人防不胜防。

（四）立法保护的缺位

现在的电信诈骗犯罪手段、方法灵活、复杂，犯罪分子心思缜密，不留蛛丝马迹。据警方调查证实，在徐玉玉案中，两个诈骗电话一个是虚拟运营商的号段，另一个是185开头电话，经查实这两个号码都是经过实名认证的。但问题是实名认证后的电话号码，经过转让后是否还能达到实名认证的预期效果？立法者所期待的实名制溯源机制，会不会因为号码多次转让变得毫无用处？笔者认为，电信实名制的重要意义在于其是杜绝电信诈骗的第一道关口，能够建立起溯源机制。同时，电信实名制还应当解决移动号码用户转让问题，解决号码与身份分离的特殊情况，彻底清除电信诈骗赖以生存的土壤。

（五）个人信息保护的缺失

时代潮流使每个人都被卷入各类网络应用之中，个人信息的保密成为无法完成的艰难任务，因此衍生出大量的信息买卖隐秘产业链，成为电信诈骗中的重要一环，个人信息被泄露是导致电信诈骗案件频发的重要因素。

三、防范校园诈骗，构建和谐校园的措施与方法

（一）加强安全教育，增强防骗意识

1.学校方面

（1）将防电信诈骗融入课堂，融入教材，在学生进入学校后各个阶段加强宣传防诈骗的知识。

（2）充分利用开展主题班会课、黑板报、国旗下讲话、安全教育平台和制作防电信诈骗知识展板等形式和活动将防诈骗意识传递给学生。

（3）承担起向学生家长传授电信诈骗手段相关知识的责任，通过微信、QQ、短信、家长会、安全教育平台家长版和致家长一封信等方式，让学生家长做到有所知，有防备。

（4）邀请属地公安、检察、电信、银行等单位人员到学校召开防诈骗知识讲座，增强防骗意识，提高师生防骗技能。

2.家长方面

作为学生的监护人，在日常生活中要主动学习防诈骗的知识，并切实履行校外防骗安全监管责任，教育孩子要提高警惕，收到陌生的信息要及时向家长和教师反馈和求助，避免财产损失。

3.社会方面

（1）加强宣传，在社区的公共场所、居民小区的出入口和居委会公告栏等醒目位置张贴防电信诈骗的方法，开展防诈骗主题文艺活动等喜闻乐见的活动宣传防骗知识，提高居民防骗能力。

（2）深入校园举办宣传活动或开讲座，及时向师生介绍最新的骗术和案例，提高辨别和防范电信诈骗的能力。

（二）加强学习培训，提高防骗技能

教育主管部门、学校应适时编制、修订相关风险防范教育培训教材、课程，让学生能够深刻认识到电信诈骗的欺骗性、危害性，熟识

常见的电信诈骗方式、套路，时刻保持警惕心理，让犯罪分子无从下手。特别是当涉及大数额资金来往时，遵循现场本人验证原则，不要单纯相信短信、微信或电话的沟通内容；对于有疑虑的电话或信息通知，则可以通过及时拨打110或通过互联网检索的方式查询，验证、辨别核实真伪。

（三）加强部门联动，防范校园诈骗

校园诈骗案一旦发生，涉及的往往有学生、家长、学校、公安机关、银行及电信等部门，每一个环节的合作联动都至关重要。

第一，学生发现被诈骗后应第一时间将相关情况报告班主任，班主任及时报告学校保卫、德育等部门，学校立即将受骗学生的信息（诈骗方式、数额、银行账号和手机号码等）报辖区公安部门。

第二，公安部门接到学校和学生报案后要立即与银行、电信部门联系，银行及时将犯罪分子的账户冻结和扣押，并通过电信部门追踪不法分子的信息和行踪，便于及时抓获。同时，通过微信等方式将诈骗警情预警向辖区其他学校传达发送，学校及时将诈骗预警信息向师生家长转发，避免其他学生和家长被骗，降低诈骗案的发生率。

第三，电信部门进一步加强电信实名制认证与管理，从源头上清除诈骗泛滥的土壤。

第四，金融监管部门加强正面宣传正规金融服务；防范、打击非法集资；区分正规金融与非法金融活动，识别防范违法违规金融；维护客户金融信息和资金安全；防范非法冒用银行名义开展金融活动。

（四）加强打击处理，强化信息保护

（1）立法机关制定和完善相关的法律法规，对校园诈骗造成学生严重后果及恶劣社会影响的不法分子从严从重处罚。

根据前文分析的高校教学资源库平台设计需求，相关工作人员可以在

JavaEE 的基础上，对教学教源库的资源存储能力进行优化设计，满足高校日常教学工作的发展需求。我国部分高校在进行研发设计的过程中，采用了 seafile 作为云端网盘存储的系统软件。此种软件具有较为明显的安全性和稳定性特征，可以为用户提供目前网络环境中主流云端资源存储软件的所有功能。在此基础上，教师和学生群体就可以利用高校教学资源库平台，实现资源的上传、在线浏览和下载等目的。

（2）教育主管部门、学校学籍管理部门、社会相关部门要加强对学生、教师及家长的信息保护。国家在法律建构上，应进一步加大对信息泄露主体的处罚力度，形成强大的震慑作用，从源头上治理信息污染，让诈骗的犯罪分子没有可乘之机，有效防范校园诈骗，构建安全和谐校园。

（本篇论文曾发表于《福建基础教育研究》，2019 年第 2 期，作者为肖学平、林日红）

参考文献：

[1] 韩元佳. 骗完学生又盯上教师，学校成电信诈骗重灾区 [J]. 北京晨报，2016-09-01.

[2] 梁方舟. 校园电信诈骗泛滥的成因分析及对策探讨 [J]. 山西教育，2016（11）.

第四节　智慧校园的创建

学校高度重视教育信息化建设工作，依据《福建省中小学智慧校园建设标准》《厦门市中小学信息化建设标准（试行）》等文件标准，将基于本校教学管理的实际需求与当前流行的"云平台""物联网""移动端""大数据"等主流新兴技术相结合，创新厦门实验中学智慧校园管理模式和方法。短短几年，学校教育信息化水平显著提升。

一、智慧校园建设概况

学校围绕基础环境建设、应用服务、师生发展、保障措施、特色创新、示范引领六大方面开展智慧校园建设工作。建校至今，学校先后建设了一系列优质的信息化软硬件设施设备。如数字化实验班、厦门实验中学智慧校园大数据综合平台、精品录播教室、VR 创客教室、3D 教室、STEAM 综合实验室、常态化录播系统等，这些硬件配置与信息系统给学校管理、教学研究、课堂教学活动提供了更好的条件，并形成了一定特色。2016 年 4 月，学校获批为厦门市首批智慧校园试点学校。2020 年 12 月，学校获批为厦门市首批智慧校园达标学校。

二、智慧校园建设实施过程管理

（一）成立工作小组，明确各科室职责

学校高度重视信息化建设工作，组织成立厦门实验中学智慧校园工作领导小组，并明确各科室在创建智慧校园过程中的职能与作用。

1. 信息组

主要负责学校智慧校园建设规划、教育信息化软硬件项目建设、学校网络维护及网络信息安全保障等工作。统筹本校智慧校园建设、教育信息化项目建设，对信息化项目方案进行评审论证，监督项目建设过程，进行项目事后绩效评价；指导学校各部门信息化建设与发展；负责处理、分析校园内数据有关教育管理的信息，建立校内教育大数据，为市教育局宏观管理和科学决策提供支持；负责运维厦门实验中学中心机房（网络数据中心）硬件设备、网络，保障网络信息安全；负责建设和运维厦门实验中学官方网站、厦门实验中学智慧校园大数据综合平台、OA 办公系统等信息系统；负责更新和上报全国教育信息化工作进展系统的信息，维护管理本校教育信息化基础信息。

2. 办公室

协调教育信息化推进工作，负责管理校园内电子政务，"互联网+"校园服务，教育信息公开，办公信息化等信息系统。组织开展网络安全与教育信息化宣传教育，正确应对网络舆情。管理校园信息化网络宣传平台，包括厦门实验中学门户网站（www.xmsyzx.cn）、QQ群、微信群、微信公众号（厦门实验中学）、LED大屏幕、校园文化长廊显示屏等。

3. 教研室

负责指导教师教育信息技术应用能力提升，负责管理各学科功能教室中信息化设备。

4. 保卫科

负责管理校园报警系统、校园安防监控系统等校园安防类系统。

5. 德育科

负责推进学校网络文化建设，进行学生网络安全教育，负责管理各学段、班级教室电子班牌，管理各班级家校沟通的QQ群与微信群等。

（二）建章立制，确保实施操作规范

学校认真贯彻落实《中华人民共和国网络安全法》《中华人民共和国计算机信息系统安全保护条例》等法规，根据要求制定了《厦门实验中学网络安全应急预案》等相关管理制度。学校严格按相关文件精神做好方案设计、代理委托、招标采购、质量控制、进度控制、成本控制、风险控制、竣工决算、资料归档等工作；专项资金项目管理严格按照财政局的经费管理规定执行。严格把控关键项目的关键节点和关键环节，事前制定项目绩效目标、组织专家对项目进行评审，在项目实施中期进行绩效目标监控，项目完成后进行绩效评价。方案设计和实施过程充分征求使用部门和学科相关教师的意见，项目验收时，使用部门和学科相关教师参与项目的验收。资金支付进度快，项目实施快，质量控制严，每年均能及时完成资金的支付。

三、厦门实验中学智慧校园常规项目建设情况

（一）基础环境建设

1. 基础设施

（1）学校有光纤接入的互联网与教育城域网。其中互联网为 500M 精品带宽，教育城域网为 2000M 共用带宽。

（2）学校网络服务全覆盖，拥有功能完备的网络运维管理平台。无线网络能支持移动学习、移动办公等应用。

（3）网络机房、安防控制机房建设。完全符合建造时的 GB50174-2008 的规定，楼层设备间布局满足机柜数量和维护需要，并预留可扩展的面积。

（4）数据机房。依托市区教育政务云，实现学校应用大部分上云。

2. 多媒体教室

（1）学校配备。学校建有 3 间精品录播教室、24 间常态化录播教室、1 间校园电视台、1 套视频会议系统及 1 套智能广播系统。

（2）班级配备。所有班级教室和功能教室配备一套交互式多媒体教学设备，能实现互动教学功能，满足教学需要。

3. 智慧教室

（1）学校配备足够的计算机设备。拥有支持移动学习和交流的智能终端及配套设备，探索智能终端在教学中的应用。

（2）高中部的智慧教室。建设有 6 间数字化实验班，实现深度学习、翻转学习、个性化教学等教学模式变革与创新。

（3）利用信息技术，建有与课程内容相配套或具有学生自主学习发挥个性发展的特色功能教室。主要包括理化生探究实验室、人工智能教室、VR 教室、STEAM 综合实验室等。

4. 绿色能源

学校在中学部 5 楼连廊顶棚建设了太阳能装置等绿色环保设备，在日常

的运维过程中对机电设备、配电、排水等进行统一管理。

5. 智能安保

（1）智慧校园安防系统。学校在行政楼 1 楼校园监控室中建有智慧校园安防系统，能够与厦门市公安部门安全防范系统联网。提供对校园安全信息的收集、汇总、分析，并对安全隐患发现、检查、处理全过程跟踪，支持与统一认证系统进行集成。

（2）安防系统以校园网为传输平台。实现对校园视频监控、入侵报警、出入控制、电子巡更、电子监考、消防报警、紧急呼叫（求助）报警、紧急广播系统的统一管理和控制，覆盖学校全部物理空间。

（二）应用服务

1. 应用融合

（1）学校建设有智慧校园大数据综合平台。能实现用户的集中化和统一管理，对智慧校园中的用户提供统一的电子身份，支持多平台、多终端统一的用户认证方式。平台建立有统一的基础数据库，有统一的应用中间件，并提供开放的接口程序，能集成不同架构下的各类业务应用。

（2）智慧校园大数据综合平台的应用。学校智慧校园大数据综合平台与省、市各级系统在用户、数据、业务处理上高度融合，实现用户、数据等互联互通。

2. 校园门户

（1）校园门户网站。能对校内外公开信息，并为智慧校园应用提供统一入口。

（2）网站与 OA 系统。具备面向师生的应用，各类师生事务可在门户网站中在线快速办理。网站与 OA 系统实现基于校园应用的移动端访问。

3. 智慧教学

（1）全校教师在省、市、校级资源平台开通实名制网络空间。进行教学资源管理、学习活动设计、教学任务安排等各种网络教学活动，并对教学空间进行个性化设置。

（2）学校采购学科网等资源服务。为教师提供同步课程资源、专题性素材、知识点学习（探究）工具、学科编辑工具（自主研制微课）等多种形式的备课支撑平台，能将资源库、题库有机集成，支持与多媒体互动教学系统融合。

（3）充分利用网络资源，跨越时空。学校建立24间常态化录播系统课室，能够实现专家和教师、教师与教师间的互动，为教师提供网络研修服务，进行各学科的教学研讨。

（4）运用智慧教育平台提供数字教务服务。全面实现智能化排课、选课、评课、成绩采集等教务活动，为师生提供查询服务。

（5）学校采购智学网等考试平台服务。满足采编组卷、考试编排、网络考试阅卷、成绩分析评价等需求。

4. 智慧学习

（1）依托厦门数字学校平台，构建智慧学习平台。为学生提供个性化学习需求，为初中以上学生开通实名的网络学习空间，帮助学生利用网络空间进行讨论、作业、考试、拓展等创新型开放学习。

（2）实现同步微课。与线下课程配套，按选择教材、学科、章节、知识点组织和建立的视频课程，实现线上课程的二次学习与巩固。

5. 智慧资源

（1）校本资源库。对本校教学和学习活动中生成性信息资源进行持续采集，加工整理，依托厦门市教育资源公共服务平台搭建具有学校特色的校本资源库。

（2）多元数字化教学资源库。以知识点为基础，按一定检索和分类标准对各种来源的资源进行整合归纳，形成由课程资源、主题活动资源、试题资源等组成的多元数字化教学资源库。

6. 智慧评价

（1）智学网平台。其可以实现多维度的学业成绩分析，以清晰、直观的图表形式显示统计结果，并以数据接口或导出方式进行数据的共享和存档保存。

（2）构建厦门实验中学学生综合素质评价系统。支持对学生的综合素质评价，从学业发展水平、身心发展水平、品德发展水平、学业负担情况、兴趣特长爱好等维度建立学生综合素质管理体系，建立相应的评价量规和观测点，全面评价学生的综合素质。

（三）师生发展

1. 学生发展

（1）学校按照国家、省、市等要求在各学段开设信息技术课程。学校学生具备良好的信息素养，能认识到信息对生活、学习的重要性，能利用工具获取、分析、加工、评价信息并创造信息、传递信息，应用信息技术进行学习、交流协作、知识建构、作品创作和知识创造。

（2）学生能熟练地使用多媒体计算机及其他终端设备，并具有探索并解决实际问题的技能。

（3）学生能充分发挥创造性。他们可以利用计算机、3D打印机等创造创客作品。

2. 教师发展

学校教师具备较高的信息素养。他们能认识到信息技术对于教育教学改革的重要意义和作用，善用技术教学，善用技术支持自身专业发展；能进行信息技术环境下的教学设计，能获取、加工和集成教学资源，支持课堂教学；能利用网络教学平台开展混合式教学、参与校本和区域教研活动；能利用信息技术记录和反思自己的专业发展过程，能利用信息技术对教学对象、教学资源、教学活动、教学过程进行有效管理和评价。

（四）保障措施

1. 机构制度

（1）成立智慧校园工作领导小组。定期召开工作会议，每学年召开 2 次以上校级会议。

（2）智慧化校园建设中长期规划。具有整体性、可操作性、可评估性。

（3）建立智慧化校园的相关管理制度。包括管理、应用、网络安全、人员培训等内容。

2. 队伍建设

（1）学校管理者具有较强的教育信息化领导力。校长每年至少参加 1 次市级以上教育信息化相关培训与学习，达到《中小学校长信息化领导力标准（试行）》要求。

（2）教师按要求参加教师信息技术能力相关培训与学习。定期开展智慧教育的新知识、新技术与新媒体等应用的专题培训。网络管理员每年定期参加市、区组织专业技能培训、研讨等，掌握应用配置办法，快速实现信息化教学，满足学校智慧校园建设需求。

3. 经费保障

学校有保障"智慧校园"建设、应用与运维的专项经费，并形成了制度化的、可持续的经费投入机制。

4. 网络安全

校园网站及信息系统达到信息安全等级保护第二级要求，制订了网络安全的具体措施和应急处置方案。

四、厦门实验中学智慧校园特色项目情况

（一）数字化实验班

在以计算机技术、网络技术、多媒体技术为代表的现代信息技术快速发

展的今天，教育信息化早已经成为教育界耳熟能详的关键词。所谓教育信息化其实就是借助信息化的工具手段来促进教学，改变教与学的方式。在大数据时代，依靠信息技术搭建相应的教学资源平台来促进教学成为当今世界教育现代化改革和发展的方向，数字化校园中的教学资源平台的搭建已成为推进教育信息化的重要建设任务。

在我国中小学数字化校园的概念不断被提及。不管是以翻转课堂为理论依据还是以微课、慕课为主导，很多学校都在尝试改革自己的教育教学方式，建立合适的教育教学平台，但是我们依然很少看到成功案例。当然也已经有为数不少的学校完成了数字化校园信息化基础平台的建设，通过一定的数据整合打破信息孤岛，其中绝大多数国内数字化校园中的教学资源平台建设都普遍存在着投入大产出低，建设效果不明显，使用效率低，重平台、轻应用，重系统、轻用户，工程周期漫长，有始无终等一系列问题。

数字化实验班为学校构建智慧校园、实现互联网时代下的"三维五步教学法"提供了强有力的保障。数字化实验班作为学校教育信息化建设的一大亮点，依托现代化教学环境，运用互联网、多媒体技术等信息技术，优化了教学内容的呈现方式，提升了课堂教学交互的便利性与有效性。在先进教学工具与丰富教学资源的支持下，学生能方便地进行学习，教师能更高效地实施教学过程与教学管理。

数字实验班实现依托信息化手段和现代化教学环境设计，运用先进的互联网技术、多媒体技术、移动互联网技术，支持学校进行先进的教学模式探索，支持互动教学法的实施。

（二）VR、3D 创客教室

学校积极推进信息化教学改革，探索信息化时代的教育教学新模式。学校建设虚拟实验室，将沉浸式虚拟现实技术（VR）与教学相融合，以优质教学资源为核心，集终端、应用系统、平台、内容于一体，为学生创设接近真实的学习环境，将虚拟动画与实景空间相结合，将抽象概念具象化，为学习者打造高度开放、可交互、沉浸式的三维学习环境。3D 教学交互则是基于标准化考试的传统教育理念的转型，通过动手实践让学生们大胆尝试不同的想法，积极培养创新精神。

体验式课堂能增加课堂的趣味性，让学生更容易接受学习。

中小学阶段的学生普遍比较喜欢表演类活动和游戏类课堂活动，VR 英语课堂根据学生的年龄特点、学习风格和兴趣爱好设计教学活动，完全符合学生们的偏好，有利于激发学生的动机，寓教于乐的同时增强了学生的自我效能。同时通过不同学生个体与虚拟现实技术的交互表现，也兼顾了其个性的发展，也有利于提高教师对教学策略、学生情感等的关注度，满足多元智能下的学习需求。

（三）智慧校园大数据综合平台

学校智慧校园大数据综合平台是基于大数据和人工智能时代下建立的统一规划、统一管理、统一标准的信息共享平台，实现了管理电脑化、信息网络化、存储数字化，为学校内信息处理提供互联互通及必要的数据交换。目前学校大数据中心已集成了诸多模块应用，并且在 Web 端的基础上开发了移动端微信小程序平台。这些一站式轻量化系统模块应用的配套，极大减轻了教师工作量，全面实现了校园管理信息的数据化。目前，学校智慧校园大数据综合平台主要包括下列模块。

平台基础框架：实现校园基础信息、组织架构、权限分配信息化，并根据学校流程及权限需求配备角色标签，满足学校多身份关系需求。

教工事务大厅：将教工日常工作信息化，简化教工日常工作，并且形成工作数据，便于统计分析。

学生事务大厅：将学校学生日常事务信息化，通过公用电脑、家长或者学生移动端来进行事务办理。

应用系统支撑：通过各类应用系统实现学校软硬件需求，并做好标准接口建设和数据互通规则。

可视化校园：通过数据汇聚、视频聚合、电子地图、可视化图形，实现校园数据及园区可视化。

大数据中心：作为平台核心系统，将校园数据进行分类和规整，制定学校数据标准，并通过大数据引擎对各类非标数据进行清洗，制定规则和各类系统数据进行交互，通过数据分析建立学校各类数据模型，同时也作为各类系统的数据支撑使用。

智慧校园统一管理中心在统一基础设施与环境的支撑下，建设统一应用平台、应用整合平台及教育数据中心，并不断提升和促进平台智慧化。统一应用平台为各类应用进行统一的界面呈现，为用户提供一致的用户体验；应用整合平台通过三层应用整合机制（人的整合、数据的整合、流程的整合）实现用户入口及桌面、用户业务应用数据、各类应用流程的整合；教育数据中心实现对教育基础数据库、统一资源库、行为跟踪数据库三类核心数据库的管理，从而为师生和区域发展提供数据支撑。

以设备报修流程为例，当教师需要对班级物品报修时，可直接在微信小程序上填写表单提出申请，系统根据教师填写的情况自动派发流程给相关管理人员处理，逐级推送，垂直管理。在系统后台能够对所有应用流程数据进行统计与查询，并自动生成可视化报表，促进学校管理层对管理开展阶段性总结，提出改进方案。

智慧教育统一管理平台作为基础平台，承载各类教育资源和应用，根据应用场景形成教育管理、课堂教学、校园大数据、在线学习、资源平台等应用和系统。平台遵循国家标准化建设要求，可根据学校应用需求，不断兼容、整合和完善各类应用系统，使其具备高度的开放性、灵活性和拓展性。

平台为第三方系统接入提供标准接口，以实现第三方无缝接入，实现数据同步等。通过统一的应用接口管理，接入系统可以遵照平台数据交互标准向任何平台上的其他应用提供数据调用接口，方便数据交互。近年来，学校建设了教师考勤系统与宿舍人脸识别系统等管理系统，在此基础上，将校园已有管理系统与教育教学系统逐步整合到智慧校园大数据综合平台中，实现大数据采集，数据互联互通，有效提升管理效率。教师考勤系统有效提升了学校信息化管理效率，宿舍人脸识别考勤系统有效地协助学校学生管理科对住宿生进行管理。

（四）STEAM综合实验室

当今世界正处于新一轮科技与产业革命的孕育期，科技创新对社会的引领作用越加凸显，经济转型对新型人才的需求与日俱增。在这种大背景下，倡导多学科融合、注重创新精神和实践能力培养的STEAM教育引起广泛关注。STEAM教育建立在学科融合的基础上，以设计和探索为目的，对技术问题的解决进行科学的探索，其课程目标是提升学生科学、技术、工程、数学、艺术素养。开展科技与人文融合教学是传统实践教育在数字时代的"升级版"，其精髓是将学生训练成为能独当一面的工程师，提高学生应对复杂应用需求的综合应对能力，加深学生的专业技能。这种人才培养模式陆续在各校中推进，取得了很好的效果。它把教学与实践、教室与工作室、知识获取与能力锻炼、教育文化与企业文化多方面融合，开创了一种新型的人才培养模式。

学校注重学生在综合素质与创新能力方面的培养：创建STEAM综合实验室，配备了一系列STEAM创客设备，如机器人、3D打印机、激光切割机等，同时配备科技创新指导教师团队，从硬件与软件层面满足了学生创新实践方面的需求（见图4-1）。

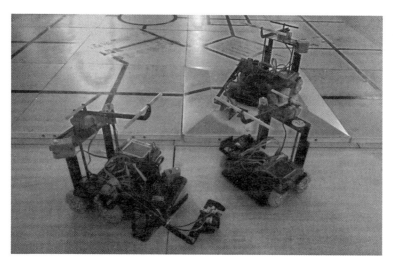

图 4-1 STEAM 教室巡线机器人

近年来，学校积极举办科技节活动，组建队伍参加各级各类技能类竞赛，如科技创新大赛、机器人竞赛、趣味科学竞赛等，从多角度提升学生的工程思维与创新水平，取得了丰硕的成果。

第五节 活力校园的创建

厦门实验中学以中国精神、红色基因、特色办学思想为引领，以"活力校园"为抓手，以"惟精惟新"先进的教育理念为指导，涵养师生人文底蕴，激发师生的生命活力，引导师生形成乐观积极的生活态度，形成底蕴丰厚、内涵丰富、充满活力的活力校园。

（一）建设活力环境

建校以来，学校以"精明勤奋"为校训，充分挖掘中华优秀传统文化元素，以传统文化与科技教育为主线，致力于打造精新活力的校园文化。学校建设书法文化广场、文字演变长廊、京剧长廊、京剧大师园、京剧经典桥段雕塑、京剧角色影雕、京剧乐器石雕、京剧艺苑舞台、数字化教室，生物园、地理园、书法园地，定位"三园、一环、五区"，公共景观区、教学区、休闲区、运动区、实验区，因地制宜、集艺术性、学习性、教育性、文化性等功能为一体，以人为本，以常绿乔木、灌木、草本、植被，构造立体复式园林景观，校园常年绿树成荫、四季有花香，营造了活力四射的生活环境。

学校精心设计教室、功能室，突出室内文化及功能特性。让师生身在其中能学得认真，做得开心，充分享受生命的尊严与活力。此外，学校还逐步营造学生宿舍楼内的"活力"氛围，组织开展富有文化内涵的作品征集活动，以软雕塑设计、悬挂名人介绍、名言、格言等予以展示。做到一楼一式、一廊一品、处处彰显生命活力的文化气息。

（二）塑造活力教师

教师既是课堂的主导，又是教研的主体，更是"活力"教育理念的践行者。学校发展离不开一支充满活力的优秀教师队伍。

1. 以职业规划点燃激情

教师活力不是天生的，而是通过学校的管理和细心的培育逐渐形成的，本着"发展学生、发展教师、发展学校"的工作思路，学校遵循教师专业发展规律，指导教师进行五年职业规划和长期人生规划，激励教师点燃职业热情，激发职业尊严，形成活力教师的内驱力。为保护教师职业激情，学校在制定教师评价、日常管理制度时，建设规范化、人性化的管理制度，用规范制度引领教师成长，用尊重、欣赏、关爱激发教师个人成长的自主意识。

2. 以研究热情促进成长

以"活力教研"促"活力教师"。以名师工作室、教师技能比赛、每周板书设计评选活动为契机，全力打造集体教研管理特色，通过主题确立、问题争鸣、课堂研讨、自我反思与对比等教研活动，帮助教师实现业务提升，积蓄教学活力。学校教研室要求全校教师每周阅读教育名著和经典文章，与

"大师"对话，完成 300 字教研心得，做到对教育有理想，对事业有追求，对生活有热情，对自己有信心，对学生有爱心。

3. 以活动凝心聚力促活力

学校通过工会组织凝聚全体教职工人心，大力推进教师健康工程，做幸福教师。工会利用好每天一小时体育锻炼时间，开展手球、气排球、篮球、羽毛球、合唱等文体活动，促进教师身心健康发展，培养他们积极向上的生活态度，乐岗敬业的工作热情。学校有着较为完善的教师合作发展机制，校内外的每一项活动，都能以大局为重，精诚合作，彰显团队精神，并取得较好的成绩：2015 年元旦，参加市教育工会组织的气排球比赛，获得优胜奖；2015 年 4 月，参加市教育系统趣味运动会，荣获优秀组织奖和三等奖；2015 年 9 月，代表教育工会参加市总工会组织的安全生产知识竞赛荣获三等奖；2015 年 12 月，音乐教研组荣获市总工会"工人先锋号"荣誉称号；学校工会获得"五星级工会"。

（三）建构活力课堂

活力课堂的核心在于激活学生的潜力、关注师生的共同发展。"课堂教学不是教师教学行为模式的场所，而是教师教育智慧充分展现的场所。"学校鼓励教师在课堂中充分展现个人教育智慧，展示个人魅力，让课堂变得活跃起来，充满生机，唤起学生学习热情和智慧活动的积极性，激发学生的创意和不断探索的精神，从而构建活力课堂。

1. 教学形式灵活多样

在教学中，教师要带着自己的知识、经验、思考、灵感、兴致参与课堂活动，要积极创设课堂情境，并且要善于调动学生，鼓励他们大胆思考，帮助他们在学习中建立较强的自信心和求知欲，引领学生主动学习、探究，积极构建新知，促进学生在认知、技能、情感等方面得到充分的发展，使他们的个性获得全面发展。学校"数字化"班教学实验，推行"三维五步教学法"，推进课堂教学改革，从课前准备、课堂教学、课后追踪"三个维度"出发，构建"五步高效课堂"，提倡"先学后教"，充分调动学生课上课下、线上线下的学习积极性，强调学生主动学习合作学习，教师释疑，进行有效师生互动，充分挖掘和利用各类学习资源。

2. 认识课堂视野开放

课堂情境极为复杂，从不同的角度看待、透视课堂，课堂也将展现出不同的场景。从社会的角度看，课堂呈现的是人际交往，包括师生交往、生生交往的场面；从文化学的角度看，课堂呈现的是以教师为代表的成人文化和以学生为代表的少年文化互相沟通、整合；从心理学的角度看，课堂呈现的又是教师与学生心理不断调适、冲突的画面。活力课堂的一个特征就是兴趣性，学生是学习的主体，只有充分激发学生的自主性、能动性，促进学生在认知、技能、情感等方面得到充分的发展才会成为可能。

3. 校本课程多样化

为促进学生活力发展，学校积极构建智力课程体系，面向全校师生开设"两棋一牌"、书法、京剧等特色课程，聘请专业教师入校教授，让学生在游戏中学习和思考，在快乐中变得更加聪明。以"两棋一牌"为例，围棋、国际象棋和桥牌三项运动均融科学、文化、艺术和竞技于一体，属智力型体育项目。它们在丰富校园文化生活的同时，有助于培养学生的逻辑思维和计算能力，强化学生分析、解决问题的能力，培育学生对问题的反应度、敏锐性等学习品质，引导学生树立正确的全局观念、战略思想和取舍意识。

总而言之，实施活力课堂教学，是一个系统工作，牵一发而动全身。构建民主、和谐、开放、富有活力的新型活力课堂，构建民主平等真实的师生关系，要求在准确把握有效的教学核心理念前提下，创新工作思路和实验的途径，探索具有厦门实验中学特色的活力课堂的教学模式，真正让活力课堂服务于教学，促进教学质量的不断提高。

（四）培育活力学生

"活力校园"核心理念是培育活力学生。学校将"培养精明勤奋、积极乐观、健康活泼的学生"作为学校"活力校园"育人目标。主要从以下四个方面进行实践。

1. 活力阅读——做知性少年

学校积极引导学生知书、爱书、品书、荐书，吟诵经典，传承文化，沐浴书香。通过集结学校数十名教师之力，编写《中小学名著阅读概览》，指导学生课下开展广泛阅读，与智者对话，与自然神交。推荐书目含文学作品、历史文献、各科知识、哲学名著等。针对每本书内容类型的不同，提示学生不同的阅读关注点，如文学作品重在感受别样人生，洞察生命真谛；历史文献重在了解人类文明发展，学习借鉴圣贤智慧；自然知识重在领略自然的神秘与宇宙的浩渺；哲学名著重在掌握科学严密的逻辑思辨能力，从而更好地认识、分析和解决生活问题。

学校图书馆实行藏书分流，以班级图书角、开放式图书廊建设为抓手，创设"图书漂流"读书方式，充实并随时更新班级图书保有量，丰富学生的阅读时间，营造班级读书氛围。图书馆定期开展丰富多彩的读书活动，各班级每周一次的"阅读课"，每月一次的"阅读之星"评比，各学段每学期一次的"师生共读一本书"活动，每年一次的"活力读书节"，都是激发和引导学生爱读书、读好书、会读书的有利时机。此外，学校还建立读书展示平台，在校园网开辟学生读书专栏，适时上传学生优秀读书心得，介绍科学读书方法。

2. 活力体育——做奔跑少年

通过"育体"来"育心"，促进学生活泼、快乐、健康地成长，充分享受文艺体育活动带来的乐趣。学校积极开展"阳光体育运动"，阳光体育活动形式多样。学生每天保证有一个小时的运动健身时间，活动形式有田径、武术、足球、棒球、手球、篮球、排球、羽毛球、手球、健美操等，每年举办春秋两季运动会。比赛项目包括各类球赛、棋赛、跳绳比赛、拔河比赛等单项体育竞赛活动，活动形式多样化。

每天清晨，由体育组教师负责组织早操，值班中层领导、年段长、班主任和生管教师等现场参与早操管理，强化学生参加体育锻炼的意识。

每学期的"阳光体育锻炼"还根据季节的不同，在内容形式上有所调整和变化。

3. 活力艺术——做阳光少年

学校将美育融入学校教育的全过程，培养懂美、爱美的阳光少年。艺术节每年历时 4 个月（9~12 月），组织如歌手赛，曲艺类、器乐类比赛，摄影比赛、书法比赛等十几个专场活动；元旦文艺会演是每年艺术节的汇报演出和成果展示固定节目。有关京剧艺术的文化展演，在学校组织的各类艺术活动中更是熠熠生辉。学校每周五组织"京剧艺苑"，艺术节举办京剧专场，创造条件让更多学生接触中国戏曲艺术，感受中国戏曲艺术的神韵美。此外，学校还专门设有书法课程，在引导学生正确、端正、整洁的书写基础上，着力培养学生的个性化审美情趣。办学以来，学生积极参加各级各类艺术比赛，获奖人数众多，其中获得 6 次国家级奖项，2 次省部级奖，市级奖项 20 余次。

4. 活力社团——做精彩少年

学校大力发展学生社团，以"活力社团"活动开展为承载，打造精品社团文化，以健康积极的社团活动，丰富学生的课余生活。民俗以折纸、十字绣、书画、舞蹈为重点，棋艺以国际象棋、围棋、桥牌为重点，全面提高学生的身体素质和艺术素养，现有忆蜀文学社、辩论社、心理社、朗诵社、京剧社、美食社、杂志社等社团组织共计 17 个。社团每年参与学校艺术节、元旦文艺会演，在学校各类比赛和展演活动中均有精彩表现。社团关注学生的多元兴趣需求，强调文化的内涵发展，以"惟精惟新"为信念，追求更高层次、更具特色、更多元化的社团活动。蓬勃发展的社团文化，丰富了学校文化氛围，提升了校园文化品位，滋养了日渐丰厚的人文底蕴和科学素养。在团委教师和京剧专家教师的指导下，京剧社团于 2017 年被授予"全国优秀中学生国学社团"荣誉称号。

总之，活力校园建设是一个循序渐进，不断发展的过程。七年时间里，学校全体师生群策群力，勇于探索，敏于开拓，乐于创新，将"活力校园"一以贯之，努力造就一所教师尽心、家长放心、学生舒心的活力校园。

第五章　新时代背景下的精新教育

第一节　新时代教育的特征 ❶

党的十九大以来，在我国全面建成小康社会决胜阶段、中华民族走向伟大复兴的关键时期，党中央在历史和时代的战略高度，以广阔的视野、深邃的洞察力，深刻分析了国际国内形势，站在新的历史起点，宣示了中国特色社会主义进入新时代，这是中国教育实现从教育大国到教育强国的新时代，是中国教育促进人的全面发展的新时代，是中国人民享受世界水平的现代化教育的新时代，是中国教育更加自信地走向世界舞台中央的新时代。

一、教育方针：四个服务，五育并举

习近平总书记在学校思想政治理论课教师座谈会上，全面系统地提出了新时代党的教育方针的总要求，对于指导中国特色社会主义教育事业发展具有重要的战略意义。第一，核心是围绕"培养什么人、怎样培养人、为谁培养人"这一最具战略决定性意义的根本问题，规定了教育的性质、目标、任务和实现路径。第二，坚持马克思主义指导地位，贯彻习近平新时代中国特

❶　罗莎莎，靳玉乐. 新时代教育发展的特点与使命 [J]. 教师教育学报，2019，6（2）：1-7.

色社会主义思想，坚持社会主义办学方向，落实立德树人根本任务，指明了教育发展的根本方向。第三，坚持教育为人民服务，为中国共产党治国理政服务，为巩固和发展中国特色社会主义制度服务，为改革开放和社会主义现代化建设服务，"四个服务"明确了教育的根本宗旨。第四，提出扎根中国大地办教育，同生产劳动和社会实践相结合，明确了教育的实现路径。第五，提出加快推进教育现代化、建设教育强国、办好人民满意的教育，努力培养担当民族复兴大任的时代新人，培养德、智、体、美、劳全面发展的社会主义建设者和接班人，明确了教育的根本目标。将德、智、体、美、劳全面发展思想写入教育方针，是对马克思主义关于人的全面发展思想的继承和发展。这是对党的教育方针的新发展，对教育总要求的新认识、对教育工作目标的新要求。

新时代党的教育方针最鲜明的特点：第一次把"坚持马克思主义指导地位，贯彻新时代中国特色社会主义思想，坚持社会主义办学方向"写进了方针；第一次把教育"四个服务"写进了方针；第一次把"扎根中国大地办教育"写进了方针；第一次把"劳"写进党的教育方针，提出了德、智、体、美、劳"五育"并举的人才培养新要求，为我国教育发展指明了方向。新时代党的教育方针在我国教育史上具有里程碑意义，对我国教育事业发展具有重要的历史意义和时代意义。

新时代，学校全面贯彻党的教育方针，必须深刻准确把握其丰富内涵和根本要求。在根本宗旨上，必须坚持教育为人民服务、为中国共产党治国理政服务、为巩固和发展中国特色社会主义制度服务、为改革开放和社会主义现代化建设服务。坚持"四个服务"是社会主义教育的根本宗旨。全面贯彻党的教育方针，要准确把握以人民为中心的思想和新发展理念，教育为人民服务，是社会主义教育的本质要求，要不断满足人民群众日益增长的教育需求，办好人民满意的教育。教育为中国共产党治国理政服务、为巩固和发展中国特色社会主义制度服务，是社会主义教育的中心任务，教育方针要准确把握和服务于新时代党的中心任务。教育为改革开放和社会主义现代化建设服务，是社会主义教育的重要任务，教育应当自觉地服从并服务于现代化建设，发挥提高学生的思想道德素质和科学文化素质的基本功能，全面适应现代化建设对各类人才培养的需要，全面提高办学的质量和效益。在人才培养途径上，必须明确人才培养的基本途径，坚持"教育与生产劳动和社会实践相结合"。这是现代社会经济和教育发展的必然趋势。必须加强劳动教育，开齐开足综合实践、通用技术等课程，积极开展社会实践和志愿服务，鼓励开展研究性学习，让学生向生活学习，在生活中学习。在教育培养目标上，必须明确把"努力培养担当民族复兴大任的时代新人，培养德智体美劳全面发展的社会主义建设者和接班人"作为根本目标，培养一代又一代拥护中国共产党领导和社会主义制度、立志为中国特色社会主义事业奋斗终身的有用人才。2018 年 5 月，习近平总书记在北京大学与师生座谈时强调："培养社会主义建设者和接班人，是我们党的教育方针，是我国各级各类学校的共同使命。"

二、主要矛盾：均衡充分

新时代我国教育的主要矛盾体现为人民日益增长的优质教育需要与教育供给不平衡不充分之间的矛盾。我国教育供给不平衡不充分的现状，既有历史原因，又有政策的"引导"，更有各地发展水平、地理位置等综合因素的影响。新时代下，均衡和充分将成为新时代教育发展的着力点。

教育均衡发展是我国教育改革与发展的必然要求，体现着一种公平公正的教育理念，这既是顺应世界教育发展的潮流，也是我国新时代实现教育发展的重要着力点。要实现我国教育的均衡发展，首先要意识到均衡不是绝对的平均，不是绝对意义的平等。"城乡二元化""地区差异显著"已是我国教育发展不可否认的"特征"，我国也不可能在短时间内实现绝对意义上的平等。

生态主义取向下的均衡强调整个国家教育系统的发展要以不打破整个教育生态圈的平衡为前提，允许区域间、学校间、群体间的教育发展水平存在差异，但不允许差异继续扩大，要尽量缩小差距以求各地各级各类教育的发展与整个教育系统的发展速度相一致。

生态系统的自我组织、自我调适的特征启示我们系统有维持其自身平衡发展的能力。回顾我国教育改革发展的历程，"结构－功能观"理论对我国教育发展的影响根深蒂固，这种科层制的教育发展模式有其优点，但"结构－功能观"所暴露出的教育发展不充分的问题越来越明显，国家也越发明显地感到促进教育充分发展的必要性与迫切性。浙江大学刘同舫称"不充分的发展是指在各种因素的制约下，发展尚未达到预计期望，未能完全兑现发展潜力"。新时代背景下，如何减少现行体制对教育发展的制约作用，为教育"管理过死、管理过细"松绑，为充分发挥教育潜力提供适宜的"土壤"，这将会是新时代解决教育主要矛盾的着力点。

三、教育目标：核心素养，立德树人

为将党的十八大、十九大提出的关于立德树人的要求落到实处，教育部研制印发的《关于全面深化课程改革落实立德树人根本任务的意见》提出"教育部将组织研究提出各学段学生发展核心素养体系，明确学生应具备的适应终身发展和社会发展需要的必备品格和关键能力"。2016 年 9 月，《中国学生发展核心素养》研究成果在北京发布。"学生发展核心素养"已经成为我们国家未来基础教育改革的灵魂，已经成了教育改革的代名词。

我国提出的中国学生发展核心素养，主要指学生应具备的适应终身发展和社会发展需要的必备品格和关键能力，突出强调个人修养、社会关爱、家国情怀，更加注重自主发展、合作参与、创新实践。从价值取向上看，它"反映了学生终身学习所必需的素养与国家、社会公认的价值观"。从指标选取上看，它既

注重学科基础，又关注个体适应未来社会生活和个人终身发展所必备的素养，不仅反映社会发展的最新动态，同时注重本国历史文化特点和教育现状。

在三维目标基础上提出核心素养，这是对三维目标的发展和深化。关于核心素养和"三维目标"的关系，华东师范大学崔允漷教授指出"它是知识与技能、过程与方法、情感态度价值观'三维目标'的整合与提升"❶。余文森提出"核心素养"并不是否定"三维目标"，而是认识到以往的"三维目标"有人为割裂知识、能力和价值观三者之间关系的风险，有必要对其进行"整合"，以强调三者是密不可分的有机整体；同时，这也是贯彻以人为本的指导思想，从学科本位转向育人本位的必然要求。"传统的学科教育过度在学科知识上做文章"❷，过度追求学科知识的系统性、难度、密度与容量。而核心素养是从人出发，以人为中心，对人进行考量的概念，是指"学生应具备的，能够适应终身发展和社会发展需要的必备品格和关键能力"❸，这是核心素养对"三维目标"的"提升"所在。核心素养更直指教育的真实目的，那就是育人。教育目标一定要从追求分数转到育人为本，转到立德树人。

四、减负增效：五项管理，提升质量

2021 年 1 月 15 日，教育部办公厅下发《关于加强中小学生手机管理工作的通知》（教基厅函〔2021〕3 号）。该通知指出，随着手机的日益普及，学生使用手机对学校管理和学生发展带来诸多不利影响。为保护学生视力，让学生在学校专心学习，防止沉迷网络和游戏，促进学生身心健康发展，《通知》就进一步加强中小学生手机管理工作提出"有限带入校园""细化管理措施""加强教育引导""做好家校沟通""强化督导检查"等意见和要求。

为保证中小学生享有充足睡眠时间，促进学生身心健康发展，2021 年 3

---

❶ 崔允漷. 素养与知识、技能、能力的区别 [J]. 基础教育课程，2018（3）：16-17.

❷ 余文森. 从三维目标走向核心素养是课改深化的标志 [J]. 人民教育，2016（19）：27.

❸ 核心素养研究课题组. 中国学生发展核心素养 [J]. 中国教育学刊，2016（282）：7-9.

月 30 日，教育部办公厅下发《关于进一步加强中小学生睡眠管理工作的通知》（教基厅函〔2021〕11 号）强调，"加强科学睡眠宣传教育""明确学生睡眠时间要求""统筹安排学校作息时间""防止学业过重挤占睡眠时间""合理安排学生就寝时间""指导提高学生睡眠质量""加强学生睡眠监测督导"等。

为丰富学生阅读内容，拓展阅读活动，规范课外读物进校园管理，防止问题读物进入校园，充分发挥课外读物育人功能，2021 年 3 月 31 日，教育部印发《中小学生课外读物进校园管理办法》，其对管理边界、管理职责、质量要求、推荐主体、推荐程序、推荐导向、购买原则、监督检查和追责处理等都一一予以明确。

为贯彻落实中央有关精神，进一步规范学校教育教学管理，全面提高教育教学质量，坚决扭转一些学校作业数量过多、质量不高、功能异化等突出问题，2021 年 4 月 8 日，教育部办公厅发布《关于加强义务教育学校作业管理的通知》（教基厅函〔2021〕13 号）。通知提出"把握作业育人功能""严控书面作业总量""创新作业类型方式""提高作业设计质量""加强作业完成指导""认真批改反馈作业""不给家长布置作业""严禁校外培训作业""健全作业管理机制""纳入督导考核评价"等要求。

为贯彻落实《健康中国行动（2019—2030 年）》《关于全面加强和改进新时代学校体育工作的意见》等文件精神，确保 2030 年达到《国家学生体质健康标准》规定要求，2021 年 4 月 19 日，教育部办公厅下发《关于进一步加强中小学生体质健康管理工作的通知》（教体艺厅函〔2021〕16 号）。通知提出"加强宣传教育引导""开齐开足体育与健康课程""保证体育活动时间""提高体育教学质量""完善体质健康管理评价考核体系""做好体质健康监测""健全责任机制""强化督导检查"等要求。

加强中小学生作业、睡眠、手机、读物、体质管理（简称"五项管理"），关系学生健康成长、全面发展，是深入推进立德树人的重大举措。为确保"五项管理"相关政策规定落实落地，2021 年 5 月 8 日，国务院教育督导办印发

《关于组织责任督学进行"五项管理"督导的通知》（国教督办函〔2021〕32 号）要求各省（区、市）教育督导部门要提高政治站位，将"五项管理"督导作为 2021 年责任督学重要内容，组织当地中小学校责任督学开展"五项管理"督导工作，确保所有中小学校全覆盖。

2021 年 7 月 24 日，中央办公厅、国务院办公厅公布了《关于进一步减轻义务教育阶段学生作业负担和校外培训负担的意见》，习惯上将之称为"双减政策"，这是党中央站在实现中华民族伟大复兴的战略高度，为促进学生全面发展和健康成长作出的重要决策部署。

"五项管理"和"双减"政策的出台充分体现了"以人为本"的发展理念，充分体现了"立德树人"的根本任务，充分体现了"全面发展"的根本要求，具有"站得高看得准抓得实"的鲜明特点，是新时代教育特征的集中体现。

第二节　中国精神与红色基因的传承

红色基因是中国共产党领导人民群众在伟大斗争实践中孕育的先进思想因子的结晶，是中国共产党优秀传统、思想路线、先进本质、精神风范的集中体现。习近平总书记强调，我们要发扬光荣传统、传承红色基因，不忘初心、继续前进，努力在坚持和发展中国特色社会主义伟大进程中创造无愧于时代、无愧于人民、无愧于先辈的业绩。让红色基因代代相传，这就要求学校必须充分把握红色基因的内涵实质和传承规律，在新的历史起点上当好红色基因的传承者和实践者。

一、中国精神和红色基因的源头

红色基因的源头在于中华优秀传统文化和马克思列宁主义。红色基因传承着中华民族的优良传统，融合了马克思列宁主义经典理论，对中华优秀传统文化进行了再生再造和凝聚升华，并在革命实践中得到熔铸。从"万世开太平"到"革命理想高于天",从"威武不能屈"到"大无畏的革命英雄主义",从"民惟邦本"到"全心全意为人民服务",从"格物致知"到"实事求是",从"自强不息"到"自力更生、艰苦奋斗"等,以及伟大建党精神和伟大抗疫精神都生动反映了中华优秀传统文化在革命斗争中的传承、转化和发展,并赋予民族志向、民族品格、民族精神新的时代光芒。我们传承红色基因不能窄化内涵,封闭形式,必须认识到她的源头所在,引来活水,增强实效。

二、中国精神和红色基因的传承

强化红色文化认知,是传承红色基因的基础。强化红色文化敬意,是传承红色基因的内核。强化红色文化传承,是传承红色基因的要义。强化红色文化践行,是传承红色基因的根本。

（一）学科课程渗透与校本课程开发并举

（1）开设课程是中小学开展红色教育,传承红色基因的重要手段。学科课程是从各门学科领域中选择部分内容、分门别类组织起来的课程体系,每一门课程都有其独特的育人价值。教师依据课程开展教学,学习者不仅能够从中掌握科学知识与技能,更能也更应该在潜移默化中养成相应的精神气质。

（2）通过学科课程渗透红色教育。在学科课程中进行红色教育,属于间接德育,其教育力量强大,实效性强,认真研究学科德育的特点与实施策略具有十分重要的理论和现实意义。首先,学科课程渗透红色基因符合《中小学德育工作指南》中"充分发挥课堂教学的主渠道作用,将中小学德育内容细化落实到各学科课程的教学目标之中,渗透教育教学全过程"的教育要求。其次,学科课程渗透德育,学生既收获了知识与技能,又获得了道德情感上的熏陶,使情感、态度与价值观进一步完善。再次,学科课程渗透丰富了红色教育的内容,不同课程蕴含不同的红色教育资源,如语文教材中的《狼牙山五壮士》《飞夺泸定桥》《七律·长征》蕴含革命英雄人物及其革命事迹、近现代伟大人物言行、品格等教育内容；音乐课程蕴含红色歌曲等教育内容。合理利用各科课程所蕴含的红色文化，有助于丰富学生感受，培养其尊重、学习榜样的意识，在耳濡目染中接受红色文化熏陶，传承红色基因。最后，学科课程渗透红色德育符合中小学生学习的特点。学生在学习各科知识和技能的同时受到潜移默化的影响，从而达成传承红色基因的目的。

（3）开发红色文化校本课程传承红色基因。校本课程是依据学校自身的性质、特点及可利用的资源等条件，由学校成员自愿、自主、独立或与校外团体、个人研究者合作开展的旨在满足本校所有学生学习需求的一切形式的课程。红色校本的课程开发与实施可以更好地推动红色基因的传承。首先，结合学校所在的地域特色，整合当地红色文化资源开发的校本课程，如结合厦门破狱斗争、英雄小八路等地方红色文化资源开发的红色研学校本课程。丰富了红色教育的内容，取材于当地生活实际更利于引起学生共鸣。其次，对红色文化校本课程内容进行选择，使之符合德育规律、中小学生道德认知规律和身心发展规律。传统的小学德育校本内容缺乏规划，多半是每个学校的主观意旨，想开展什么内容就开展什么内容，随意性较强。因此，红色校本课程应依据学生道德发展的实际，组织形成稳定、有效的课程内容。再次，红色校本课程作为学校特色，有利于全校形成红色氛围，增强学生传承红色基因的主动意识，如厦门实验中学利用校园中"坚定自信跟党走"等丰富的党建文化建设"行走中的思政课"，面向不同年段开设一体化红色校本课程，收到较好效果。最后，根据学生的年龄特点，选择适合学生的方法开展红色教育。对于低年段学生进行以养成行为规范为主的红色教育，阅读适合的红色绘本；对于高年段的学生开展各类红色活动，在实践中传承红色基因。

（二）变课堂"授受"为"体验式"熏陶

（1）课堂教学是中小学开展红色教育、传承红色基因的重要阵地。红色教育作为德育的一部分，与日常的教学不可分割，应将各学科教学内容中所蕴含的红色基因和谐地融入课堂教学的各个环节，提升学生的红色文化素养，传承红色基因。在语文红色专题教学时，通过寻找近现代人物身上的光辉品质，学生可以感受红色基因一脉相承的特点，通过诵读与记忆，在心灵之中牢牢扎根；在音乐教学中融入红色歌谣、舞蹈的欣赏学习；在美术教学中融入英雄人物绘画的欣赏创作。可见，应采用有效的教学方法，将红色基因融入教学，丰富学生感受，培养其尊重、学习榜样的意识，在耳濡目染中接受红色文化熏陶、传承红色基因。

（2）课堂情景教学与学生自主互动相结合。从心理学的角度来看，学习者须经过感性认识阶段才能获得抽象的理性认识，在与各种具体形象的符号交流后才会有抽象符号的理解和生成，这就要求教育者在进行红色教育时要遵循从感性到理性的客观认识规律，借助实物、照片、音频、视频配合讲解，减少枯燥冗长的教师讲授过程。首先，教师可以运用情景教学法，展现历史场景，构建情景课堂，让学生身临其境地感受革命英雄人物的光辉形象，感知其言行上的红色基因，在潜移默化中陶冶心灵。这和机械地静听不同，具有直观、生动的特点，能够刺激学生感官，引起情感共鸣，留下深刻印象，产生教育效果。其次，除了情景教学法，教师可以组织学生开展"自主、互动"学习。教师作为引导者，在基本讲授结束之后，通过引发学生思考，引导学生互动，共同探讨看法与体会，促进学生自主感知红色文化，激发情感，传承红色基因。最后，教师在制定教育目标时融入红色基因传承目标，贯穿教学的始终，使红色基因的传承在教学过程中落到实处。

（3）参观教学与体验式教学相结合。红色基因传承是"知、情、意、行"逐渐深入完善的过程，当前多数教师在进行红色文化教育时都侧重知识讲授，期望以学生学习相关知识完成红色基因传承，这类以知识为主的红色教育是单向与低效的。因此，在进行红色教育时，教育者应遵循知行合一原则，既重视理论教育，又重视体验参与、实践锻炼，利用鲜活的教学资源，把提高认识和培养行为相结合。首先，采用教学参观法，通过把课堂搬出教室，带领学生走进革命纪念馆、纪念碑、红色文化景区、博物馆等，让学生在认识红色革命历史人、事、物的过程中，深化对红色文化的认识和了解，感悟红色文化精神。其次，采取体验式教学法，充分利用基地等社会资源，让学生近距离接触红色文化。各地红色资源不尽相同，以此建立的红色基地系统各有特点。利用红色教育基地，学生不仅可以了解历史、感受伟大人物的不朽精神，还可以参与社会活动，磨炼意志、养成品质。活动中，让学生直观地、感性地了解革命老区社会主义新农村的新变化，将有利于学生树立健康、积极、奋进的人生观和价值观，培养学生综合实践能力，进一步激发学生热爱生活、热爱家乡的炽热情感。

　　总之，教学应主张从学生经验和体验出发，密切知识与生活的联系，引导学生不断深入观察和体验真实的社会生活，感受红色基因的魅力所在。

（三）注重隐性校园文化和动态红色活动

　　（1）校园文化作用于中小学生的价值引导过程，对学生思想道德素质的培养和提高有着显著功效。校园物质文化是校园文化的一部分，建立红色校园物质文化有助于中小学生形成符合红色基因要求的价值观以及高尚品德，规范中小学生在日常生活中的行为举止。红色校园物质文化具有隐性教育功能，与动态的红色教育活动、比赛相结合，营造浓厚的校园红色氛围，是中小学生感知红色文化、传递红色基因的绝佳途径。

　　（2）注重隐性校园文化，构建红色校园。校园物质文化是学校形象和校园文化得以实现的物质载体，是精神文化的基础和保障。教学科研设施、工作生活场所、标语标牌和雕塑等宣传设施以及校园绿化、美化环境等基础设施系统，是目所能及的物质文化组成部分。这些基础设施的构造和设计作为红色基因传承的载体，对身处其中的学生具有教育的作用。因此，可以精心设计校园中的红色文化走廊、楼道。上述的校园红色物质文化是静态的，而当学生积极参与到校园建设中时，校园红色物质文化就具有了动态性。比如，厦门实验中学精心设计了"坚定自信跟党走"的党建文化线路，包含"光辉的历程""伟大的变革"等，以图文并茂的展览、生动翔实的事例教育引导学生，引导学生明党史、知党恩、听党话、跟党走。专题展区的管理由学生红色小分队负责，发挥学生主体性，让红色基因在学生身上"动"起来。

（3）开展系列红色教育活动，传承红色基因。首先，利用学校日常学习及生活渗透红色教育，如利用国旗下讲话、午间广播时间等，对学生进行熏陶式的红色教育。其次，通过开展多种多样受学生欢迎的比赛、活动，渗透红色教育。值得注意的是，各学段学生生理、心理、能力特点不同，应当组织难度适宜的比赛、活动，小学可以通过唱红歌、讲红色故事，将红色教育与艺术形式有机融合；初中则可以通过朗诵红色诗歌、阅读红色经典，了解党和国家的发展历程，在阅读中激发爱党、爱国、爱家乡的向上意识；高中可以通过排演红色课本剧、体验红色之旅，追寻先烈足迹，强化对红色基因的体验，传承红色基因形成正确的价值观和人生观。最后，开展红色系列活动，要让学生唱主角。活动以学生为主体，学生在实践活动中完成了很多有意义的"工作"，既陶冶了道德情操，又促使革命者的精神和品质在他们幼小的心灵中生根发芽。

在中共厦门实验中学委员会
党史学习教育动员部署会上的讲话

同志们：

今年是中国共产党成立100周年，2月20日，党中央召开党史学习教育动员大会。习近平总书记出席大会并发表重要讲话。

3月1日、3月4日、3月8日、3月11日，省委、市委、省委教育工委、市委教育工委分别召开动员大会，部署了我省、我市、全省教育系统、全市教育系统党史学习教育工作。

今天，我们召开学校党史学习教育动员部署会。主要任务是深入学习贯彻习近平总书记在党史学习教育动员会上的重要讲话精神，贯彻落实全省、全市、省委教育工委和市委教育工委党史学习教育动员会要求，对全校党史学习教育进行动员部署。

下面，我就开展全校党史学习教育讲三点意见。

一、提高政治站位，深刻认识党史学习教育的重大意义

习近平总书记指出，在全党开展党史学习教育，是党中央立足党的百年历史新起点、统筹中华民族伟大复兴战略全局和世界百年未有之大变局、为动员全党全国满怀信心投身全面建设社会主义现代化国家而作出的重大决策，是牢记初心使命，推进中华民族伟大复兴历史伟业的必然要求，是坚定信仰信念，在新时代坚持和发展中国特色社会主义的必然要求，是推进党的自我革命，永葆党的生机活力的必然要求。

一是要统一思想，提高站位。习近平总书记的重要讲话，深刻阐述了开展党史学习教育的重大意义，深刻阐明了党史学习教育的重点和工作要求，对新时代学习党的历史，弘扬党的传统，开启新的征程，创造新的伟业，作出了重要部署，为开展党史学习教育指明了方向，提供了根本遵循。我们要全面领会重要讲话的丰富内涵、精神实质和实践要求，把思想和行动统一到习近平总书记重要讲话精神上来，进一步统一思想，统一意志，统一行动，进一步学懂弄通做实，不断增强"四个意识"、坚定"四个自信"、做到"两个维护"。

二是要深刻理解，把握重点。习近平总书记强调，开展党史学习教育要突出重点，要在"六个进一步"上下功夫，即进一步感悟思想伟力；进一步把握历史发展规律和大势；进一步深化对党的性质宗旨的认识；进一步总结党的历史经验；进一步发扬革命精神；进一步增强党的团结和集中

统一。我们要按照目标要求，把握重点，以强烈政治自觉、思想自觉和行动自觉，开展好党史学习教育。

三是要联系工作、联系自我。要充分认识学习党史对教育工作及自身成长具有重要作用。首先，党史是我们教育工作者面向学生开展理想信念教育、革命传统教育、爱国主义教育、思想政治教育等的生动教材，是落实立德树人根本任务的重要资源，也是中考高考的重要内容，同志们一定要学懂党史，并将党史适时运用到我们的教育教学之中。其次，党史对我们个人的成长具有重要意义。中国共产党党史就是一部奋斗史、一部发展超越史，我们学习党史就是要汲取其中的成功经验，学习领会毛泽东、邓小平、习近平等党和国家领导人的思维方式、工作方法，按照他们的思维方式思考问题，按照他们的工作方法处理解决问题，就能帮助我们获得成功。同志们要充分认识学习党史的意义，学深悟透做实。

二、瞄准目标要求，全力推动党史学习教育取得实效

习近平总书记强调，"全党同志要做到学史明理，学史增信，学史崇德，学史力行，做到学党史、悟思想、办实事、开新局，以昂扬姿态奋力开启全面建设社会主义现代化国家新征程，以优异成绩迎接建党一百周年。"这为我们扎实开展党史学习教育提供了根本遵循。

一是学史明理，要学出思想，筑牢理论武装。要从党的辉煌历史当中，领会马克思主义的真理力量和实践力量，重点把握六个方面的学习内容，要深刻铭记中国共产党百年奋斗的光辉历程，深刻认识中国共产党为国家和民族作出的伟大贡献，深刻感悟中国共产党始终不渝为人民的初心宗旨，系统掌握中国共产党推进马克思主义中国化形成的重大理论成果，学习传承中国共产党在长期奋斗中铸就的伟大精神，深刻领会中国共产党成功推进革命建设改革的宝贵经验。全体教师还要注意结合学校教育教学实际，学习学校"一体两翼"科学治校体系，用科学理论指导自己的教育教学，

努力提高育人水平和教学质量，努力实现我们学校"现代化、实验性、示范性、国际化的省内外知名、厦门一流"的办学目标。

二是学史增信，要学出自信，坚定信仰信念。要从党史中汲取砥砺奋进的精神动力，增强历史自觉，保持战略定力，筑牢信仰之基，站稳政治立场，把"两个维护"融入血脉，付诸行动，增强忠诚核心，维护核心、看齐核心的政治自觉和行动自觉。全校师生要通过学习教育，更加坚定对马克思主义的信仰，对社会主义共产主义的信念，对实现中华民族伟大复兴的信心，坚定不移向党中央看齐，做到永远忠诚于党，忠诚于人民，忠诚于马克思主义。全体教师还要注意结合学校教育教学实际，学习学校短短五年就高分通过省一级达标高中评估验收的奋斗精神，学习学校2017届初三毕业班师生克服重重困难勇夺全市第一的创业精神，强化争先的信念，树立争先的信心，付诸争先的行动。

三是学史崇德，要学出智慧，坚守立德树人初心。要把师德师风建设摆在首位，引导全体教师继承发扬老一辈教育工作者"捧着一颗心来，不带半根草去"的纯粹精神，继承发扬张桂梅校长"快一点，快一点"的分秒必争精神，继承发扬学校2017届初三毕业班"积极向上、师生共进、奋斗创业、勇于争先"的创业精神，继承和发扬学校首届"最美教师"和第二届"杰出教工"的奉献精神，努力开创学校教育教学高质量的新格局。

四是学史力行，要学出担当，办好实事好事。学校目前整体还存在"精神不振、能力不足、管理不精、落实不力、三力不强"的突出问题。全体师生员工要通过学习，切实搞清楚"创业精神是什么？存在的问题是什么？争先的措施是什么？"，发挥"一体两翼"科学治校体系优势，发扬2017届初三毕业生创业精神，贯彻好"奋斗、带好、落实、技能、争先"的"五个要"。用好"德育为先、能力为重、教学为本、科研为要"的"十六字诀"，落实好"一日10项常规",全面提升教育教学质量,实现均分和尖子生大提升、清北名校大突破、学校位次大飞跃。

三、落实主体责任,扎实推进党史学习教育走深走实

在全党开展党史学习教育,是党的政治生活中的一件大事。学校各党总支、党支部、年段和全体党员、全体师生员工要高度重视,提高思想站位,把开展党史学习教育作为当前和今后一个时期的重要政治任务,以强烈的政治责任感加强组织领导,认真统筹谋划,扎实有序推进,高标准高质量完成学习教育各项内容。

一是要加强组织领导。学校党委将成立党史学习教育领导小组和党史宣讲团,切实加强对党史学习教育工作的指导、督查。

各党总支和支部要切实履行主体责任,抓紧制订工作方案,加强统筹协调,形成整体合力,确保党史学习教育各项部署要求不折不扣落实到位。党组织书记要扛起第一责任人职责,投入足够时间和精力,亲自抓,具体抓,既要率先垂范,带头参加学习、接受教育,又要站在一线靠前指挥,层层传导压力,从严抓好落实。

党员教师不管处在哪个层级和岗位,都要全身心投入。中层以上干部和党员教师要发挥模范带头作用,先学一步,深学一层,带动绝大多数,在全校形成党史学习教育热潮。普通教师要积极参加学习,努力实现明党史、知党情、跟党走。

二是要坚持正确导向。要坚持以党关于历史问题的两个决议和党中央有关精神为依据,深入学习《习近平论中国共产党历史》《中国共产党简史》等指定的学习材料,准确把握党历史发展的主题主线、主流本质,引导广大师生树立正确的党史观,正确的历史观、民族观、国家观、文化观,正本清源,固本培元,厚植爱国、爱党、爱社会主义情感。

三是要创新方式方法。学校党委将多措并举开展学习教育活动。其一,

开展专题学习，提升思想认识。通过理论中心组、三会一课、教工会、年段会、教研组会、备课组会、班主任会、升旗仪式、主题党日、主题团日等开展专题学习。其二，组织党史宣讲团开展全覆盖宣讲。宣讲团成员要进年段、进班级、进教研组、进备课组、进主题班会、进少先队部、进业余团校、进少年党校，实现宣讲全员全方位全过程覆盖。其三，建设"学史·悟思·实干"党史学习教育线路，实现文化育人。日前，学校党委正以"学史明理、学史增信、学史崇德、学史力行"为主题建设"学史·悟思·实干"党史学习教育线路，在校园文化中有机融入中国共产党的成长壮大史、理论发展史、奋斗创业史、光辉成就史等，打造"行走中的党史教育课"，教育引导学校师生学党史、知党情、听党话、跟党走。其四，开展丰富多彩活动，增强党史学习教育吸引力和实效性。分阶段开展"红色经典影院""红色经典曲目学唱""红色经典诵读""红色经典作品书法大赛""红色经典书法作品展""革命老区参观""红色故事采风"等系列活动，在活动中实现师生的自我教育和自我提升。

学校各支部、各学部、各部门、各学段要因地制宜，因人而异。针对不同师生群体的特点，分类指导、科学安排、统筹推进。要突出抓好学生学习教育，各部门、各学段，尤其是德育科、团委、少先队要把党的历史作为思想政治教育的重要内容，开展形式多样的党的历史知识，光荣传统和英雄模范事迹的教育，培养青少年热爱党热爱社会主义的感情，让红色基因、革命星火、代代相传。

同志们，今年是"十四五"规划的开局之年，要弄清楚国家"十四五"规划的主要内容。学校要进一步完善"十四五"规划，制定具体的实施措施，教师们也要有自己的"十四五"规划，按照"幸福教师"的理念，结合幸福教师的一百个良好习惯，明确自己的专业发展计划，力争与国家同步，与时代同步，争取在五年内在怎么教、怎么学、怎么管，怎么培育学生核心素养，怎么立德树人等方面取得良好成绩。

同志们，中国共产党的历史是一部丰富生动的教科书，用党的伟大成就鼓励人，用党的优良传统教育人，用党的成功经验启迪人，用党的历史教训警示人，能够让我们认清历史方位，汲取前行的智慧和力量。学校党史学习教育已全面拉开序幕，全校师生要坚持以习近平新时代中国特色社会主义思想为指导，扎实开展学习，永葆坚定信念、奋斗精神、为民情怀、担当本色，奋力开创学校快速、优质发展的新篇章，以优异成绩庆祝建党一百周年。

谢谢大家！

第三节　立德树人的教育质量

国家、省市相关文件精神，强调了当前教育"立德树人"根本任务，明确了深化教育改革的目标是深入推进素质教育，实践"五育并举"，减轻学生过重负担，提高教育质量。由此，学校组织业务部门、年段长、教研组长、备课组长等，分层级进行调研，集思广益，思考并确立了以立德树人、全面提高教育质量为目标的具体策略。

一、明确立德树人，坚持"五育并举"

（一）立德树人与高考改革

教育是国之大计、党之大计。党的十八大以来，以习近平同志为核心的党中央高度重视培养社会主义建设者和接班人，坚持把立德树人作为教育的根本任务，不断开创我国教育事业发展新局面。党的十八届三中全会决定深化教育领域综合改革，全面贯彻党的教育方针，坚持立德树人，加强社会主义核心价值体系教育，完善中华优秀传统文化教育，增强学生社会责任感、创新精神、实践能力，推进考试招生制度改革。

新高考改革体现在"四新"，即：新高考、新课程、新课标、新教材。新高考构建了"一体—四层—四翼"高考评价体系，明确高考目的是"立德树人、服务选拔、导向教学"，考查内容为"必备知识、关键能力、学科素养、核心价值"，考查方式体现"基础性、综合性、应用性、创新性"。福建省高考采取"3+1+2"的选科方案，按照"两依据，一参考"模式进行高招录取，实行"强基计划"自主招生模式。新课程方案和课程标准进一步强化了学科的育人功能，体现了鲜明的育人导向，思想性、科学性、时代性、整体性等明显增强。各学科凝练提出了学科核心素养，明确了学生学习该学科课程后应形成的正确价值观念、必备品格和关键能力，并围绕学科核心素养的落实，精选、重组教学活动，提出考试评价的建议。新教材突出核心素养理念，培养全面发展人才，重视自主学习，促进学习方式多样化，考虑学生认知特点，优化教科书结构，注重基础，兼顾差异，基于提升核心素养，全面设计练习题，理论联系实际，关注社会发展。

（二）"五育并举"与课程改革

中共中央、国务院印发《关于深化教育教学改革全面提高义务教育质量的意见》，这是中共中央、国务院印发的第一个聚焦义务教育阶段教育教学改革的重要文件，是新时代我国深化教育教学改革、全面提高义务教育质量的纲领性文件。该意见强调，坚持以习近平新时代中国特色社会主义思想为指导，全面贯彻党的教育方针，落实立德树人根本任务，遵循教育规律，强化教师队伍基础作用，围绕凝聚人心、完善人格、开发人力、培育人才、造福人民的工作目标，发展素质教育，培养德智体美劳全面发展的社会主义建设者和接班人。

（1）要突出德育实效。打造中小学生社会实践大课堂，充分发挥爱国主义、优秀传统文化等教育基地和各类公共文化设施与自然资源的重要育人作用。强化对网络游戏、微视频等的价值引领与管控，创造绿色健康网上空间。

（2）提升智育水平。严格按照国家课程方案和课程标准实施教学，确保学生达到国家规定学业质量标准。加强科学教育和实验教学，广泛开展多种形式的读书活动。学校要加强监测和督导，坚决防止学生学业负担过重。

（3）要强化体育锻炼。坚持健康第一，实施学校体育固本行动。严格执行学生体质健康合格标准，健全国家监测制度。除体育免修学生外，未达体质健康合格标准的，不得发放毕业证书。开齐开足体育课，将体育科目纳入高中阶段学校考试招生录取计分科目。

（4）要增强美育熏陶。实施学校美育提升行动，严格落实音乐、美术、书法等课程，结合地方文化设立艺术特色课程。广泛开展校园艺术活动，帮助每位学生学会 1~2 项艺术技能、会唱主旋律歌曲。

（5）加强劳动教育。优化综合实践活动课程结构，确保劳动教育课时不少于一半。

由此，学校要做好"五育并举"指引下的课程教学改革，在课程实施、教学管理、教师培养、家庭教育与社会实践教育上下功夫。

（1）学校要健全教学管理规程。统筹制订教学计划，优化教学环节；开齐开足开好国家规定课程，不得随意增减课时、改变难度、调整进度；要严格按课程标准零起点教学，小学一年级设置过渡性活动课程，注重做好幼小衔接和初高中衔接。

（2）完善作业考试辅导。严格落实"双减"政策，杜绝将学生作业变成家长作业或要求家长检查批改作业，不得布置惩罚性作业。考试成绩实行等级评价，严禁以任何方式公布学生成绩和排名。

（3）推进"教育+互联网"发展。加快数字校园建设，积极探索基于互联网的教学，丰富和完善学校优质课程与学习资源。

（4）大力提高教育教学能力。实施全员轮训,突出新课程、新教材、新方法、新技术培训，增加教师培训机会。

（5）加强课程教材建设。学校要提高校本课程质量，校本课程原则上不编写教材。严禁用地方课程、校本课程取代国家课程，严禁使用未经审定的教材。义务教育学校不得引进境外课程、使用境外教材。

（6）重视家庭与社会实践教育。加强家长学校建设，家校联动，为家长提供公益性家庭教育指导服务，推进社会实践教育，组织开展学生社区公益服务与寒暑假的社会实践活动。

二、提升教育质量整体策略

怎样提高学校教学质量，这是经久不衰的话题，可以说仁者见仁，智者见智。办法很多，说法很多。学校经过多次调研、学习与实践发现，教学质量的关键因素在三个方面：第一在人（即有一支好的队伍），第二在方法（即学校管理），第三在态度（即责任感）。这三方面的工作都不能脱离学校本身，要紧紧围绕学校的办学思想与办学目标，实现学校质量管理与教学改革实施的校本化。

厦门实验中学办学七年来逐步形成了"一体两翼"现代化高效治理体系，"一体"：精新教育思想；"两翼"："五个抓手"和"十个好"治校方略，这是有效提升教学质量的"法宝"。一方面，学校以教师发展示范校建设为契机，从师德、师能两个层面出发，重过程，切实际地建设教师发展示范学校，促进教师专业发展，推动教育教学高质量发展，培育了一批学历较高，业务精湛的好教师。另一方面，出台了一套成熟的质量提升管理办法，如《教学常规管理制度》《教研训一体化常规管理制度》《厦门实验中学"新高考"改革实施方案》《厦门实验中学关于加强优秀生培育的指导意见》《厦门实验中学加强义务教育考试管理的实施办法》《厦门实验中学加强义务教育作业管理的实施办法》《考试工作十二条》《"五个四"校本作业》《作业的"八个要"》《学生一日常规十条》《考试质量分析方法》《班主任工作的"五个要"》《家教式辅导》等，做到有章可循，有法可依。最后，重视教师的思想政治教育，提高教师铸魂育人水平，更好地帮助青少年学生扣好人生"第一粒扣子"，如成立党史宣讲团，在各学科组进行党史学习教育，开展红色教育实践；党员同志进革命圣地进行参观学习，赓续传承红色基因，坚定教师"为国育人，为党育才"的决心与信念。

（一）立足学校实际，促进专业成长

学校紧紧围绕提高教学质量的"五个抓手"，培育"四有"好教师。鼓励教师凡事以学校发展为前提，围绕"五个抓手"的具体内容，发展教师专业能力，提高服务水平。

（1）加强学生阅读指导。养成喜爱阅读，勤于思考的良好习惯，基于这个前提，鼓励教师们养成自主阅读的习惯，每个学期定期推荐阅读书目给教师，以任务驱动的方式营造浓郁的读书氛围，言传身教，是指导学生阅读最好的教育方式。

（2）教会学生学习。以好方法授人，倡导自主学习、合作学习与探究学习，推荐学生使用"五步学习法"进行学习，教师科学践行学校独创"三维五步教学法"，从教师、学生与管理层，从课前、课中、课后入手，每个角色每个时间维度严格完成五项工作，做到教学精准高效。

（3）开发"四案"本作业。结合学校"五个四"校本作业要求，做到"四案""四精""四必""四合""四查"，如"四精"：要求精选精编中高考导向练习；精模精练中高考真题新题，精讲精解练习考试错题，精评精析校本作业试题，真正做到"精益求精，别具匠心，增效减负"。

（4）丰富课程活动。拓宽学生视野，如开展"两棋一牌"、批判性思维、学科竞赛、手球、四手联弹、京剧文化课、红楼梦选读、文艺互动——

当作家遇上绘画、趣味数学思维训练、英国文学赏析、英语口语训练、高中物理 DIS 实验、化学校本计算、化学与生活、历史中国经典战例评说"中外哲学人物选读、旅游地理揭秘情绪、趣味版画、足球"等课程，全面发展学生德智体美劳等诸多方面素质，教师要加强国家课程与校本课程的研究，真正做到"学高为师，潜心向学，授人以渔"。

（5）指导学生生活。培养学生良好习惯，指导学生按"一日常规 10 条"进行学习与生活，教师指导学生养成"自律、自立、自强、自爱、自尊、自信"的良好素养，同时，教师要身先士卒，真正做到"身正为范，行为示范，润物无声"。

（二）围绕质量核心，精细常规管理

提升教学质量不是凭一朝一夕的努力就能做到的，而是要经过一个长期的、复杂的、艰苦的教学过程。提升教学质量，关键在平时的磨炼。

1. 实行年级负责制，做到管理权责分明

学校各学段实行年级领导负责制，下年级领导对所管辖年级负全责，是年级管理的"大脑"。下年级领导一般由科室主任担任，直接对学部领导与校长负责，协调年级各项事务，负责对接学校各科室领导，统筹各项资源为年段教学与管理服务。年级领导全权负责年段的课程开设、教学常规、德育常规、教师业务、学生常规等日常工作，做好年级教育教学决策，统筹调配年级管理团队与教师团队，统一管理思路，把握教学方向，并及时处理年级突发事件。

2. 严管细抓教学常规，提升学校教学品牌

教学常规管理是学校工作的中心环节，抓好教学常规管理是提高教学质量的关键。教学管理部门严格执行《教学常规管理制度》《教研训一体化常规管理制度》等管理制度，从集体备课、上课、听评议课、教研、公开课、教案、考试、作业、早读、延时服务、晚自习等方面，全方位落实落细常规，出现问题及时处理。

（1）抓备课，促教风。"磨刀不误砍柴工"。课前投入是上好课的前提。集体备课做到"六统"与"六备"。"六统"：统一教研、统一计划、统一进度、统一练习、统一资料、统一测试。"六备"：备课标、备教材、备学生、备教法、备学法、备校本作业。首先，备课组集思广益，每周一次集体备课，按照章节进行任务分工，每周安排一位主备人，主备人要提前备好教案、课件、学案、作业、限时练、周练和章末测试卷，集体备课时逐一研讨准备好的教学资源，提出建设性意见和建议，并进行资源互补。其次，主备人进行课堂试上，备课组科任教师集体观摩、研讨，及时解决课堂教学中存在的问题；最后，通过抽学号的方式每周随机对年级学生进行访谈，把握学生学习情况，如有需要及时调整教学内容与策略。

（2）抓课堂，促学风。坚持课前预习教案和课后候课制度，坚持推门听课制度，由校长、主管教学副校长、教务科长、教研室主任、年级组长等分成两个小组，进行经常性的推门听课，校长不定期进行巡堂，问诊课堂。坚持"先学后教，以学定教"，科学践行"三维五步教学法"，通过导学方式，把握学情，精准备考，有效提高课堂效率，向课堂要质量。首先，课前学案明确学习目标，厘清教学的重点难点；其次，课堂上注重典型例题的训练与总结，尝试学生说题的方式提升学生审题能力，拓展学生思维，每周抽出1节课当堂进行20分钟的小题限时训练，做完立刻核对答案，并实时讲评；最后，坚持课后作业的校本化，实现一课一练，按照高考考点所列双向细目表设计作业，并要求晚自习限时完成作业。

（3）抓辅导，促发展。面向全体学生，做好延时、午间和晚自习服务，严格执行"'家教式'辅导"，力争不让一个学生掉队。做到学习任务堂堂清、日日清、周周清，各班认真组建教师与学生、学生与学生的帮扶对子，各科不得少于10对，在开学第二周上交结对子名单，教师做好指导并及时跟踪反馈。

（4）抓批改，促提高。根据《厦门实验中学加强义务教育作业管理的实施办法》《"五个四"校本作业体系》和《作业的"八个要"》的要求，做到"统一布置、分层要求、先做后发、全批全改、及时纠错、个别辅导、点评到位、人人过关"，实现作业的减负增效。下年级领导协同年段长每两周抽查学生作业一次，发现问题及时整改。

（5）抓测评，促考风。各年级严格按照《考试工作十二条》《厦门实验中学加强义务教育考试管理的实施办法》等制度的要求开展考试工作，小学一、二年级不进行纸笔考试，义务教育其他年级由学校每学期组织一次期末考试，初中年级从不同学科的实际出发，可适当安排一次期中考试。义务教育年段教师要树立全面发展的质量观和科学的教育评价观，综合考虑学生学科考试成绩与其他表现，科学全面评价学生，加强学生学习过程评价，鼓励实践性评价，采用课堂观测、随堂练习、实验操作、课后作业等多种方式开展学生学习情况的即时性评价，通过定期交流、主题演讲、成果展示、学生述评等方式开展阶段性评价。高中部语数英等学科每教完一个单元，同科目教师必须组织一次测试，高中每月举行一次月考。考试实行单人单桌，严肃考纪考风，对考试结果认真分析，全面总结，找出不足并及时改进。高中部对每次在月考中单科排名第一的教师进行精神鼓励。对排在全年级前十名的学生，和进步较大的十名学生进行表扬。

3. 严管厚爱教师队伍，提升教师团队力量

雷锋同志说过："一滴水只有放进大海里才永远不会干涸，一个人只有当他把自己和集体事业融合在一起的时候才能最有力量。"可见，团队的力量是巨大的，要提高教育质量，单靠一个人是不行的，要靠集体的智慧和力量，心往一处想，劲往一处使，才有可能实现教育质量提升的宏伟目标。学校以教师发展示范校建设方案和相关管理制度为导向，全方位培养和建设教师队伍，努力培育有理想信念、有道德情操、有扎实学识、有仁爱之心的"四有"好教师，有效提升教师团队的凝聚力和战斗力。

（1）制度激励。要有好的教育教学成绩，必须有一支教学严谨、业务过硬、品德高尚的师资队伍。要达到这个要求，仅靠教师的个人自觉行为及个人素质是不够的，还需要靠科学合理的管理制度。"没有规矩不成方圆"，学校建立了完善的考勤制度、教研制度、常规教学检查制度、奖惩制度、班主任考核制度等，年级和部门严格按照各种制度进行量化管理。年终对每个教师进行综合评价，不仅为优秀教师搭建了一个展现自己的平台，又为后进教师提供了一个查漏补缺的依据，在量化管理落实过程中同评先评优结合起来，既鼓励了先进也鞭策了后进。使每位教师感到压力的同时产生动力。

（2）注重引导。严格的管理制度，可督促部分教师的工作，但不是教学管理的灵丹妙药，还必须靠弘扬正气，充分调动全体教师的积极性，激发他们的工作热情，充分挖掘他们的潜能，这就需要除了为教师们做好服务工作，创造良好的教育教学环境，减少他们的负面情绪的同时加强思想教育工作，多开展一些政治学习活动、谈心活动，以提高认识，沟通思想。要求每位教师做好本职工作，不必完全用制度去卡、去压，而从人格尊严角度同教师们谈心，每个人都希望有尊严，尊严从哪里来？是自己付出换来的。作为一名教师，要想得到学生、家长、社会的尊重，只有爱岗敬业，认真做好本职工作，得到他们的认可，才能赢得他们的尊重，从而激发教师的工作热情，促使他们勇于竞争，乐于向上。

（3）促进业务。学校制度合理，落实到位，教师工作热情也很高涨，是不是就一定有好的教育教学成绩呢？不尽然，因为教学效果的好坏很大程度上取决于教师本身业务素质的高低。这就需要通过组织教研来为教师充电，学校严格执行《教研训一体化常规管理制度》，一方面，通过"走出去""请进来"、上网、看光盘，学教育教学理论、专著等形式学习他人经验。另一方面，立足本校实际，组织听课、说课、评课等形式搞好校本教研，取长补短，改进教学方法。这样积极支持教师自学进修，进而全面提高教师自身业务素质。

4. 从严治理学生学风，引导学生走向自律

要大面积提高教育教学质量，必须充分发挥学生的主体作用，调动全体学生的学习积极性，使他们爱学、乐学。

（1）加强理想教育。通过主题班会、演讲会及各科教学的渗透等形式对学生进行理想教育、生存教育，"今天学习不努力，明天努力找工作"。以生动活泼的形式，使学生懂得学习是为自己、为家庭、为社会而学，认识到学习的重要性，从而激发他们的学习兴趣，调动他们的学习积极性。

（2）抓好课堂纪律。班主任挂帅，科任教师积极协助，形成齐抓共管的学风管理模式。同时抓好班干部的管理，花精力培养班级领军人物，当好教师的助手，维护班级秩序，治理班级纪律，督促搞好学习，从而营造浓厚的学习氛围。

（3）精心指导学法。注重学生学习策略与方法的培养，指导学生使用"五步学习法"进行学习，提高学习效率。

三、重点突破复习考试策略

（一）期末复习备考整体策略

提高教育质量，一方面要讲究素质教育，强调教育过程的"质"；另一方面也要有效关注质检考试结果的"量"。为规范期末复习备考程序，切实提升复习备考质量与效率，从而有效提高教育教学质量，经学校行政管理团队研究，提出了强化"四个意识"，落实"五个关键阶段"和切实做到"六个结合"的复习备考建议，由各学段、学科教研组与备课组分级执行，指导学生按照要求做好复习迎考工作，简称"四五六"复习备考法。

1. 强化"四个意识"

（1）计划意识。要制订翔实的期末复习计划，计划包括三个方面：复习内容、复习时间和复习方法。

（2）时间意识。要强化时间意识，统筹安排一切可以利用的复习时间，科学利用好早读课、晚读课、自习课、晚自习及其他零碎时间。每天要有具体的复习进度，做到复习任务天天清。

（3）效率意识。要注意提高复习效率，多种方法交叉。

（4）平衡意识。期末考试科目比较多，语文、数学、英语、政治、历史、地理、物理、化学、生物共九个学科要进行平衡，所以各学段要做好协调工作，必须合理分配时间和平衡学科之间的关系，不能偏科。

2. 认真抓好复习迎考的五个关键阶段

按照"循序渐进、阶段侧重、精讲精练、知能并存"的原则，把期末复习分成五个阶段，分别为知识整理、知识复习、强化能力、查漏补缺和模拟练习五个阶段。

第一阶段：知识整理阶段。知识整理包括笔记类、练习类、试题类和错题类。知识的整理尽量在两天内完成，分门别类，以备复习所用。

第二阶段：知识复习阶段。包含基础复习、重点知识复习和错题回顾性复习，其中，错题包括练习和考试中出现的错题，尽量做到错题重做，错题重看。

第三阶段：强化能力阶段。需要强化的能力有以下八种。其一，记忆能力，重在识记重现；其二，理解能力，重在理解解释；其三，阅读能力，重在读题审题；其四，观察能力，重在图像解读；其五，想象能力，重在关联思想；其六，思维能力，重在判断推理；其七，分析能力，重在分解剖析；其八，计算能力，重在归纳和转化。

第四阶段：查缺补漏阶段。重在两个重要环节的突破，其一，知识缺漏梳理与突破，可以使用思维导图进行突破，构建严密知识网络体系；其二，能力缺漏梳理与突破，需要巧用典型例题训练进行突破，从而有效把握重点和难点。

第五阶段：模拟练习阶段。主要包含四方面内容，其一，质检训练，可以进行分类训练与套卷训练相结合的方式，分类训练实现重难点知识点与能力点的巩固，套卷训练训练考试应变能力；其二，质检讲评，可以进行分类讲评突破学生的薄弱知识点和能力点，进行套卷讲评，全面分析卷子的考点与难点，指导学生合理分配考试时间，进行科学答题；其三，拓展训练，可以进行分类拓展，针对薄弱知识点和难点进行分类别进行训练，模拟训练主要是培养考试的技巧，适应考试节奏，调试考试的心理；其四，考试辅导，对学生的解题技巧进行辅导，比如时间分配、答题顺序等，进行考试规范指导，减少非智力因素失分。

3. 切实做到"六个结合"

（1）课内与课外结合。课内与教师组织的复习同步，课外自己个性化的复习，做到查缺补漏，保强扶弱。

（2）基础与能力结合。在复习基础知识的同时,适当做一些综合性的练习,保持适度的答题感觉。

（3）自己努力与主动借力结合。一方面要通过自己的努力去解决力所能及的问题；另一方面要学会主动求助和借力，充分利用同学资源，互帮互助，共同进步。

（4）动静结合。课堂上专注投入，只要一走进课室坐下来就知道自己该干什么，课余时间则要适当活动调节。

（5）学科交叉结合。特别是晚自习的时间安排要合理，不要凭个人爱好一边倒。

（6）劳逸结合。进入复习阶段，学习会变得比平时紧张，学习越忙，越要注意劳逸结合，及时放松、减压，实现身心平衡，每天下午 5 点半后自觉进行 1 小时的文体活动。

（二）高三毕业班复习备考策略

1. 解读"四新"高考，明确改革方向

"四新"，指新高考、新课程、新课标、新教材。厦门实验中学重视引领高三教师认真解读新高考评价体系，明确新高考目的、考查内容和考查方式，认真解读福建省高考选科方案、高招录取模式。从以下几个方面抓好学科教学，应对新高考。一是关注核心价值、立德树人的导向性，如由书法教师硬笔书写名篇名句，学生每天练习书写、熟记。二是关注国家形象、祖国命脉的时代性，如通过建设中国精神长廊，党建文化广场，观看早间新闻等，让学生感受国家发展、明确大政方针、了解科技进步等。三是关注生活实际、情景设置的应用性，要求教师教学与考试中多引用与日常生活紧密相关的素材和情景。四是关注必备知识、教材迁移的基础性，要求考生系统掌握学科必备知识，形成优秀的学科能力和素养，将试题材料与教材内容相结合，创设综合的探究情境。五是关注关键能力、学科素养综合性，要求教师培养学生在完整的知识结构、能力结构网络中，综合运用科学的思维方法、合理组织、调动不同学科的相关知识与能力，做到触类旁通、举一反三。六是关注命题形式、招生录取的创新性，引导教师探索新颖试题的呈现方式、设问方式、开放性或探究性任务，以及新问题、新规律、新结论，避免"陌生"。

2. 立足"实验"创新，提升整体质量

应对"四新"高考，学校领导带领管理层与2018级新高考教师团队仔细研究新政策，研讨新变化，以实验创新求发展，向课程改革要质量。

在管理上，做好新高考高效管理的制度设计与实施。一是创设"科2"走班选课，采取"科2"走班模式，全组合开放选科套餐，给予学生高考选科最大的自主权利，相关管理经验文章在《福建基础教育研究》杂志公开发表。二是构建"四全"生涯规划。四全即全员、全过程、全方位、全覆盖。通过开设生涯规划课程与讲座，进行专业化的职业测试，让学生自我认知、科学选课。三是完善"强基"培育选拔，认真做好学科竞赛辅导，2020届学生获省学科竞赛一、二、三等奖共19人次。学校出台《关于加强优秀生培育的指导意见》等管理文件，做到"一生一档""一生一策"，采取"问诊式"与"家教式"辅导，实行双导师制，面对面解决学生"十项问题清单"，注重导心育人，全员家访，实现家校联动，做到优生培育的常态化。四是把控"质量"科学高效，学校有一套成熟的质量提升管理办法，如《教学常规管理制度》《考试工作十二条》《作业的"八个要"》《考试质量分析方法》《班主任工作的"五个要"》等，年段严格按照制度进行管理，做到科学高效。

在教学上，关注新高考最新信息，努力做到"五个精准"。即：精准目标、精准理解、精准备课、精准练习、精准辅导。一是积极开展国家课程校本化实践改革，在全学段开展主题单元教学设计，积极参加省、市级主题单元教学设计比赛并取得优异成绩。二是高度重视学生课内外阅读与思考，要求教师在教学中做好文本阅读训练，严格按照教育部要求推荐书目，全体师生人手一册学校自编的《中小学名著阅读概览》，做到有计划、有目的、有指导地阅读与思考。三是完善落实高三备考校本作业体系，结合学校"五个四"校本作业要求，做到"四案""四精""四必""四合""四查"。如"四精"：要求精选精编高考导向练习；精模精练高考真题新题，精讲精解练习考试错题，精评精析校本作业试题。四是科学践行学校独创的"三维五步教学法"，从教师、学生与管理层和从课前、课中、课后入手，每个角色、每个时间维度严格完成五项工作，做到教学精准高效。五是量身定制艺术生文化提升方案，集全年段教师力量为艺考生定制精准课程，艺考生王熙娅、叶咏新同学分别考上中央美术学院，中国美术学院。

3. 围绕"质量"核心，精细常规管理

高三年级的常规管理工作围绕"质量"核心，有效提升高分率和本科率。一是高效管理制度化。如制定了《厦门实验中学高三工作指导意见》《厦门实验中学高三年段工作实施方案》《厦门实验中学关于加强优秀生培育的指导意见》等，并以此为行动指南，做好高三年级的日安排、周计划与月总结工作，细化复习备考计划、尖子生培养与待优生帮扶等工作。二是导心育人常态化。重视高三学生心理变化，关注特殊学生的心理波动并及时疏导，做好暖心谈话，推送"一周一建议，一周一辅导"心理指导文章。心理工作做到逢考必谈。开展"乐观面对，积极备考"心理讲座和户外心理拓展活动，帮助学生释放压力。三是部门服务系列化。各部门服务保障及时到位，如错峰就餐优先考虑高三，设置高三打菜窗口，考前一个月每天送鸡蛋、营养汤和矿泉水、祝福小礼包等；部门领导每周坚持2次到高三听评课，每天到高三巡查并汇总备考情况。举办各项活动助力高三圆梦高考，如站在高三门槛活动、成人礼、百日誓师大会等。从生活起居、科学防疫、日常饮食、考前睡眠和运动安全等方面全方位关心学生安全。重视学生考后志愿填报与生活指导，密切追踪学生暑期行踪，关心学生的防疫安全，举行毕业典礼，营造温馨毕业氛围，期许学生顺利上大学并能有所发展、有所建树。

4. 着力"优生"培养，精准助力提升

为培养更多优秀人才，厦门实验中学着力"优生"培养工作，并取得显著效果。主要策略：一是研习并轨，通过专题会议，研讨、学习、培训尖子生培养策略，制订培养方案及细则。二是双师导护，生活导师和学科导师做好日常跟踪、思想引导、学法指导、生活开导。三是名家会诊，邀请教育科学院及兄弟校专家对学生进行把脉。主要有"多对一"专人会诊，"一对多"专项会诊，"一对一"专题会诊。四是智策活档，家校师生专家联动，一生一策，一生一档，策略精准，活档提升。五是暖心服务，学科每天、导师每周、教师每月均要为学生服务至少1次，心理教师不间断服务。六是"清单"抠分，学校研制尖子生十项问题清单，一一落实解决，确保高分。七是"强基"指导，邀请专家、毕业生为高分学生做好"强基"指导工作。

附录1　党课讲稿：领悟和发扬科学家精神，抓好优秀生培育工作

同志们：

近一段时间以来，习近平总书记先后在经济社会领域专家座谈会、全国抗击新冠肺炎疫情表彰大会和科学家座谈会上发表重要讲话，并且对研究生教育工作作出重要指示批示。在这些讲话和指示批示中，习近平总书记都一以贯之地强调了优质人才和科技创新的重要性。在科学家座谈会上，总书记站在新时代、新发展格局的高度，深邃地指出"现在，我国经济社会发展和民生改善比过去任何时候都更加需要科学技术解决方案，都更加需要增强创新这个第一动力"。并且进一步强调："人才是第一资源。国家科技创新力的根本源泉在于人。十年树木，百年树人。要把教育摆在更加重要位置，全面提高教育质量，注重培养学生创新意识和创新能力。"

我们学校很早就提出"六个跟上"理念，即"政治站位跟上中央精神""思想观念跟上社会发展""教育内容跟上高考变化""教育手段跟上方法创新""自身能力跟上目标理想""工作成效跟上领导思路"。现在习近平总书记再次明确提出要"全面提高教育质量，注重培养学生创新意识和创新能力"，我们学校必须跟上，必须马上结合工作实际，拿出实施计划和方案。所以，今天在这里，我以"领悟和发扬科学家精神，抓好优秀生培育工作"为题给大家上一堂党课，一方面是统一思想，提高认识，积极贯彻落实总书记讲话精神；另一方面也是研究、部署学校的实施方案，以高效推动学校优秀生培育工作。

一、充分认识学校优秀生培育工作的重要性

"贤良之士众，则国家之治厚；贤良之士寡，则国家之治薄"。习近平

总书记在对研究生教育的指示批示中，站在"两个一百年"的历史交汇点，着眼中华民族伟大复兴，明确指出"中国特色社会主义进入新时代，即将在决胜全面建成小康社会、决战脱贫攻坚的基础上迈向建设社会主义现代化国家新征程，党和国家事业发展迫切需要培养造就大批德才兼备的高层次人才。"这是总书记对研究生教育提出的殷切希望，也是对我们基础教育学校的鞭策和勉励。

同志们，"九尺之台，起于累土"。我们从事的是基础教育工作，做的就是为高校输送优质人才的工作，如果我们不在培养优秀生上下功夫，那么本科生培养、研究生培养中的优质人才就会成为无源之水，无本之木，就会成为海市蜃楼，成为空中楼阁。

我们必须践行以人民为中心的发展思想，从满足人民群众对优质教育和美好生活的需求出发，认识和把握优秀生培育工作，以时不我待、只争朝夕的精神和态度对待教育事业，把优秀生培养工作放在心上，扛在肩上，抓在手上，将"六个跟上"的理念落在实处。

二、积极引导厦实师生继承和弘扬科学家精神

习近平总书记曾指出"人无精神则不立，国无精神则不强"。在2020年9月的科学家座谈会上，习近平总书记进一步指出"科学成就离不开精神支撑"。

我们要深入学习、领会科学家精神，把这些精神贯穿到自己的学习、生活、工作之中，并且渗透到自己的教育教学中去，要教会我们的学生，让我们的学生在既有的"会两棋一牌、能哼几句京剧、写一手好字"等厦实学子特质的基础上，养成"惜时、奋进、钻研、创新"的精神品质，及"速度、准确性、敏锐性"的学习品质。

三、牢牢把握学校优秀生培育工作的关键性环节

做好学校优秀生培育从根本上就是要解决怎么教、怎么学、怎么管的

问题，抓住这三个关键性环节，学校优秀生培育工作就可以抓好，就能抓出成效。

关于怎么教，我们学校有"三维五步教学法""考点教学法""家教式辅导"等成熟做法，同志们要抓好落实。

关于怎么学，我们学校有科学高效的"五步学习法"。本学年的开学典礼，我还就学生读书的问题做了专门讲话，提出"明确读书意义，想读爱读会读""读懂教材名著，获取重要信息""掌握读书方法，提升学习品质"三点建议，同志们要做好宣传、教育、指导，确保每一位学生都能掌握和践行。

关于怎么管，我们学校总结的"教育教学的五个抓手"已经很好回答了这个问题。即制定一日10项常规，以好习惯养人；推行"三维五步学习法"，以好方法授人；打造"五个四"校本作业，以好教辅助人；开设"两棋一牌"等智力课程，以好活动育人；开展经典名著阅读，以好书籍化人。通过"五个好"的科学举措，学校教师拥有好心态、好状态、好业绩，学生拥有好习惯、好伙伴、好环境，学校整体呈现"活力校园"的喜人景象。我们要以踏石留印、抓铁有痕的态度常抓不懈，持之以恒。

四、全面构建学校优秀生培育工作协同促进机制

习近平总书记2020年6月2日在专家学者座谈会上强调："要深化科研人才发展体制机制改革，完善战略科学家和创新型科技人才发现、培养、激励机制，吸引更多优秀人才进入科研队伍，为他们脱颖而出创造条件。"我们学校也要完善优秀生发现、培养、激励机制，为优秀生的全面发展创造条件。

在优秀生的发现机制方面：各年级、各学科要有优秀生培育的意识，从小学一年级开始，到高中三年级，每一个学科都要培养一批学科尖子。各年级既关注学科特长优生，又重视各科总分优秀生。各年级要严格按照

《厦门实验中学优秀生档案》要求，建立"一生一档"，"一生一策"地制订针对性方案、计划和措施。

在优秀生的培养机制方面：其一，加强生涯规划指导，各年级要与心理组协作，积极开设职业生涯课程，拓宽学生视野，帮助学生更加了解自己，取长补短，帮助学生坚定信心，明确发展方向；其二，深化班科协作，各年级科任教师与班主任教师共同指导优秀生具体的学科学习方法，提升学生学习效率，各年级学科教师要帮助学生做好学科学习计划，教材内容和课外拓展并重，扩大学生学科视野，提升学生学科核心素养；其三，落实"双师"培养机制，各年级不仅要为优秀生配备学科导师进行学业指导，还要配备顾问导师，学科导师一般为科任教师，科任教师对优秀生本学科学习进行全方位指导，从预习、上课、作业、复习、总结、阅读、笔记、错题整理、每一天的时间安排等方面悉心指导，顾问导师要每周约谈对应学生，从学习品质、学习方法、知识归纳、问题解决、考试策略、人生规划等多个维度进行细致指导，提升学生的智力水平，重视非智力因素作用。在这里，我还要提醒同志们，在优秀生的培育方面，一定要充分调动、发挥家长的积极性，形成家校合力，共同把优秀生培育工作做好。

在优秀生培育工作的奖励方面：学校将采取设立教助学金，组织优秀生研学、开设优秀生讲座等多种措施激发优秀生学习积极性。与此同时，学校还将对培育优秀生取得成效的教师给予物质奖励，在评优评先、职称评聘等方面予以优先考虑。

在优秀生培育工作的督查、指导方面：学校各职能部门要对各年级、各学科尖子生培育的具体方案、落实情况与过程材料进行检查，做到"一周一过问、一月一督查、一学期一总结"，分管教学的领导具体统筹管理与考核各年级的尖子生培育工作，并定期将考核情况向学校党委报告。

总之，学校将积极构建优秀生的发现、培养、奖励、督查等工作机制，研究各学科优秀生的成长和培养规律，细化优秀生育人措施，不断提升学校优秀生培育质量和水平，满足人民群众对优质教育的需求，为个人圆梦、科技创新、国家发展、民族复兴贡献出厦实人的应有之力。

同志们，习近平总书记曾指出"一个人遇到好老师是人生的幸运，一个学校拥有好老师是学校的光荣，一个民族源源不断涌现出一批又一批好老师则是民族的希望"。总书记的谆谆教导强调了好教师的重要性。我仿照总书记的讲话写了下面这句话，以突显优秀生培育的重要性，与同志们共勉：

"一个家庭拥有优秀生是家族的幸运，一个学校拥有优秀生是学校的光荣，一个民族源源不断涌现一批又一批优秀生则是民族的希望"。

谢谢大家！

附录2　崇智尚学，精准施策，努力提高成绩
——在厦门市2022届高三毕业班工作会议上的经验介绍

尊敬的各位领导：上午好！

感谢市教育局给予厦门实验中学这次上台交流的机会，感谢市教育局、教科院和兄弟学校长期以来对厦门实验中学的关心、支持和帮助！

厦门实验中学于2014年开办，2019年高分通过省一级达标高中验收。办学七年来，学校秉持"精新"教育思想，以"一体两翼"治校方略为指引，扎实开展教育教学工作，育人硕果累累。2021年，厦门实验中学382人参加高考，物理类最高分661分，历史类最高分618分；600分以上人数56人，占比14.66%，本科上线率97.9%。

下面，汇报厦门实验中学2021届高三毕业班工作，敬请批评指正。

一、解读"四新"高考，明确改革方向

"四新"，指新高考、新课程、新课标、新教材。厦门实验中学重视引领高三教师认真解读新高考评价体系，明确新高考目的、考查内容和考查方式，认真解读福建省高考选科方案，高招录取模式。从以下六个方面抓好学科教学工作，应对新高考。

一是关注核心价值、立德树人的导向性。以京剧、书法等传统文化"底色"树人、"1451"党建工作作模式"红色"引擎育人、劳动实践"金色"收获治人、惩戒教育"黄色"警示催人，撑起高三师生心理健康"绿伞"。

二是关注国家发展、社会命脉的时代性。通过建设中国精神长廊，党建文化广场，观看早间新闻等多种形式，让学生感受国家发展、明确大政方针、了解科技进步等，引导学生深入感受复兴路上凯歌连奏的中国力量、中国精神、中国效率。

三是关注生活实际、情景设置的应用性。要求教师教学与考试中从"生活科学实践"到"重大社会热点"创设真实教学情景，培养学生创新精神和探究能力。

四是关注核心素养、自主建构的基础性。发挥骨干教师的"头雁效应"，以学科展示课活动推动毕业班课堂改革。以"智慧"提振课堂，以"素养"整合课堂，促进"知识教育"向"智慧教育"转变，"经验课堂"向"创新课程资源"转变。

五是关注命题形式、评价体系的创新性。贯彻落实高考综合改革的核心理念，创设新题型，优化试卷结构。凸显核心价值与"五育并举"的命题主线，要求教师培养学生在完整的知识结构、能力结构网络中，综合运用科学的思维方法、合理组织、调动不同学科的相关知识与能力，强化学生关键能力和高阶思维的考查力度，加大情境的设计能力。

六是关注招生录取、强基培优的前沿性。研究新高考总分计分、赋分办法及评价模式。认真做好学科竞赛辅导，本届学生获省学科竞赛一、二、三等奖共 19 人次。学校出台《关于加强优秀生培育的指导意见》等管理文件，做到优生培育的常态化。

二、立足"实验"创新，提升整体质量

应对"四新"高考，学校领导带领管理层与新高考教师团队仔细研究新政策，研讨新变化，以实验创新求发展，向课程改革要质量。

在管理上，做好新高考高效管理的制度设计与实施。一是创设"科2"走班选课，采取"科2"走班模式，全组合开放选科套餐，给予学生高考选科最大的自主权利，相关管理经验文章在《福建基础教育研究》杂志公开发表。二是构建"四全"生涯规划。四全即全员、全过程、全方位、全覆盖。通过开设生涯规划课程与讲座，进行专业化的职业测试，让学生自我认知、科学选课。三是把控"质量"科学高效，学校有一套成熟的质量提升管理办法，如《教学常规管理制度》《考试工作十二条》《作业的"八个要"》《考试质量分析方法》《班主任工作的"五个要"》等，年段严格按照制度进行管理，做到科学高效。

在教学上，关注新高考最新讯息，努力做到"五个精准"。即：精准目标、精准理解、精准备课、精准练习、精准辅导。一是积极开展国家课程校本化实践改革，在全学段开展主题单元教学设计，积极参加省、市级主题单元教学设计比赛并取得优异成绩。二是高度重视学生课内外阅读与思考，要求教师在教学中做好文本阅读训练，严格按照教育部要求推荐书目，全体师生人手一册学校自编的《中小学名著阅读概览》，做到有计划、有目的、有指导地阅读与思考。三是完善落实高三备考校本作业体系，结合学校"五个四"校本作业要求，做到"四案""四精""四必""四合""四查"。如"四精"：要求精选精编高考导向练习；精模精练高考真题新题，精讲精解练习考试错题，精评精析校本作业试题。四是科学践行学校独创的"三

维五步教学法"，从教师、学生与管理层，从课前、课中、课后入手，每个角色每个时间维度严格完成五项工作，做到教学精准高效。五是量身定制艺术生文化提升方案，集全年段教师力量为艺考生定制精准课程。

三、围绕"质量"核心，精细常规管理

高三年级的常规管理工作围绕"质量"核心，有效提升高分率和本科率。一是高效管理制度化。制定《厦门实验中学 2021 届高三工作指导意见》《厦门实验中学 2021 届高三年段工作实施方案》《厦门实验中学关于加强优秀生培育的指导意见》等，并以此为行动指南，做好高三年级的日安排、周计划与月总结工作，细化复习备考计划、尖子生培养等工作。二是导心育人常态化。重视高三学生心理变化，关注特殊学生的心理波动并及时疏导，做好暖心谈话，推送"一周一建议，一周一辅导"心理指导文章，心理工作做到逢考必谈。开展"乐观面对，积极备考"等心理讲座和户外心理拓展活动，帮助学生释放压力。三是部门联动系统化。各部门联动服务，保障及时到位，设置高三专用就餐窗口，高考前一个月每天免费送鸡蛋、营养汤、矿泉水、祝福小礼包等;坚持每日"校级领导—值班行政—年段长—班主任"一日 10 项常规四级巡查，校级、中层领导每周不低于 2 次参与高三听评课，做到"查、改、促、清"四步高效反馈整改机制。四是毕业活动多样化。举办关于公民意识、礼仪礼节、释压拓展等主题系列活动助力圆梦，"站在高三门槛"写下未来梦想，十八岁成人礼韶华始发，百日誓师大会立志乘风破浪，水枪大战尽情考前释压，毕业典礼再谱华章。

四、着力"优生"培养，精准助力提升

厦门实验中学着力"优生"培养工作，并取得显著效果。主要策略：一是研习并轨。通过专题会议，研讨、学习、培训尖子生培养策略，制订培养方案及细则。二是双师导护。生活导师和学科导师做好日常跟踪、思想引导、学法指导、生活开导。三是名家会诊。邀请教育科学院及兄

弟校专家对学生进行把脉。主要有"多对一"专人会诊,"一对多"专项会诊,"一对一"专题会诊。四是精准施策。家校师生专家联动,一生一策,一生一档,策略精准,提升高效。五是暖心服务,学科每天、导师每周、教师每月均至少1次为学生服务,心理教师提供24小时专业心理援助服务。六是"清单"抠分,学校研制尖子生十项问题清单,一一落实解决,力保高分。七是"强基"指导,邀请专家、毕业生为高分学生做好"强基"指导工作。

各位领导,"凡是过往,皆为序章"。厦门实验中学能有今天的些许成绩,离不开上级部门和各位领导的关心、爱护和帮助。未来,我们将在市教育局、市教育科学院等上级部门的带领下,继续践行"精新"育人理念,变厦实蓝图为美好现实,为推进厦门基础教育的发展贡献应有之力!

祝厦门市2022届高考再创辉煌!祝厦门教育蒸蒸日上!谢谢!

第四节　学校治理体系的完善

党的十九届四中全会着重研究了坚持和完善中国特色社会主义制度、推进国家治理体系和治理能力现代化的若干重大问题,厦门实验中学秉持"惟精惟新"办学理念,致力于研究学校治理体系和治理能力现代化的课题。经过七年探索,现已形成"一体两翼"的现代化高效治理体系。"一体"即学校的"精新"教育思想,"两翼"即"十个好"的治校方略和学校管理的五个抓手。

一、新办校治理体系的构建与完善

新办学校担负着为所在地区经济与社会发展服务的任务,其教育质量与办学成就往往成为该地区文明发展,人文素质提升的重要窗口。要实现与经济发展同步、与党政导向同步、与社会期望同步，就需要有一个非常清晰与科学的管理思路和逐步完善的治理体系。

（一）树立先进的办学理念

好的办学理念应能有助于教育梦想的实现。实践道远，理念先行，习近平总书记的"中国梦"就是一个有关国家强大，民族复兴的宏观理念。对于一所崭新的学校，就应在相对微观层面上具有更为明确，更为可行的办学指引，让每一名师生都有一个美好的愿景。

好的理念，从理论上说要促进师生"好好学习、天天进步"；促进学校快速发展，明确"发展是硬道理"，应当传递正能量。从实践层面要得到社会、学生、教师、家长及上级的认可，要从实际出发，根据学生生源实际情况，社会的期望、上级的目标任务来确定，如厦门实验中学将"惟精惟新"作为自己的办学理念，以此凝聚社会各界的力量，调动师生的积极性，经过几年的努力，学校实现了跨越式发展，2019 年就高分通过福建省一级达标高中评估验收，2022 年成为省示范高中建设校，现在已是厦门最美的校园之一，教育质量飞速提升，社会声誉逐年提高。

办学理念确定之后，就要进一步确定校风学风教风、校训、办学方式、办学目标，办学思想。厦门实验中学把"精明勤奋"作为校训；把"善学善教""惟志惟勤"作为教风学风；提出了"法德治校，安全稳校，管理立校，素质强校，教研兴校"的办学方式。逐渐形成了"勇于探索，善于协调，敢于拼搏"的学校精神。

（二）提升教育质量

学校要发展，良好的教学育质量是生命。要始终把提高办学质量、培养优秀学生作为学校发展的目标和追求，采取各种措施，推动学校向示范性学校迈进。学校应在教学质量、德育成效、安全保障方面三管齐下，努力做好。

1. 转变学习方式，提高教学质量

（1）改变教学方式。积极实行启发式和讨论式教学，通过导学课堂教学模式激发学生独立思考和创新能力，培养学生的科学精神与创新思维习惯。要求教师在课堂教学中做到"知识点、能力点、德育点"三点到位和"基本知识、基本技能、基本思想方法"三基落实。初步形成"钻研教材深、课堂教学实、作业练习精、个别辅导细、过关考试严"的基本教学模式。

（2）转变学习方式。倡导"预习、上课、复习、作业、小结"的"五步学习法"，使之成为师生的学习工作准则。改变单一的接受式学习方式，倡导接受、体验、研究、发现相结合的学习方式。改变单一的个体学习方式，倡导独立自主与合作交流的学习方式。并引导学生在信息资源的环境下学会学习。

（3）加强教育科研。建立健全以校为本的教学研究制度，大力加强学校教育科研。一是优化教育教学管理运行机制。推行以年段长为核心的年级负责制，以教研组长（备课组长）为核心的学科教研组（备课组）负责制，以班主任为核心的班级负责制，以教师个人为基点的教学质量全程负责制。二是优化教育教学质量评价奖励机制。开展年段、教研组（备课组）、班级和教师个人教育教学质量评价，确保教育教学质量级级过关、科科过关、班班过关、人人过关，并把评价结果作为教师职称评聘、年终考核、年度绩效奖金评定的重要依据之一。

（4）强化教学常规。建校之初，学校就把强化教学常规视为提高教学质量的重要途径。学校要求要严格执行省市颁发的课程计划，加强课堂管理，做好课堂跟踪；教师精心编写教案，做好教学反思，落实教学环节，实行教案常规检查和教案"免检"制度；加强学法指导，推广"五步学习法"，建立科学的多元评价制度，建立后进生转化制度；同时，加强考试管理，培养学生的诚信品质。

（5）开设校本课程。组织学科骨干力量加强地区、国家的相关热点、区域文化等学科渗透方面的研究，尽快开展校本课程的研发与应用，努力开设包含学习方法类、心理健康类、人文素养类、科技素养类、体育艺术类等校本课程资源，开阔学生视野，激发学生学习兴趣，搭建学校特色教学的基础。

2. 务实创新，实现德育网络化

德育是一项长期坚持、日积月累的工作。学校应坚持目的性和针对性相结合、有序性和层次性相结合、主渠道与多样性相结合的原则，努力探讨德育工作的新方法、新途径。

（1）德育网络立体化。开辟三条德育渠道：一是以教师为主体的德育渠道。建立学校的德育领导小组、年段德育指导小组、班级德育工作小组，形成学校、年段、班级德育工作环环相扣，全体教职工全员参与的强大德育教育网络。二是拓展以学生干部为主体的德育渠道。由学校的团委、学生会，年级的团总支、学生分会，班级的团支部、班委会三级构成，充分发挥学生在德育中的主体作用，寓德育于各项活动中。三是开辟学校、家庭、社会、自身"四位一体"的教育渠道。办好家长学校，表彰优秀家长，交流家教经验，争取家长的理解、支持、配合，使家庭教育更加科学，使学生得到更多的关爱；积极配合相关部门治理学校周边环境，创设一个有利于学生身心健康发展的社会环境；聘请政法公安部门领导担任综治副校长，定期到学校为学生上法制课，充分利用社会的教育资源，使学生受到更好地教育，形成一个校内校外处处有人教，在校在家时时有人育的立体德育网络。

（2）德育教育系列化。根据学生的年龄特点和身心发展情况，制定德育工作的各层次明细要求，根据各学段各学科教学内容特点，充分发掘德育与各科教学的最佳结合点，构建有特色的德育教育体系，使学校的德育教育内容系列化。

做到四个统一：坚持学习科学文化与加强思想修养的统一，坚持学习书本知识与投身社会实践的统一，坚持实现自身价值与服务祖国人民的统一，坚持树立远大理想与进行艰苦奋斗的统一。

抓好"四个五"的教育：抓好"五学"（学会做人、学会求知、学会办事、学会健身、学会生活）、"五心"（忠心献给祖国、爱心献给社会、孝心献给父母、关心献给他人、信心留给自己）、"五有"（课堂有纪律、课间有秩序、对人有礼貌、心中有他人、人人有进步）、"五无"（地上无纸屑、墙上无鞋印、桌上无刻画、门窗无破损、卫生无死角）等教育。

实现六个目标：使学生具有爱国主义、集体主义精神，热爱社会主义，继承和发扬中华民族的优秀传统和革命传统；具有社会主义民主法治意识，遵守国家法律和社会公德；逐步形成正确的世界观、人生观、价值观；具有社会责任感，努力为人民服务；具有初步的创新精神、实践能力、科学和人文素养以及环境意识；具有适应终身学习的基础知识，基本技能和方法；具有健壮的体魄和良好的心理素质，养成健康的审美情趣和生活方式，成为有理想、有道德、有文化、有纪律的一代新人。

（3）德育教育科学化。学校要充分利用升旗、校会、班会，采用作报告的形式；座谈会的形式，参与研讨交流的形式，利用黑板报、墙报、宣传橱窗、展览、电影，采用看的形式；利用广播采用听的形式；利用演讲比赛采用说的形式；利用征文比赛采用写的形式；利用组织学生参观爱国主义教育基地采用现场感受的形式；利用社会实践、军训、劳动等活动采用亲身体验的形式，让学生去参与、体验和感悟，真正理解并接受德育教育内容从而形成正确的世界观、人生观和价值观。同时，把电影、电视、DVD、VCD、计算机网络等现代化高科技产品引入德育教育中。

3. 以科学的管理方式促进教育质量的提升

优质的教育质量要靠高效的管理来保障。建校之初，新学校各方面都还不成熟，新环境、新团队、各种思想、习惯都还有待磨合，这就必然要加强学校管理，迅速实现人与学校的有效融合。

（1）实行民主、高效的管理方式。在学校的总体管理方面：一是实行民主决策。凡涉及教职工权益或校内改革与发展的重大决策都要按照"充分酝酿，校长办公会拟稿，年段长教研组长会征求意见，党政工联席会议通过，教职工会（教代会）审议，年段分组讨论，教职工会（教代会）表决、公示，上报主管部门审批"等程序进行，做到公开、合法、透明。二是实行"三级责任制"，即校长挂钩班子成员、班子成员挂钩教师、教师挂钩学生。一级抓一级、层层抓好落实。三是实行"三全管理"，即全员管理，全过程管理，全方位管理。形成人人有人管、事事有人管、每个时空都有人管理的良好局面。尽快形成适合学校实际的科学完整的精细化管理制度。

（2）以安全稳定保障教育质量提升。作为一所新学校，首要的任务就是抓好安全稳定工作。对待安全稳定工作务必要有大局观、紧迫感与责任感。安全稳定工作的目标可以概括为"有效防范、有序应急、有力控制"三个关键点。我们可以从几个方面来开展工作：第一，成立学校安全工作领导小组，尽快调研、排查学校及其周边的各类安全隐患，积极沟通各级相关部门，保证各类安全设施能配置到位，并制订学校的总体安全预案；第二，把安全教育纳入德育体系，做好师生与家长的安全教育，特别是针对"突发事件"的自我保护能力教育；第三，对安全工作科学界定，划分为"人身安全""财产安全"两类，人身安全要关注师生的饮食安全、行为安全；财产安全要关注各类教学设施的安全规范使用、财产保全等问题。总之，安全稳定是关系着一所新办学校能否尽快确立办学地位并获得社会认可，是学校发展的生命线。第四，要落实教育部安全工作责任制。按照部颁文件的规定，明确学校每位教职工的安全职责，并签订责任状。学校要定期不定期地检查，保证各项责任落到实处。

（三）构建和谐的校园文化

校园文化是一所学校的性格，指的是一所学校在长期发展过程中所塑造和积淀的人文环境与价值取向，它是一所学校发展的灵魂，是凝聚人心、展示学校形象、提高学校文明程度的重要体现。好的教育是通过优秀的校园文化展示出来的。那么，对于新创建的学校，好的校园文化如何形成？关键在下几个方面。

1. 精神文化

精神文化是学校师生在教育教学和学习生活中互动而成的一种稳定的人文气质。它是一所学校在管理、教学、科研德育、实践等方面形成的一种约定俗成的素养，是一所学校特有的学风和校风。对于新建中学而言，应努力形成"勇于探索、善于协调、敢于拼搏"的精神气质和"文明、进取、求实、创新、勤奋、严谨"的精神品质，这些都是校园精神文明建设的重要内涵，影响着师生的长远成长与进步。

2. 制度文化

在制度文化建设过程中，要贯彻"以人为本"的理念。首先，做到制度的建设要遵循民主管理原则。经过民主讨论集思广益，通过广泛的宣传让群众熟知理解，以便能树立科学的规范的制度。在校园学生制度规范中，重在培养学生的自主管理意识，广泛让学生参与制度设计，以便使制度更加科学、更具操作性和群众基础。其次，规范的建设要求充分发挥其导向作用。用制度来实现价值，才能营造良好的文化氛围。具体做法上，可以通过每年"评选杰出教工"、确立"三级责任制"、很好地引导学校的价值取向，更细致地渗透学校的教育理念。最后，要以正面激励为主。管仲认为管理者应尽量做到："民恶忧劳，我佚乐之；民恶贫贱，我富贵之；民恶危坠，我存安之；民恶灭绝，我生育之。"苛刻的惩罚不利于构建和谐的人际关系。对教师的管理采取人性化原则，对教师所犯的错误分析原因，以谈话的方式和改进工作的角度帮助其改进不足。对学生的错误我们也主张用"微笑"来感化，用"鼓励"来化解，不主张严厉的说教式指责。

3. 课程文化

课程文化指的是学校在课程设置、课程目标、教学组织、教学质量等方面所展示的教学价值观。课程文化是一所学校校园文化的核心。要提高教育质量，课程文化就应符合三个层次要求：其一是必须符合课程的规律性要求，严格遵循教育方针和国家的教育思想进行设置；其二是必须符合正确的价值取向，合理安排德育课程，包括常规的班会、年段大会、人生观讲座、宿舍座谈等灵活多样的修习安排；其三是必须符合实践性要求，让学生能积极开展各项研究性活动和社团活动，使文化素质与实践能力协同发展。

4. 行为文化

行为文化是精神文化的外化表现，它更能直接地影响校园生态。因此，对行为文化的养成，更多地应体现在具体的德育工作和习惯养成教育中。全新的校园行为文化构建可以抓两条主线：一条以"人际交往"为主轴，强调"礼"文化的继承与践行，通过中国传统的礼文化来提升学生的行为涵养。另一条是以"学习工作"为主轴，主张"学习力""执行力"与"思考力"的结合，做到知行合一。

（四）打造优秀的教育团队

学校要把培养教师、打造名师的工作放在重要位置，通过开展培训，努力使每位教师人人具备课题研究的能力，人人能上优质公开课，组建一支研究型、学者型的教师队伍。

1. 搞引进，抓整合，优化教师队伍

建校之初，学校可以大胆从重点大学引进毕业生，通过公开招聘考试从全国各地引进骨干教师，建立学校的师资队伍。做好引进的骨干教师、招聘的毕业生两支教学力量的磨合工作，打造一支热爱学生、精于教书、勤于育人的高素质师资队伍。

2. 抓课题，建平台，更新教育理念

学校要以"人师"为目标，以"反思"为方法，以"培训"为手段，以"良性学校机制"为动力，努力促进教师专业成长。一是加强对新教师的岗位培训。二是加强对骨干教师的培养，建立以校为本、以备课组为点的教学研究制度，为教师提供尽可能多的培训进修机会，提高教师应用信息技术的能力和水平。

3.严要求，重培养，推进名师工程

学校要采取有力措施，促进教师思想素质、业务素质、技能素质和科研素质的全面提高。首先，实施"导师制"。在校内外选聘导师，类比高校带研究生的方式培养中青年教师。其次，实施"五个一"工程❶。例如，每学年办两次大型教育教学研讨会；开展两次公开教学观摩周活动；举办一次青年教师说课评比活动，使教师的教学基本功逐步提高。再次，采取"请进来"的方式，利用本地和各类大学的资源，邀请教育专家为学校教师进行系统培训。从次，开展名师培训，学校可以聘请教育专家，分期分批对教师进行系统培训，努力将骨干教师打造成"学者型""研究型"教师。最后，增设国际培训项目，学校可以与境外学校进行共建与交流，每年派教师赴外学习和考察，使教师开阔眼界，适应国际化教育和双语教学的需要。

（五）依托多元的教育资源

美丽校园是一所优质学校的重要条件。师生拥有一个良好的环境，可以促进教学，愉悦身心。美丽校园有三层含义，第一，无论是城市还是农村学校，学校应合理"取静"，远离喧嚣；第二，积极协调，争取政府对学校发展的重视，让学校的物质条件处于当地整体经济发展的平均水平之上；第三，学校的环境布局要能体现深厚的人文观与和谐的自然观，寓教于环境。

美丽校园的建设要努力争取上级党政部门的投入与指导，新建学校要充分把握发展机遇，利用现代化的设施，尽可能地让教育插上腾飞的翅膀。

然而，单纯依靠物质投入仅有"美景"而无"丽质"是不够的，美丽校园的人文观更需要其领导者的独到眼光与智慧。学校应立足教育之本，在校园环境规划和布置上力求体现教育功能的实现，小处着眼，善于格物致知，做到环境育人。

---

❶　即要求每位教师每学期读一本教育教学理论书籍，撰写一篇特色教案，发表一篇学术论文，开设一堂优质课，带教一名后进生。

（六）信息化建设对教育资源的高效整合

信息技术的飞速发展提高了管理的效率与质量。在数字化城市的建设趋势下，学校也要以高起点的标准融入数字化世界中，利用信息化管理来整合各种教育资源，实现教育管理效用的最大化。同时，信息化建设也是学校实现开放、多元、创新的一个重要的平台。新建学校没有各种陈旧的管理思想沉淀，很容易开展信息化建设。我们可以把它划分为三个层次。

1. 内部管理"云平台"建设

能实现学校网络化办公与各种教学应用，并建立内部教学资源、办公资源、后勤资源共享系统，打造校园内部管理的"云平台"。

2. 外部信息资源共建管理

积极与各类教育资源网站、学校、教育科研机构实现数字化共建，让学校能及时、准确地获得各类学科所需的教学资源包。同时基于"共建平台"输出学校的优质公开课资源，提高学校的知名度与办学权威。

3. 移动教学平台的建设与应用

随着各类移动 App 的开发应用与移动智能设备的普及，移动教学能让师生实现即时互动教学、即时批阅、即时监控等功能，能极大地释放各种教育创新能量，让教育突破时空的界限，最终促进效用最大化。

（七）形成多方支持的发展局面

要关注学校赖以依托的社会资源。学校不是独立发展的，一所学校的发展始终离不开党政机关、社会、家庭的支持。新建学校的管理者们应坚持勇于探索、善于协调、敢于拼搏的精神，与上级党政机关保持有效的沟通，与社会各界建立良好的共建关系，与师生的家庭保持着亲密的交流。依托三方支持，学校才能健康持续发展。

二、把抓好党建作为办学治校的基本功

中国共产党的领导是中国特色社会主义最本质的特征。党的十九届四中全会准确把握我国国家制度和国家治理体系的演进方向和发展规律，把坚持和完善党的领导制度体系放在突出位置，并把坚持和加强党的领导的要求全面体现到各方面制度安排中，抓住了国家治理的关键和根本。

对于学校而言，就是要始终坚持党对教育的领导，贯彻党的教育方针，落实立德树人根本任务，培养德智体美劳全面发展的社会主义建设者和接班人。而这一切的前提和基础就是不断加强党组织自身建设。正如习近平总书记在全国教育大会上指出的那样，各级各类学校党组织要把抓好学校党建工作作为办学治校的基本功。

（一）以严的标准，实的举措确保党建规定动作有抓手，不走样

党的十九届四中全会指出"中国特色社会主义最本质的特征是中国共产党领导，中国特色社会主义制度最大的优势是中国共产党领导，党是最高政治领导力量""党政军民学，东西南北中，党是领导一切的"。这些论断，把党的领导地位提到了前所未有的高度，揭示了党的领导和中国特色社会主义内在的逻辑统一关系，丰富和发展了马克思主义建党学说。

习近平总书记在全国教育大会上指出，教育事关国家发展、事关民族未来，没有哪一项事业像教育这样影响甚至决定着接班人问题，影响甚至决定着国家长治久安，影响甚至决定着民族复兴和国家崛起。

我们要时刻牢记培养什么人、怎样培养人、为谁培养人这一根本问题，落实好立德树人根本任务，把牢社会主义办学方向，坚持扎根中国大地办教育，坚持以人民为中心的发展思想。

这一切都要求我们要加强党对教育的全面领导，切实履行党组织把方向、管大局、做决策、抓班子、带队伍、保落实的领导职责。

打铁必须自身硬，全面加强党的领导必须加强党的建设。新时代如何把党建设得更加坚强有力，党的十九大提出的新时代党的建设总要求对此做出了科学的回答：坚持和加强党的全面领导，坚持党要管党、全面从严治党，以加强党的长期执政能力建设、先进性和纯洁性建设为主线，以党的政治建设为统领，以坚定理想信念宗旨为根基，以调动全党积极性、主动性、创造性为着力点，全面推进党的政治建设、思想建设、组织建设、作风建设、纪律建设，把制度建设贯穿其中，深入推进反腐败斗争，不断提高党的建设质量，把党建设成为始终走在时代前列、人民衷心拥护、勇于自我革命、经得起各种风浪考验、朝气蓬勃的马克思主义执政党，这个总要求是以习近平同志为核心的党中央对党的十八大以来推进全面从严治党经验的高度总结，为我们各级各类党组织做好党建工作提供了行动指南。

针对这些工作，厦门实验中学党委均制定了严格且极具实操性的制度规范，如对"支部党员大会""支委会""党小组会"等"三会"一般要求做到"十个有"，即有明确的议题或主题，有通知、有时间地点、有过半人数参加（有选举任务的会议，有选举权的到会人数须超过应到会人数的五分之四）、有会议签到、有主持人、有学习或议题材料、有主题发言或交流讨论、有会议总结或形成决议、有规范完整的会议记录。对党课一般要求做到"八个有"，即有主题、有通知、有时间地点、有过半人数参加、有会议签到、有主讲人、有完整记录、有照片或视频。对主题党日，则明确规定每月的第一个工作日为主题党日，当天确有特殊情况无法开展的，可顺延1~2天。并对主题党日时间、内容作出明确规定，要求一般不少于2小时，可开展政治学习、党性教育、专题研讨、实践锻炼、调研考察、交纳党费、谈心谈话、志愿服务、新党员宣誓等活动。另外，以当前全国上下正在如火如荼开展的党史学习教育，学校党委也是制定了时间表、路线图、任务单，并且按照党委、党支部两类组织，处级以上党员干部和广大党员另两类人员分别制定，确保主题教育不走样、不落空，有实效。其他各项工作也都制定了详细、严格、可操作的制度规范。

（二）以品牌建设，文化滋润推动党建自选动作有亮点、显特色

除规定动作有抓手、不走样之外，学校还注重发挥实验学校特色，在厦门市委教育工委的指导下，积极探索新时代党建工作新模式，形成了"五个一"的党建工作特色亮点，即"一组织一线路""一组织一模式""一支部一堡垒""一支部一品牌""一党员一旗帜"，今后将继续丰富和完善，提高学校党建活力和效力。

1. "坚定自信跟党走"的组织文化线路

为践行习近平总书记的"五位一体"治国理念，发挥文化滋润的独特作用，将党建理论渗透融入校园文化建设中，形成了"坚定自信跟党走"的组织文化线路。"坚定自信跟党走"有两重含义，第一重含义暗含学校以"四个自信"为灵魂的办学思路、办学行为和校园文化；第二重含义是通过学校办学行为和校园文化教育引导师生听党指挥，坚定地、自信地跟随中国共产党走中国特色社会主义道路。前者表，后者里；前者因，后者果；前者举措，后者目标。学校党委在"四个自信"的引领下，在办学行为方面，与有"艺术家摇篮"美誉的中国戏曲学院合作办学，开办京剧艺术特长班，副校长带领团队开设面向全校的书法课程，弘扬中华优秀传统文化，教育引导师生坚定文化自信，并以此强根铸魂。开展党史、国史教育，通过鲜活的案例和今昔的对比，教育广大师生"没有共产党就没有新中国""只有社会主义才能救中国""只有中国特色社会主义才能发展中国"，借此强化师生坚定制度自信的自觉。在校园文化建设方面，学校建有领袖墙，并扼要介绍五代领导人的思想和理论，让师生鲜明地感受指导我们国家快速发展的是毛泽东思想和中国特色社会主义理论，这个理论体系既一脉相承又不断与时俱进，具有极强的开放性和包容性，是从实践中来又不断被实践所证明的先进理论，从而加强师生理论自信的自觉。学校还建有体验式京剧长廊、京剧小剧场、京剧大师园、书法广场、书法教室等极富中国传统文化意蕴的校园文化景观，学校

的楼宇名、道路名都是源自经典古籍、字体也选用"书圣"王羲之的字体，学校传统文化氛围浓郁，古朴而现代。此外，学校注重社会主义核心价值观的教育，不仅让社会主义核心价值观进教室、进课堂，更是让社会主义核心价值观进电子班牌、进宿舍，使之像空气一样，无时不在，无处不用，成为学校师生日用而不觉的价值规范，从而认识到社会主义道路是实现人民美好生活的必由之路，是实现中华民族伟大复兴的必由之路，从而自觉做到坚定道路自信。同时，学校还建有两间古朴庄重的党建活动室，配有《习近平谈治国理政》《习近平关于"不忘初心、牢记使命"重要论述选编》《中国共产党的九十年》等党建读物，为党员学习和开展活动提供阵地，同时也是加强对普通师生党史党情教育的校内重要基地。

2. "1451" 党建工作模式

"1451"党建工作模式中的"1"代表着我们要建设一个坚强有力的党组织；"4"代表着要抓住"四个有利时机"，即要抓住全面从严治党、党史学习教育、习近平新时代中国特色社会主义思想"大学习大宣讲"、学校创建省示范高中和省文明校园四个有利时机；"5"代表着创建 5 个"党建+"模式；最后一个"1"，指的是通过双培养的机制，努力打造一支骨干教师队伍。

3. 通过打造"学习共同体"、过"政治生日"等将支部锻造成学习和战斗的坚强堡垒

根据"支部建在连上"的优良传统，将"支部建在教研组上"，一方面具有相对稳定性，便于学校管理也便于党员教师形成强烈的归属感；另一方面也是加强教研组建设的需要，将党组织的政治组织优势发挥为教学改革发展优势。学校党支部既是政治组织，也是学习共同体，广大党员教师在党支部交流思想、分享心得、开展教研、解决困惑，党组织凝聚力、向心力明显增强，对非党员教师也极富吸引力。学校现有党员教师 150 余人，超过学校在编教师的 50%，每年还有大批教师递交入党申请书。

建立党员"政治生日"制度。学校党务工作者梳理出同一个月份入党的党员名单，制成配档表，发放到各支部，各支部利用"三会一课""主题党日"等多种形式，为同月入党的党员过"政治生日"。为党员"政治生日"规定七项内容：建立一套党员户口簿；开展一次谈心谈话；重温一次入党誓词；重读一次入党志愿书；赠送一份生日礼物；提出一条意见建议；联系一次入党介绍人。

通过上述举措，让每位党员不忘入党初心，牢记育人使命，增强他们的归属感、荣誉感、自豪感，提高党组织的创造力、凝聚力和战斗力，将支部锻造成学习和战斗的坚强堡垒。

4. 通过围绕中心、服务教学，形成"群英荟萃""薪火相传""四心向党"等富有特色的支部品牌

在完成党建规定动作的基础之上，党委鼓励各支部结合各支部学科特色和党员实际练好自选动作，加强支部品牌建设，形成支部品牌特色。经过几年来的不懈努力，学校七个支部在结合自身学科特色，围绕学校教育教学中心工作中形成独具特色的支部品牌、支部理念，如由语文教师组成的文科第一支部形成"传承经典，强根铸魂"的支部品牌，坚定文化自信，传颂、传播、传承中华优秀传统文化，为学生的人生打好传统文化的底色，留下中华民族经典的烙印。由英语教师组成的文科第二支部形成"群英荟萃"的支部品牌，"英"既标志着英语教师的本职工作，更代表着文科第二支部的全体党员以精英为目标，群英荟萃代表了所有优秀的共产党员汇聚在一起，以高度的凝聚力、战斗力和优良的师德师风共同促进学生英语核心素养的发展。由数学教师组成的理科第一支部巧妙借用数学中"无穷大"的概念，建设"立足岗位，奉献无穷"的支部品牌。还有，文科第三支部建成"星星之火"支部品牌，理科第二支部建成"三研一体，和谐共进"的支部品牌，理科第三支部建成"四心向党"的支部品牌，行政后勤直属支部建成"精新教育，教辅同行"的支部品牌。

各支部品牌既富有特色，又共同围绕学校"精新教育、党员先行"的总品牌，围绕学校教育教学中心工作，实现"围绕教育抓党建，抓好党建促教育"的目标，获得市委教育工委高度肯定，被评为全市优秀党建品牌。接下来，学校各支部将进一步按照党的十九届六中全会精神指导，加强内涵建设，让学校各支部更有生机和活力。

5. 通过"双培养机制""党员双亮""党员先锋岗"将党员锤炼为"为师之表"的流动旗帜

教师要"为人师表"，党员教师要"为师之表"。要求党员教师将保持共产党员先进性的意识融入教育教学中，把提高教师思想政治素质和职业道德水平摆在首要位置，推动教师成为先进思想文化的传播者、党治国执政的坚定支持者、学生健康成长的指导者。

首先，通过支部学习共同体、党员岗位练兵，党员名师工作室、党员名校长工作室、党员联系群众制度、谈心谈话制度等多种途径落实"把党员培养成教育教学骨干，把优秀教师培养成党员"。

其次，学校各支部和全体党员深入开展党员"亮身份、亮承诺"的双亮强化党员意识。发挥党员作用。党员教师佩戴党徽亮出身份，紧扣岗位职责、工作态度、工作纪律、廉洁从教、服务群众作出承诺，并把承诺内容通过公开栏、党建活动室和学校官网等形式公开，主动接受师生监督。

最后，通过党员教师自行申报、党员评议、支部推荐、党委审核确认的方式设立"党员先锋岗"。学校党组织根据习近平总书记"四有好教师"重要讲话精神，设置理想信念、道德情操、扎实学识、仁爱之心四条标准，在评选过程中，学校秉承用行动证明、用成绩说话原则，突出工作业绩的权重，凡是同年段、同学科成绩不能在前1/3的不能入选，引导党员教师成长为业务骨干。入选后，为先锋岗党员制作牌匾，挂在办公室显著位置，增强党员的荣誉感，接受群众监督，使党员先锋岗成为学科的领头雁。先锋岗在评优晋级中优先推荐，实施先锋岗动态调整，一年一考核，严格考核标准，凡是达不到承诺的标准和师德底线的将取消其党员先锋岗资格。获评"党员先锋岗"的教师注重自我警示，自觉接受监督；争当学生成长导师，加强学生的思想引导，学业辅导，心理疏导，生活关心和指导，在落实立德树人中发挥骨干作用；带头上示范课，在教学教研方面发挥领头雁作用，把党建工作、教育教学和育人工作有机融合。

练好党建基本功，把厦门实验中学每一位党员锻造成流动的旗帜，把厦门实验中学每一个支部锻造成战斗的堡垒，以党建促发展，以党建带发展，推动厦门实验中学沿着高质量发展的道路奋勇向前。

附录　教育变革大潮中实验学校的思考
——基于厦门实验中学建设与发展的思考

摘要：实验学校是教育革故鼎新的产物，在全面深化教育改革的背景下，正确理解实验学校的内涵，充分发挥实验学校在教改中的作用，是实现教育的内涵发展、教育均衡发展和全面推进素质教育的基本要求，也是社会转型对教育发展和人才培养的需要。

随着经济全球化、科技国际化、文化多样化、信息多元化，纷繁多样的教育教学思想、方式蜂拥而至，实验学校的作用日益显著，成为教育变革大潮的中流砥柱。

关键词：实验学校；特别功用；示范引领

一、实验学校的缘起

众所周知，最早的实验学校起源于20世纪前后"杜威实验学校"，由"杜威实验学校"开展的一系列教育变革形成了德国实验教育学流派，从此开启了探索明确、精细和快速发展的教育科学化道路，也由此形成了教育调查和教育实验等研究方法。

20世纪初，中西文化教育广泛融汇，我国教育界掀起一股教育实验的热潮，作为教育科学化重要标志的教育实验运动，对改革传统教育，推进我国教育现代化进程产生了积极的影响，实验学校这一新生事物由此产生。

中华人民共和国教育部开始实验学制改革，将原来北京的北京女子师范学校附属中学改名为"北京实验中学"，开设了五年制"实验班"，取"实验"的名字，意义在于中华人民共和国新教育的探索。之后，江苏省也进行了一系列的教育改革，这些改革涉及了课程改革、师资改革等层面。由此各地实验学校遍地开花，为教育教学改革作出巨大贡献。

实验学校从自发走向规范，实际上凸显出教育实验在中国教育早期现代化进程中不可替代的独特作用，同时也预示着教育实验将以更自觉的方式影响中国教育现代化的进程。

2014年厦门实验中学的开办就是为了落实厦门市委市政府推进跨岛发展战略部署，把优质资源向岛外延伸，以促进教育均衡发展，办人民满意的教育，岛内外一体化，厦漳泉同城化而新建的一所集小学、初中、高中为一体的一所实验学校，旨在贯彻落实全面深化教育改革的精神，研究、探索、实验基础教育领域的新思想、新方式。学校办学目标明确，就是办成厦门一流、省内外知名的现代化、实验性、示范性、国际化的学校。

总而言之，实验学校就是学校教育运动实验所，是教育的新方法的策源地，是改进学校教育的发动机。

二、实验学校的主要功用

厦门实验中学设计小学部 36 个班、初中 18 个班、高中 36 个班的 12 年全日制直属公办学校，在中国，这些数据不算特别，但作为实验学校特殊就在于其特别功用上。实验学校特别功用主要表现在创新、实验、推广三大方面。

（一）创新

实验学校的功用首推创新，应当提出新的教育思想、教学方法（手段）、新的人才培养方式、新的教师培训方法等。

在科技大爆炸的信息化时代，顺势而生许多新的教育教学法有待实验论证、评估后进行推广。实验学校面对众多新的教育思想、方法可以第一时间广泛涉猎，同时在开展实验论证上又具有较大选择自主权，例如教材选择、学制的变更、教法的创新等。

厦门实验中学树立的"惟精惟新"的办学理念，就涵盖了"创新"的内涵。学校"创新"外显的办学行为指：新理念、新课程、新课堂、新方法、新活动等。表现在具体的办学行为中，则体现在以下五方面：

（1）教育理念创新。从以"教"为主向以"学"为主转变，把以教师活动为主的"教堂"变成以学生学习活动为主的"学堂"。

（2）课程创新。国家课程校本化，校本课程人本化，开发出丰富多彩的、有助于师生共同发展的系列校本课程。

（3）课堂组织形式创新。随着教育信息技术的普及，把传统课堂变为数字化课堂、智慧课堂。

（4）教与学方法创新。改变传统的教学法，创立基于互联网时代的"三维五步教学法"。

（5）创新社会实践活动。广泛开展富于新意的社会实践活动，创新活动组织形式。

总之，实验学校在教育改革大潮中只有在创新中才能求发展；同时要在创新中树品牌，在创新中出特色，真正体现实验学校的创新功用。

（二）实验

实验是实验学校最重要功用。实验包括对新思想、新方法的验证，以及由此形成新的教育方式。

教育实验，一般指"有目的、有计划、有组织地通过实验，改革学制、课程、教材、教学组织形式、教学方法和教学管理，以验证或实现某种主张和理念，进而推动教育状况发生变革，促进教育进步的实践活动"。教育实验是建立在科学研究基础上的实践活动，科学研究提供充分的理论论证，使实践最大限度减少盲目性；实践则是理论构想的验证和必要补充，要经过理论与实践的循环往复。

实验学校的工作重心是全心全意搞教育教学实验，而实验教学的目的又是从传统教学模式的思维定式中走出来，创建新的教学体系，为的是适应教育发展的新需要。

厦门实验中学开办以来，就积极开展各类实验，如：数字化实验班、互联网时代的"三维五步学习法"、传统戏曲进校园、"2+4"学制等。

数字化班：学校耗资百万，打造全新智能化教室。学生和任课教师人手一台平板电脑，实行小班化教学。课堂上，教师以平板电脑和触摸电子屏为教具，与学生适时互动。在监测仪器的监督和教师的引导下，学生可结合自身兴趣，通过网络获取丰富优质的学习资源，为传统课堂教学注入新的活力。

"三维五步教学法"：该教学法是结合当今互联网时代的学习特点而提出的。所谓"三维"，是指从教师、学生、管理层及课前、课中、课后三个维度进行教学实施与监控。"五步"，一共包括知识提炼、作业练习、探究讨论、释疑点评、小结反思五个教学步骤。通过运用"三维五步教学法"，学生自主学习的能力显著提升。

京剧进校园：厦门实验中学作为中国戏曲学院在福建唯一基地校，以深度联盟方式开展合作，由资深的京剧大师亲自授课，充分发挥中国戏曲学院优势专业与资源，通过京剧特色课程、全面的校本课程、课外活动课程、社团活动建设、师资队伍建设、校园文化建设、校本教材建设、演出观摩以及参加艺术实践活动等项目的实施，让师生近距离欣赏国粹艺术，领略民族文化精髓，在受到民族文化熏陶的同时，使师生学有所用、学有所长，进一步推动素质教育。

"2+4"学制：初中学习两年，高中学习四年。学校在"惟精惟新"的教育理念指导下，构建具有特色的"2+4"学制课程体系，针对学生个性化发展需要对中学六年的课程进行整体设计与优化，整合国家课程、素质拓展课程、社会实践课程形成具有厦门实验中学特色的通识类、学科类、专业类、出国类课程模块。

实验学校只有开展大胆积极地开展实验，才能顺利展开真正有突破意义的教育改革，顺应时代变革，与时俱进。

（三）推广

以实际的教育实验发挥示范和指导的推广作用也是实验学校不可或缺的功用。

教育潮流日新月异，我们研究教育不是仅在表面的理论上的，经过实验学校小规模的深入细致、严密的理论实验论证后，形成实例作为其他学校学习借鉴的依据。实验学校可以积极地探讨如何通过教育实验带动一片区乃至许多地区的学校变革，进而谋求根本之革新，力求教育整个变革。这样实验学校就成为推进教育实验过程中新思想、新方法、新手段的推广站。

厦门实验中学的开办就担负着为厦门市政府推进跨岛发展战略部署，把优质资源向岛外延伸，以促进教育均衡发展，学校的教育质量与办学成就成为厦门市岛外文明发展，人文素质提升的重要窗口及先进教育思想、方式的推广站。

通过实验学校的推广辐射作用，带领其他中小学校实现优质均衡发展，进而使该地区义务教育的现状发生根本性变化。

三、实验学校在教育教学中的作用

（一）传统经典的"接班人"

实验学校广泛涉猎一切新的教育教学事物，求创新发展的基础首先是在教育教学中发挥传统经典的"接班人"的作用。

实验学校要革新，恰恰要立足在传统的基础上，继承传统经典，发扬已有的风格，海纳百川，为我所用。当然，继承传统也不是墨守成规，而是要继承和发扬传统中好的东西。厦门实验中学的"惟精惟新"办学理念很好体现这点。"惟精惟新"就是指在汲取中西优秀传统文化和现当代文化精华的基础上，勇于开拓创新。《礼记·大学》曰："大学之道，在止於至善。"千百年来，对于尽善尽美的不懈追求，体现了人类精益求精、争创一流的进取精神。面对源远流长的中华传统文化和西方舶来文明成果，我们要取其精华，为我所用；在学校管理和学业安排中要管理精细，勇于创新，打造精品。

（二）教育改革的先行者、示范者、引领者

教育实验的发展历程表明，真正能够构建有影响力的教育理论体系，影响基础教育走向的教育实验，往往由一所或几所实验学校开展教育实验，随实验而长，靠扎实的实验带动几所学校开展基地实验，扩大实验成果，进而带动一个区、一个市、一个省的教育变革。实验学校的实验创新成为教育改革的先行者、示范者、引领者。

（三）教育新思想、新方法的引领者

全国各地的实验学校从办学条件、师资队伍、教育教学、教学科研等方面看，都是当地优质学校，在当前推进区域义务教育均衡发展的背景下，实验学校的新思想、新方法，以及创新的实验都对区域内其他学校起到榜样作用，通过巩固实验学校的榜样地位，引导薄弱学校积极"填谷追峰"，保持实验学校持续良性发展，号召薄弱学校以实验学校为参照奋力直追，同时让实验学校反哺薄弱学校，拉动薄弱学校，缩小校际差距。

（四）会用新思想、新方法教师的培养基地

实验学校全心全意搞教育教学研究，实验的过程，是教育思想转变的过程，也是教师业务素质提高的过程。教师在实验过程中必须探索新的路

子进行教学，在教学中又必须充实自身，迫使自己不断探索，总结经验，同时又比一般教师更多地学习、交流和展示自己，如此反复，实验学校教师科研力量越来越强。

实验学校必须有一个为学校发展提供强有力支持的教研体系。对教科研的重视与否，直接关系到实验学校能否可持续发展的战略性问题。它不仅是教师成长的精神支撑，也是学校发展的支柱。

厦门实验中学拥有精良师资，学校教育团队富有经验与朝气，拥有5个博士，195名硕士，研究生学历人数占教师总数的70%。学识丰厚，业务精良，经验丰富，敬业爱生的精英师资，引进大学里才有的"导师制"，在精英"导师"指导下，学生可以学得更快乐，飞得更高。

（五）新教育技术的学习场所

实验学校不断开展新的教育教学实验，带来的新的教育思想、教育改革和发展的潮流。在实验中也汇集了中国最先进，最前端的教育教学理念、教学方法。因此实验学校不仅成为青少年的学习场所，也成为广大教师以及其他学校新教育技术的学习场所。

（六）高质量的示范基地

实验学校通过自身的不断发展，不断实验，不断创新，进而打造助推教育教学变革的"动力引擎"。实验学校全面提高管理水平，全面提高师资水平，全面提高教育教学质量，全面提高学校知名度，打造品牌成为优质教育资源的象征，形成品牌的示范推动效应，从而成为高质量的示范基地。

在日新月异的教育改革大潮中，实验学校的实验性、示范性、创新性都弥足珍贵。实验学校要从自身发展实验，大胆创新，注重自身内涵发展，树立科学的发展目标，树立自己的品牌，为教育变革助力。

（本篇论文曾发表于《福建基础教育研究》，2016年第8期，作者肖学平、徐爱君）

结束语

　　厦门实验中学的跨越式发展，是"牢牢把握办学共性，积极挖掘办学个性"的结果。回望过往奋斗历程，学校的办学经验可浓缩为：党建赋能，激发活力；理念引领，发展有力；精新治理，凝心聚力；守正创新，立德树人。眺望前方奋进道路，我们有信心在"精新"教育理念的指引下，在既有精新教育"十个好"基础上，牢牢抓住精新教育的五个重要抓手，变学校的党建优势、理念优势、治理优势、教师优势等为发展优势，在发展新征程上乘风破浪、行稳致远！

　　厦门实验中学的快速优质发展，是厦门市教育局正确领导的结果，是中国教育科学研究院和中国戏曲学院大力支持帮助的结果。本书的形成与出版也是各级领导关心帮助的产物，是厦门实验中学领导班子和中层干部集体共同努力完成的，在此谨对陈珍、郭献文、赖菡、崔保师、殷长春、姚志强、杨思窍、叶本刚、庄小荣、潘世锋、傅兴春等领导，以及李丽芬、邹标、方荣报、吕武艺、陈福光、燕新、林资源、唐兴华、沈振军、张洋烽、林日红、于跃泽、李爽、黄明浩、陈颖彦、徐爱君、刘飞、李常识、黄耿跃、叶晶晶、王杨、梁希一、林奕美、张荣美、温桂珠、梁东伟、林震苍、翟冰、吴七星等同志致以衷心地感谢！

肖学平

2022 年 4 月 10 日